Karin Lassen
Eine Möhre auf Weltreise

Impressum

Gesamtherstellung: Verlag Waldkirch KG
Satz & Gestaltung: Verena Kessel

Fotos Umschlag-Rückseite
oben links: Ben van Skyhawk
oben rechts: Bianca Wellbrock
unten links: Thommy Mardo
unten rechts: Bianca Wellbrock

Fotos Umschlag-Vorderseite
Karin Lassen außer unten rechts Thommy Mardo

Fotos Innenteil
S. 8, 33, 161: Ben van Skyhawk
S. 13, 125: Karin Lassen
S. 86, 164: Pia Barchet
S. 143, 176: Bianca Wellbrock
S. 157: Isabella Stadler
S. 219: Ben van Skyhawk / Slowly Veggie, Ausgabe 1/2018

ISBN 978-3-86476-118-8

Seit 1542

Verlag Waldkirch KG
Schützenstraße 18
68259 Mannheim
Telefon 0621-129 15 0
Fax 0621-129 15 99
E-Mail: verlag@waldkirch.de
www.verlag-waldkirch.de

Karin Lassen

Eine Möhre auf Weltreise

Verlag Waldkirch

INHALT

ANGEFANGEN HATTE ALLES ...

... mit Currywurst, Pommes und Tiefkühlpizza. Neben Käsebrot und Radieschen über Monate hinweg mein Hauptnahrungsmittel. Sonntagnachmittags mit besagtem Brot- und Radieschen-Vorrat in den Zug Richtung Essen, mittwochabends zurück nach Mannheim – ohne das bereits aufgegessene Brot mit Radieschen. Dafür mit einem sich schleichend auffüllenden Kalorienkonto dank der nahezu täglichen Portion Currywurst mit Pommes im Projektbüro. Daheim schnell eine Tiefkühlpizza, Koffer auspacken, Unterlagen für die nächsten beiden Tage richten, ab ins Bett. Ehemann und Katzen bekamen natürlich auch die ihnen zustehende Aufmerksamkeit. Zumindest rudimentär. Donnerstag und Freitag Termine in Frankfurt oder in der Rhein-Neckar-Region (Hauptnahrungsmittel: belegte Brote oder eine schnelle Brezel am Bahnhof), Samstag Wäschewaschen, Kofferpacken und zwischendurch einen Teller Pasta. Sonntag in den Zug, nebst einer Packung Brot, eingeschweißten Käsescheibchen und natürlich auch einer Schüssel Radieschen im Koffer. Überflüssige Pfunde, die sich im Lauf der Wochen rund um die Hüfte ansiedelten, wurden mittels Pilates und Walking am Abend (halbwegs) in Schach gehalten. Auf Essen folgten weitere Projekte in Bocholt (Radfahrerparadies), Köln (hektische Taxifahrer), am Fuße der schwäbischen Alb (man spricht für Kurpfälzer Ohren eine schwer verständliche Fremdsprache), in einem beschaulichen Örtchen bei Heilbronn (Hauptattraktion: die Tankstelle gegenüber vom Hotel), in Karlsruhe (funktionierendes Straßenbahnnetz) …

Die besten Brezeln gibt es übrigens rund um Stuttgart, Currywurst ist in NRW eine Delikatesse. Wer in Essen den ICE Richtung Mannheim besteigen will, orientiert sich am besten Richtung Mitte des Bahnsteigs – in mindestens 50 Prozent aller Fälle fahren die Wagen in umgekehrter Reihenfolge ein – das verkürzt die Rennstrecke zum gebuchten Platz. Taxistände sind in Hockenheim Fehlanzeige, und wer einen Infostand am Bahnhof Pirmasens sucht, ist verloren. Dafür lassen sich die Fenster in einem bestimmten Dreisternehotel in Bocholt nur unter Anwendung roher Gewalt öffnen, und den Föhn teilt man sich mit anderen Gästen (abendliche Absprachen erforderlich). Über die hauseigene Küche dort schweige ich besser (wie haben die eigentlich ihre drei Sterne bekommen?), aber der Pizza-Schnelldienst ist gar nicht übel (sofern man auf Salat verzichtet …).

Aus unterschiedlichen Gründen, die sich wie Mosaiksteinchen zusammenfügten, beschloss ich irgendwann, auf Currywurst, Käsebrot mit Radieschen und Bahnhofsbrezeln zu verzichten, Zugausfälle und den Ansturm auf Ersatzzüge zu meiden und auch keine weiteren Hotelabenteuer mehr zu überstehen. Im zarten Alter von fünfundvierzig plus sollte mein Leben nochmals einen Richtungswechsel bekommen. Also Koffer in den Keller und ran an den Businessplan. Mein Ziel war es – neben dem dauerhaften Schlafen im eigenen Bett (welche Wohltat) und geregelten Arbeitszeiten (hahaha, aber man kann nicht alles haben) – ein Angebot an saisonal und regional orientierten Rezepten zu platzieren, die auch Einzelpersonen in Zeitnot mit überschaubarem Aufwand zubereiten können. Dazu sollten Anregungen für reisetaugliche Speisen ins Repertoire aufgenommen werden, um anderen Reisenden den Dauerverzehr von Käsebrot mit Radieschen und Currywurst mit Pommes zu ersparen. Immer wieder anders schmeckende (Feld-)Früchte genießt man mit aromatischen Kräutern und Gewürzen – natürlich ohne Geschmacksverstärker –, gart oder brät sie mit gutem Öl, verfeinert schon einmal mit einem besonderen Balsamico oder experimentiert mit Senfzubereitungen. Perfekte Produkte fürs Sortiment. Und probieren sollte man natürlich auch können, was sich da mithilfe meiner Zutaten zubereiten ließ. Viele unserer heimischen Ackererzeugnisse kennt man auf der ganzen Welt, nur die Zubereitung ist anders. Kochevents, um diese Vielfalt vorzustellen, gehörten also auch unbedingt dazu.

Die Idee der »Möhre auf Weltreise« – Exotisches für den heimischen Teller, gezaubert aus regionalen Zutaten, verfeinert mit aromatischen Gewürzen – war geboren, der geeignete Laden dafür auch bald gefunden. Ein wunderschöner Jugendstilbau von 1895, ein echtes Juwelchen, das Ladenlokal im Erdgeschoss stand seit Jahren leer. Mit Behördenkram kannte ich mich aus, alles also machbar, wenn das Konzept stimmte. Und im Konzepte entwickeln war ich schon immer gut.

DER BUSINESSPLAN

Da ich bis zu diesem Zeitpunkt weder vom Einzelhandel noch von der Gastronomie besondere Ahnung hatte – mit Ausnahme meiner Kenntnisse hinsichtlich Kundenkommunikation – musste zunächst eine gründliche Recherche her. Ich glaube, ich habe damals alles bedacht. Studien über Marktentwicklungen von Verbänden und Statistischen Ämtern wurden ebenso zu Rate gezogen wie Kaufkraftkennziffern der verschiedenen Stadtteile. Preiskalkulationen und infrage kommende Lieferanten der Wunschprodukte recherchierte ich genauestens, Berechnungen hinsichtlich Verfügbarkeit von Zutaten und der Verarbeitungsdauer eigener Erzeugnisse stellte ich akribisch an. Der Ehemann wurde Testopfer und musste u.a. Rote Bete in allen denkbaren und undenkbaren Varianten probieren. Der Rote-Bete-Macchiato mit einem Hauch frisch geriebenem Meerrettich zum Beispiel war prima, aber die Rote-Bete-Muffins mit Sonnenblumenöl ein Albtraum. Falls jemand ein Rote-Bete-Rezept braucht, ich habe bestimmt 30 oder mehr ausprobiert …

Ich suchte nach vergleichbaren Konzepten und wurde in Teilen fündig. Alles ohne Konkurrenzdruck, ähnliche Idealisten fand ich zum Beispiel in Hamburg und Berlin, also weit weg von meinem eigenen Wirkungskreis. Mein Konzept nahm nach und nach Gestalt an, die Finanzierung schien tragbar. Schließlich stand auch kein kostenintensiver Umbau, sondern lediglich eine Renovierung an. Es sollte auch kein Nobelschuppen im Designer-Look werden, also konnte man von akzeptablen Anschaffungskosten ausgehen. Eine große Lagerhaltung war nicht geplant, »Frische« und »Saisonalität« lauteten die Zauberworte. Die Miete bereitete mir etwas Kopfzerbrechen, aber nach ausführlichen Gesprächen mit Steuerberater und kreditgebender Bank kam ich zu dem Schluss: machbar.

DIE HUMMEL

Die Hummel hat 0,7 cm² Flügelfläche bei 1,2 g Gewicht. Nach den Gesetzen der Aerodynamik ist es unmöglich, bei diesem Verhältnis zu fliegen. Die Hummel weiß das aber nicht und fliegt einfach trotzdem. (Arthur Lassen)

Ich bin mir ziemlich sicher, dass Bürokratie eine deutsche Erfindung ist. Bestimmt nur zum Wohle aller, vielleicht mit Ausnahme derer, die auf die Idee kommen, ein Gewerbe aufzubauen, das nicht im Behördenkatalog vorgesehen ist. Üblicherweise eröffnet man entweder einen Einzelhandel ODER einen gastronomischen Betrieb ODER ein Unternehmen im Dienstleistungsbereich. Sollen aber all diese Säulen unter einem Dach vereint werden, stellt das sowohl Antragsteller als auch zu genehmigende Behörde vor ein Problem. Ein lösbares, man muss nur die entsprechenden Formulare finden und geduldig erklären, erklären, erklären. Schwieriger ist da schon die Sache mit einem seit Ewigkeiten leerstehenden Ladenlokal. Denn nach Ablauf einer längeren Frist (die selbstverständlich in meinem Fall lange überschritten war) kann man nicht einfach renovieren und eröffnen. Nein! Behördlicherseits betrachtet man dieses viel zu lange ungenutzte Ladenlokal als eine Art Baugrube, die nur nach Bearbeitung eines Antrags auf Nutzungsänderung ihrem künftigen Zweck zugeführt werden darf. Natürlich kann nicht jeder diesen Antrag stellen, wo käme man da hin! Planstellungsberechtigt (tolles Wort) ist nur ein Architekt, der ein unfassbar dickes Papierwerk an die Behörde abzuliefern hat, inklusive einer Vielzahl maßstabgerechter Grundrisse, Aufrisse, Querschnitte (die in meinem Falle alle neu angefertigt werden mussten, da nirgends irgendwelche Unterlagen existierten). Zu berücksichtigen sind außerdem solche Kleinigkeiten wie Denkmalschutz und Barrierefreiheit. Letzteres ist ein Widerspruch in sich. Denn wenn die Fassade denkmalgeschützt ist, kann eine Ladentür nicht beliebig verbreitert werden. Und Stufen darf man nicht einfach entfernen und durch eine Rampe ersetzen. Aber dafür gibt es ja dann einen Antrag auf Befreiung von der Barrierefreiheit. Das weiß der Architekt, der sich Wissen und Arbeitszeit vergolden lässt. Gut zumindest, dass von vornherein klar war, dass hier kein Umbau stattfindet, sondern »nur« eine Renovierung. Und die konnte parallel zu den diversen Antragsgeschichten stattfinden, sofern sie

fachkundig durchgeführt wurde. In gewisser Hinsicht war (bin?) ich wohl eine Hummel, denn ich bin dann mal losgeflogen …

Nachdem Farbgebung, Beleuchtung und Möblierung geklärt waren, mussten eigentlich nur noch ein paar alte Tapeten entfernt, stellenweise neue angebracht, Decken und Wände gestrichen, neue Lampen montiert, die Küche gefliest und in dieser ein rutschfester Boden verlegt werden. Zudem galt es zu prüfen, ob ein Starkstromanschluss für den Herd existierte oder vom Sicherungskasten noch gezogen werden musste. Die Sanitäranlagen sollten raus und durch neue ersetzt werden. Die Wasserleitung zur Küche wollte ich um eine Entkalkungsanlage erweitern. Nichts wirklich Kompliziertes. Eigentlich.

UND TÄGLICH GRÜßT
DAS MAUERWERK

Den Mietvertrag unterzeichnete ich im Dezember 2013. Ganz feierlich war mir zumute, als ich überglücklich meine Unterschrift neben die der Hausverwalterin und des Immobilienmaklers setzte. Der überreichte mir anschließend mit strahlendem Lächeln die Schlüssel und seine Provisionsrechnung. Wegen der nötigen Renovierungen und der Nutzungsänderungsgeschichte (deren Kosten ich alleine tragen musste) durfte ich, dank dem Verhandlungsgeschick meiner ebenfalls anwesenden Steuerberaterin, die Räume bis zur Eröffnung mietfrei nutzen. Mein Wunschtermin war März 2014, allzu lange konnte das alles ja nicht dauern. Der erste Denkfehler: problemlose Verfügbarkeit von Handwerkern. Es ist schier unglaublich, wie schwierig es ist, Handwerker zu finden, die nicht nur Ahnung, sondern auch noch Zeit haben. Und hat man sie endlich gefunden, bleibt die Baustelle dennoch tagelang verwaist, weil geschäftstüchtige Handwerker an allen möglichen Orten parallel arbeiten. Aber mit Geduld und gutem Zureden …

Im ersten Schritt sollten die Malerarbeiten im vorderen Bereich erfolgen. Die Mischung aus düsterem Aubergine und fragwürdigem Toskana-Ocker in Wischtechnik sollte einer lichten Farbgebung aus zartem Grau und cremigem Weiß weichen. Der Sternenhimmel aus stromintensiven Mini-Heizkraftwerken konnte später durch eine moderne Lichtschiene mit energiesparenden LED-Strahlern ohne Wärmeentwicklung ersetzt werden. Einen Teil der Glasfasertapete, auf der anscheinend etliche Farbschichten lasteten, wollten wir entfernen und eine neue anbringen.
Der zweite Denkfehler: Ausbesserungsarbeiten sind keine große Sache. Nach knapp drei Wochen (in denen insgesamt nur an zwei Tagen gearbeitet wurde) eröffneten mir die Maler, dass der Plan so nicht aufginge, da sich beim Entfernen der alten Tapete, die hartnäckig darauf bestand, an Ort und Stelle zu verbleiben, auch Teile des Putzes lösten. Würde man nun die schadhaften Stellen flicken, bekäme man keinesfalls ein einheitliches Bild hin. Ihre Empfehlung: alle Tapeten runter, wo nötig den Putz ausbessern, alles verspachteln, tapezieren und dann streichen. Würde nur zwei bis drei Tage länger dauern. Dass diese zwei bis drei Tage letztendlich in mehrere

Wochen gipfeln könnten, kam mir nicht in den Sinn. Handwerker haben eine andere Definition von Zeit. Außerdem brauchen Maler um Weihnachten herum Urlaub. Etwa vier Wochen lang blieben Pinsel und Spachtel zugunsten der Malerfamilien unberührt. Wer hätte dafür kein Verständnis?

Bevor die Küche in Angriff genommen werden konnte, musste der Elektriker zunächst einen Blick auf die Leitungen werfen. Und schon meldete sich Denkfehler Nummer drei. Von wegen nur mal schauen, ob der Starkstromanschluss bereits dort ist, wo er hinsollte! Der stellte das kleinere Problem dar. Schlimmer war die Entdeckung, die der Elektriker bei seiner Überprüfung machte. Es stellte sich nämlich heraus, dass die gesamten Leitungen in den hinteren Bereichen nur zweiadrig statt dreiadrig, wie sie sein mussten, waren. Was bedeutete, dass nach hinten die Wände aufgeklopft und die komplette Elektrik neu verlegt werden musste. Betroffen waren Flur, die künftige Küche und das Büro. Auf mein Flehen hin, dabei möglichst geringe Kollateralschäden anzurichten, reagierte der Elektriker verständnisvoll. Was aber nichts nützte. Bei jedem Schlitz, den er klopfte, bröselte der Putz. Mir standen neben Sorgenschweißperlen auf der Stirn weitere umfangreiche Ausbesserungsarbeiten ins Haus.

Wie umfangreich die werden sollten, zeigte sich bei den Vorbereitungen für die Fliesenarbeiten in der künftigen Küche. Die Leitungen waren verlegt, nun musste auf eine Höhe von zwei Metern gefliest werden. Darüber waren abwaschbare Tapeten geplant. Da die alte Tapete unbrauchbar war, sollte sie vorsichtig entfernt werden. Das Ergebnis war ein Raum ohne Putz, der den Blick auf das durchaus interessante Fachwerk von 1895 – inklusive der auf die Holzbalken angebrachten Strohmatten – erlaubte. Hat schon was, wenn man die Steine berührt, die staubbedeckte Zimmerleute Generationen zuvor mühevoll gemauert hatten. Bringt nur Zeit- und Berechnungspläne vollkommen durcheinander. Das gleiche Bild bot sich im angrenzenden Büro. Dort verzichtete ich anschließend auf verschönernde Tapeten. Wir beschlossen, direkt aufs neu verputzte Mauerwerk zu streichen.

Um den antiken Dielenboden in der Küche in spe zu schützen, beauftragte ich einen Fachbetrieb für Bodenbeläge damit, zunächst Spanplatten zu verlegen und darauf dann den extra ausgesuchten, gastronomiegeeigneten und rutschfesten Belag aufzubringen. Ich glaube, dies war die einzige Arbeit,

die während der gesamten Renovierung ohne Überraschungen und im veranschlagten Zeitrahmen erfolgte.

Die Personaltoilette, direkt neben der Küche gelegen, schien die kleinste Baustelle zu sein. Mussten ja nur Toilette und Waschbecken ausgetauscht und ein kleines Loch zur Küche gebohrt werden, um diese mit Wasser zu versorgen. Sinnvollerweise so, dass das Abwasser in einem kleinen Gefälle auch abfließen kann. Das hatten die Sanitärleute dann etliche Monate nach der Fertigstellung auch so gesehen. Genauer gesagt, nachdem die erste Überschwemmung in der Küche für unliebsame Überraschungen sorgte. Die Leitung war nämlich so angebracht, dass dieses Gefälle fehlte. Mit dem Ergebnis, dass sich im Lauf der Zeit immer wieder Ablagerungen bildeten, die irgendwann zum Rückstau führten. Also unbedingt auf Siebe im Waschbecken-Abfluss achten – und wehe eine meiner Aushilfen schob die Dinger heimlich zur Seite! Nach besagter Überraschung, die mit einem ordentlichen Teich in der Küche einherging, wurden übrigens die diversen Schläuche der Spülmaschine mittels Kabelbindern äußerst trickreich so fixiert, dass ein leichtes Gefälle entstand. Gut, wenn Sanitärleute eine kreative Ader haben. In meinen Räumen entwickelten die verschiedenen Spezialisten ungeahnte Talente.

Nachdem die Gästetoiletten im Keller mit neuen sanitären Anlagen versehen waren, konnten auch dort die Verschönerungsarbeiten beginnen. Die alte Wand- und Deckenfarbe blätterte ab. Und so gelungen empfand ich das gelb-orange, mit dem der Vorbesitzer vermutlich eine mediterrane Stimmung erzeugen wollte, ich aber eher einen Drogenrausch assoziierte, wahrlich nicht.

Lange hatte ich mit den Malern beratschlagt und mich dann für eine pragmatische Lösung entschieden: Ich würde in Eigenarbeit alles, was abblätterte, entfernen, etwaigen losen Putz abklopfen, die Maler konnten anschließend verspachteln und neu streichen. Natürlich hätte man sich auch überlegen können, ob man von Grund auf alles erneuert, also runter mit dem gesamten Putz, einen speziellen Haftputz für Kellerräume aufbringen und dann schick tapezieren und streichen. Doch der Aufwand wäre enorm gewesen, die Kosten entsprechend hoch. Und dann diese schiefen Wände – eine Herausforderung für jede Tapetenbahn. Nein, da wollte ich doch lieber in qualitativ hochwertige Produkte investieren und mich weniger mit dem Wand- und

Decken-Design am stillen Örtchen verkünsteln. Sauber sollte es sein, hell und freundlich bitte auch. Aber meine künftigen Gäste musste ich sicherlich nicht mit coolem Glasgewebe und raffinierten Farbschattierungen auf dem Weg zum WC beeindrucken.

Soweit mal wieder die Theorie. Die Praxis bedeutete, dass mein Ehemann alleine im Staub badete, da er unvorsichtigerweise vorschlug, das Abklopfen zu übernehmen (»halbe Stunde, Stunde, dann ist das erledigt, du brauchst sonst ewig dazu«). Von wegen ein bisschen Putz und abblätternde Farbe! Wie schon bei vergangenen Aktivitäten, wo nur »ein bisschen alte Tapete« entfernt werden sollte, holte uns auch hier die Realität schnell ein. Wo man ein bisschen loses Zeugs abknibbelte, landete man flott viel tiefer als beabsichtigt im Gemäuer und schon war die halbe Wand freigelegt. Tja, mit ein bisschen Spachteln war es dann auch nicht getan. Also doch ein schickes Klo.

Die Maler stöhnten zuvor schon mehrfach: »Bei Ihnen ist es gefährlich. Man erlebt dauernd irgendwelche Überraschungen, wenn man etwas anfasst.«

»Und täglich grüßt das Mauerwerk« dürfte der Film zum »Making of« meines Ladens heißen.

Wenn sich auch die Baustelle in diesen Monaten fest in der Hand der verschiedenen Gewerke befand, so war ich selbst nicht untätig. Ich erlebte eine geradezu unheimliche Wandlung. Wenige Wochen zuvor für mich noch gänzlich undenkbar, schlenderte ich mittlerweile mit wachsender Begeisterung durch Baumärkte. Was gab es da nicht alles zu entdecken. Türbeschläge, verschiedenste Besen, Badzubehör, Farbeimerchen, Schrauben und Riegel. Und erst die Vielfalt an Schmirgelpapier! Das brauchte ich tatsächlich in rauen Mengen.

Die Winterzeit hatte ich unter anderem mit der Instandsetzung eines Jugendstilfensters, das bei einer Wohnungssanierung eine Etage oberhalb des Ladens entsorgt wurde, kreativ genutzt. In mühevoller Kleinarbeit hatte ich es von unzähligen Lackschichten befreit (bei der schätzungsweise fünfzehnten Lackschicht erahnte ich die wahre Bedeutung des Begriffs »Sisyphusarbeit«) und im Lauf dieser Zeit gelernt, dass so etwas nicht mit Nagellackentferner funktioniert und dass mit »am besten mit einem Föhn erwärmen und dann abschleifen« auch nicht ein profaner Haarföhn gemeint war. Am Ende habe ich das gesamte Teil per Hand mit Schmirgelpapier freigelegt und mir

für Feinarbeiten extra einen Dremel geleistet. Als alle Farbe weg war, half mir mein Ehemann, Tafelfolie anstelle des Fensterglases anzubringen. Und fortan hing mein Meisterstück gut sichtbar für jedermann an der Wand und kündigte Veranstaltungen und Specials an. Ich bin fast geplatzt vor Stolz, als mein Werk beendet war – das erste Mal in meinem Leben hatte ich etwas Handwerkliches vollbracht. Die schmerzhaften Blasen an den Händen, verursacht durch völlig ungewohnten Einsatz dieser Extremitäten, waren schnell vergessen. Eine Schwiele ist geblieben – meine Heldennarbe!

DIE AROMA STATION

Mittlerweile schrieben wir April 2014. Den angedachten Eröffnungstermin im März hatte ich zähneknirschend erst einmal verschoben, es fehlte noch immer die Genehmigung vom Bauamt, dem seit einigen Wochen, nach rund 60-stündiger Arbeit des Architekten, 195 Din A4- und 15 Din A3-Seiten zur Entscheidung vorlagen. Die Küche wurde geliefert, die Schreiner stellten die Ladeneinrichtung fertig, nur die Betriebsgenehmigung wollte und wollte nicht erfolgen. Irgendwann stellte sich heraus, dass das Bauamt noch immer auf ein Formular vom Architekten wartete, der jedoch keine Lust mehr hatte und zudem mit der zuständigen Sachbearbeiterin nicht klarkam, die er anscheinend auch noch beschimpft hatte. Irgendwie gelang es mir, die Wogen zu glätten, auch mit dem sorgenvollen Hinweis, dass meine Kapitaldecke bedrohlich schrumpfte. Was als Reserve für die ersten beiden Jahre gedacht war, wurde zum einen durch die unerwartet hohen Renovierungskosten und zum anderen durch den fehlenden Umsatz bei weiterer Wartezeit aufgefressen. Nach langem Hin und Her eröffnete ich am 30.05.2014 die Aroma Station; die Möhre konnte endlich ihre Weltreise antreten.

DIE KONFITÜRENVERORDNUNG

Mit dem erwachenden Frühling startete ich parallel zur Baustellenbeaufsichtigung und Fensterinstandsetzung die Rhabarber-Verarbeitung. Bei Eröffnung sollten schließlich schon erste hausgemachte Köstlichkeiten in den Regalen stehen. Insgesamt rund 60 Kilo Rhabarber verwandelten sich in Saft, Sirup, Gelees, Konfitüren und Chutneys. Kleine Hängeetiketten informierten über den jeweiligen Inhalt. Gestalterisch hatte ich mir große Mühe gegeben. Mit dem Erstbesuch des Wirtschaftskontrolldienstes einige Wochen nach der Eröffnung erhielt meine diesbezügliche Euphorie einen leichten Dämpfer, denn nun machte ich Bekanntschaft mit mir bis dato gänzlich unbekannten EU-Vorschriften (Saftverordnung, Konfitürenverordnung, Kennzeichnungsverordnung).

Glücklicherweise waren die Kontrolleure zwar streng in der Auslegung dieser Vorschriften, aber auch hilfsbereit dem Ersttäter gegenüber. Ich lernte, dass die Zutaten immer und ausnahmslos in mengenmäßig absteigender Reihenfolge aufzuführen sind. Vorangestellt werden MUSS das Wort »Zutaten«. Mit einem Doppelpunkt dahinter. Etwaige Allergene (dafür gibt es spezielle Listen) sind fett oder farbig zu kennzeichnen. Die Mengenangabe auf einem Marmeladengläschen darf nur in Gramm angegeben werden und keinesfalls in Millilitern, auch wenn das Gläschen Milliliter fasst. Milliliter gibt es nur bei Flüssigem. Ein Mindesthaltbarkeitsdatum muss drauf (wie man das ermittelt, bleibt einem im Grunde selbst überlassen. Bei einer Warenprobe, die beliebig gezogen werden kann, stellt ein Lebensmittellabor dann schon fest, ob die Angabe korrekt ist).

Mengenangabe und Mindesthaltbarkeitsdatum müssen auf die Vorderseite des Etiketts. Schreibt man sie aus Platzgründen auf die Rückseite, muss auf der Vorderseite ein Hinweis angebracht werden, dass sie auf der Rückseite zu finden sind. Eine Marmelade ist nur eine Marmelade, wenn sie aus Zitrusfrüchten besteht. Ob man tatsächlich eine Konfitüre gekocht hat, kann eigentlich nur lebensmitteltechnisch ermittelt werden. Nicht alles, was wir ein Leben lang als Konfitüre geliebt haben, ist auch eine im Sinne der Konfitürenverordnung der EU. Gleiches gilt auch für Gelee. Von wegen, ich habe das Gelee so gekocht, wie meine Oma schon vor 100 Jahren. Nur weil meine Oma etwas gekocht hat, was anschließend als Gelee verspeist wurde, bedeutet nicht, dass dies auch heute noch ein Gelee-Rezept darstellt. Die

EU weiß das besser und hat einen mehrseitigen Katalog erstellt, der das genauestens definiert. Es hängt unter anderem vom Verhältnis Zucker zu Frucht ab. Mit einem Gelierzuckeranteil von 2:1 beispielsweise ändert man dieses Verhältnis schon und darf nicht mehr ungestraft von Gelee sprechen. Am besten lässt man auch hier seine Gläser von einem Labor untersuchen, die sagen dann schon, ob es sich bei dem Gelee um ein Gelee handelt oder nicht. Aus Kostengründen und der Einfachheit wegen standen in meinen Regalen seither nur noch Fruchtaufstriche. Diese Bezeichnung ist unkritisch.

Auch bei der Bezeichnung »Saft« sollte man sich in die Regelwerke vertiefen und hoffen, dass man sie auch versteht. Meinen (Rhabarber-)Saft hatte ich mittels Dampfentsaftung gekocht. Bei der Dampfentsaftung kommen die Früchte (zusammen mit Zucker und den gewünschten Gewürzen) in einen Korb, der sich über einem mit Wasser gefüllten Topf befindet. Beim Kochen steigt Dampf in den Korb, der dann den Früchten den Saft entzieht. Dieser sammelt sich in einem Auffangbehälter, von dem aus man ihn in Flaschen ablaufen lässt. Im Korb zurück bleiben reichlich blasse und ausgemergelte Fruchtreste. Nun darf ein Saft nur Saft heißen, wenn ihm kein Wasser zugefügt wird. Die Gretchenfrage lautete: Wurde durch den Dampf Wasser zugefügt oder nicht? Glücklicherweise findet sich in den Untiefen der Regularien ein Hinweis, dass ein Saft auch dann ein Saft ist, wenn mittels Wasserdampf der Saft extrahiert wurde. Gott sei Dank musste ich kein Fruchtsaftgetränk verkaufen wie befürchtet!

Ein Jahr später stellte ich die Kontrolleure vor eine weitere Herausforderung. Um ja keinen Fehler zu machen, fragte ich sicherheitshalber vor Abfüllung meiner neuesten Kreation nach, wie ich denn einen »Vin des noix«, den ich nach original französischem Rezept gerade im Topf hatte, korrekterweise bezeichne. Man darf nämlich nur einen deutschen Begriff verwenden, wobei nach Weinverordnung die Bezeichnung »Wein« strengstens reglementiert ist. Für einen Likör waren Alkohol- und Zuckergehalt zu gering. Nach zahlreichen Rücksprachen mit diversen Experten und Laboren erhielt ich einige Wochen später die Auskunft, dass es sich um ein »weinähnliches Getränk« handelte …

WAS DER BAUER
NICHT KENNT ...

... frisst er nicht. Sagt der Volksmund. Vielleicht liegt es auch einfach daran, dass Mannheim nicht Berlin ist. Und manche Ideen, die die Bewohner Berlins begeistern, lassen den Kurpfälzer kalt. Oder sie sind zu neu und daher noch nicht vertrauenswürdig.

Nach knapp einem halben Jahr jedenfalls war ich des Erklärens müde und beerdigte meine Idee, wöchentlich einen neuen Tisch mit einem Rezept samt Zutaten aus dem Trockensortiment (zum Beispiel Linsen, Reis, Kichererbsen) und Gewürzen zu präsentieren, den dazugehörenden Küchenservice (Einkauf der Gemüsezutaten, in der gewünschten Menge geputzt und topffertig vorbereitet) anzubieten und das Gesamtpaket auch noch verkaufen zu wollen.

Etliche Besucher der Aroma Station fanden diese Idee zwar richtig toll, begriffen aber nicht, dass die in mühevoller Detailarbeit erstellten Rezepte mit ihren Schritt-für-Schritt-Anleitungen, Fotos und Hintergrundinformationen nicht zum Mitnehmen gedacht waren (»Ach, ich dachte, das Rezept ist kostenlos«). Wieder andere wollten sich das unbedingt merken und den Service zu einem späteren Zeitpunkt nutzen, der jedoch nie eintrat. Und dann gab es noch die Kategorie Menschen, die ohnehin »einfach nur mal gucken« wollten und den Laden mit maximal einem Gläschen Senf, in der Mehrheit aber nur einem »Schön haben Sie es hier!« wieder verließen.

Nachdem die Tasten »Rezept« und »Küchenservice« auf der Registrierkasse nach Monaten noch immer jungfräulich und unbenutzt waren, habe ich auf das wöchentliche Umdekorieren dieser Präsentationstische schweren Herzens verzichtet und mein Lieblingsangebot gestrichen. Ich war nicht die Einzige.

Einige Wochen nach mir eröffnete in einer wesentlich belebteren Gegend ein anderer Laden, der ebenfalls mit wechselnden Rezepten und den dazugehörigen Zutaten ein Gesamtpaket verkaufen wollte – er hatte es auch nach kurzer Zeit wieder gelassen, sich stattdessen auf Pastagerichte zur Mittagszeit konzentriert und nach weniger als drei Jahren seinen Betrieb ganz eingestellt. Anscheinend funktioniert derlei nur in Berlin oder via Internet,

wo man solche Rezepte samt Zutatenboxen abonnieren kann. Wobei sich mir bis heute nicht erschließt, warum man sein Gemüse nach einer Deutschlandreise in Kühlboxen vom Paketboten beziehen muss, wenn man es doch marktfrisch aus der Region und küchenfertig vorbereitet vom Laden um die Ecke bekommen könnte.

ALLES BIO ODER WAS

Da der Rezepte-Zutaten-Küchenservice nicht überzeugen konnte, beschloss ich, stattdessen mein Sortiment um eine größere Auswahl an Bioprodukten als ursprünglich geplant zu erweitern. Schließlich musste ich auch daran denken, dass irgendwann die heimischen Früchte, wachstums- und erntebedingt, eine längere Pause einlegten und die Fruchtaufstrich-, Saft- und Chutney-Produktion dann einen Stillstand erdulden müsste. Die sich leerenden Regale nur mit Senf aus der Region und Gewürzen zu befüllen, machte wenig Sinn. Denn um davon die Miete zahlen zu können, müsste ich schon Tonnen verkaufen, was bei all den Aldi-, Edeka- und Rewe-Märkten in der Nähe eher unwahrscheinlich schien. Aber ein ansprechendes Bio-Trockensortiment, das fehlte in der Nachbarschaft. Weil zunehmend Menschen mit Interesse an veganen Produkten meinen Laden entdeckten, wollte ich auch dieser Kundschaft ein handverlesenes Sortiment anbieten.

Möglich machte dies ein Bio-Großhändler, der – im Gegensatz zu vielen anderen – keinen Mindestumsatz verlangte. Bei ihm bezog ich nun alles, was das Bio-Herz begehrte. Verschiedene Mehle, Linsen, Kichererbsen, Reis, Nudeln, Leinsamen, Sesam, Sojamilch, Mandelmilch, Kokosöl, Rapsöl, diverse Essige, vegetarische und vegane Brotaufstriche, glutenfreie Produkte, Seitanpulver, ein paar Süßigkeiten, vegane Powerriegel und wechselnde Aktionsprodukte fanden ihren Platz in meinen Regalen. Etwas Kühlware, wie Tofu, Räuchertofu und vegane Würstchen, wanderte in den Kühlschrank, und der Tempeh einer kleinen Manufaktur aus der Nähe bekam ein Plätzchen im Tiefkühlfach. Was ich nicht verkaufte, verwendete ich für meine eigenen Zubereitungen, denn auch die Nachfrage nach einem Mittagstisch stieg langsam an.

Meine Kunden wollten sich nicht mehr nur mit einem Sandwich, Panini oder Salat begnügen. Auch ein warmes Mittagessen war gefragt. Das war eine Gratwanderung, schließlich hatte ich nur die Genehmigung für eine Zubereitungsküche, nicht aber für ein umfassendes gastronomisches Angebot. Doch es gelang mir, ein tägliches kleines Gericht anzubieten, das dem Anspruch »Mittagstisch« gerecht wurde, den Rahmen »Snack« aber nicht sprengte.

Einer meiner Topseller zur Mittagsstunde war der Veggie Döner. Hierzu rührte ich zunächst den Seitan mit Gewürzen aus meinem Sortiment an, kochte ihn und marinierte ihn dann mit Shawarma, das man in der libanesischen Küche für Fleisch am Spieß verwendet. Anschließend wurde er in feine Streifen geschnitten und in der Pfanne scharf gebraten. Das Ergebnis ließ sich durchaus mit dem messen, was man von der Imbissbude als Döner kennt. Das Ganze wurde mit etwas Salat und einer hausgemachten veganen Mayonnaise in ein Fladenbrot gepackt und mit einer ordentlichen Salatbeilage serviert. Lecker!

Die Kombination schien gelungen – die Produkte aus dem Regal wanderten ins Mittagessen. Einige Gäste wollten die Gerichte nachkochen und kauften die erforderlichen Zutaten, die sie im Regal fanden. Natürlich Bio.

DES EINEN FREUD, DES ANDEREN LEID

Ungefähr zum gleichen Zeitpunkt traten Bioprodukte und vegane Lebensmittel ihren unaufhaltbaren Siegeszug in Discounter und Supermärkte an, die ihr Sortiment entsprechend rasant ausbauten. Es ist ja wirklich prima, dass man im Supermarkt nicht mehr nur den üblichen Verdächtigen in Form von Fertigprodukten, Konserven, geschmacklosem Treibhausgemüse, Schokoladenbergen, Chipstüten und überzuckerten Limonaden begegnet, sondern auch hochwertige Erzeugnisse aus Bioanbau und – für Veganer – sogenannte tierleidfreie Lebensmittel erhält. Da greift fast jeder Kunde gerne einmal zu, probiert aus und erledigt seinen Wocheneinkauf auf einen Rutsch im Vollsortimenter. Beladen mit genfreien Tomaten, Vollkornmehl,

Bioreis, Kokosöl, Tofubratlingen, veganem Brotaufstrich und den darüber hinaus benötigten Alltagsartikeln wie Toilettenpapier, Geschirrspülmittel, Marmelade aus industrieller Herstellung und WC-Reiniger tritt er zufrieden den Heimweg an.

Blöd nur für kleine Läden, die sich auf eben diese Bio- und Nischenprodukte konzentriert haben. Denn warum als Kunde in ewiger Zeitnot extra noch einen Umweg machen, wo doch so alles auf einmal im Einkaufskorb landet? Auch die Preispolitik der Biogroßhändler hilft dem kleinen Ladenbesitzer nicht. Denn zu allem Überfluss erhalten die Großabnehmer bedeutend niedrigere Einkaufspreise. Um konkurrenzfähig zu bleiben, lässt sich am Verkaufspreis nichts ändern, entsprechend gering ist die Marge des Einzelkämpfers. Der arme Tropf müsste den Umsatz deutlich steigern, um seine laufenden Kosten tragen zu können – was aber hinsichtlich des nachvollziehbaren Kaufverhaltens seiner Kundschaft mit Hang zum »alles auf einmal« nicht ohne weiteres gelingt. Daher: Vorhang auf zur nächsten Runde des permanenten »sich Neuerfinden«.

Nachdem sich herausstellte, dass das Interesse am Biosortiment zwar unverändert hoch (»Oh toll, Sie haben ja auch Quinoa / Bio-Vollkornmehl / ...«), die Neigung meiner Kunden, dieses auch bei mir zu erwerben, aber rückläufig war (»Habe ich mir gerade bei Edeka / Rewe / Lidl / ... gekauft«), nahm ich diese Produkte nach und nach wieder aus dem Sortiment, brauchte sie für meinen Mittagstisch auf und machte mich auf die Suche nach Ersatz in Form von Feinkost, die man (noch) nicht in den Supermarktregalen fand. Über verschiedene Messen (Slow Food, Veggie, Frei von), die oft von mir wohlgesonnenen Mitmenschen besucht wurden, die mich dann anschließend mit Flyern der verschiedenen Aussteller versorgten, stieß ich nach und nach auf Hersteller, die ähnlich wie ich arbeiteten. Weitere Anbieter fand ich durch umfassende Recherchen in der digitalen Welt oder wurde durch Empfehlungen auf sie aufmerksam. Und so füllten bald feine Senf-, Kräuter-, Salz- und Essigzubereitungen die Lücken, die Mehl, Quinoa, Mandelmilch und Räuchertofu hinterlassen hatten. Feinkost aus kleinen Manufakturen, vieles davon aus der Region, bereicherten nun die Aroma Station und machten sie zu einem Anziehungspunkt für Menschen mit einem Faible für Genuss; für die, die das Besondere suchten.

BAUSTELLENBLUES

... oder die unendliche Geschichte der Bauarbeiten, die die Aroma Station das ganze Jahr 2014 begleiteten.

Wer Mannheim kennt, dem dürfte auch das Stöhnen seiner Bewohner und Pendler wegen immer neuer Baustellen in ewiger Erinnerung bleiben. Umgestaltung der Fußgängerzone, Hochziehen eines edlen Einkaufscenters mitten in der Innenstadt, Abriss und Neubau der Kunsthalle, nie endende Straßenreparaturen, geänderte Verkehrsführung wegen neuer Radwege, Umnutzung der ehemaligen amerikanischen Kasernen, (Luxus-)Sanierungen und natürlich – wie soll es anders sein – Fassadenarbeiten an dem Haus, in dem sich die Aroma Station befand. Gerade erst hatte der Laden eröffnet, da wurde zunächst die Rückseite sandgestrahlt, ausgebessert, alte Eisenteile abgeflext. Natürlich bei schönstem Wetter, bei dem sich manche Gäste gerne auf der kleinen Terrasse aufhielten, die sie zuerst wegen des Lärms und der Staubwolken fluchtartig wieder verließen und dann dank einer kompletten Einrüstung gar nicht mehr nutzen konnten. Kaum waren diese Arbeiten beendet, was nicht lange dauern sollte (ein dehnbarer Begriff, das Gerüst stand gut zwei Monate), wurde der Hof neu gepflastert. Zeit ist Geld, daher verzichteten die Steinmetze natürlich auch auf Pausen zur Mittagszeit. Was etliche Mittagsgäste, die sich ein wenig vom Stress des Arbeitsalltags ausruhen wollten, veranlasste, sich vorübergehend andere Ruheoasen zu suchen. Ärgerlich für ein kleines Unternehmen in seiner Anlaufphase, aber leider nicht zu ändern. Nachdem man das Gebäude Jahre und Jahrzehnte sich selbst überlassen hatte, schienen die Eigentümer den Sanierungsrückstand ausgerechnet nach meiner Geschäftseröffnung beheben zu wollen. Drinnen (die Wohnung über dem Ladenlokal) und draußen wurde gebohrt und gehämmert bis der Schädel dröhnte. Die vermeintliche Erlösung kam zur Zeit der Sommerferien, war aber nur die Ruhe vor dem Sturm.

Dieser setzte im November mit Orkanstärke ein. Während sich alle anderen Geschäfte im umsatzfrohen Vorweihnachtsrubel befanden, sollte bei mir die Fassade zur Straßenseite verschönert werden. Mit einem mobilen Gerüst. Also keine große Sache. Und nur ganz kurz. Einen halben Tag oder so. Klar.

Vereinbart wurde, mit begleitendem Zähneknirschen meinerseits, die Arbeiten an einem Mittwoch ab 13.30 Uhr vorzunehmen (zu dieser Zeit hatte ich mittwochnachmittags geschlossen). Als ich an jenem Mittwochvormittag schwungvoll mit meinem Fahrrad in die Straße einbog, traute ich meinen Augen kaum. Meine komplette Ladenfront – Schaufenster, Nebenfenster, Ladenschild und Ladentür – war zugeklebt. Und davor ein Baugerüst. Diesmal riss mein Geduldsfaden. Aus der anfänglich noch sachlichen Diskussion mit dem verantwortlichen Steinmetz entwickelte sich eine lautstarke Auseinandersetzung, während der seine Mitarbeiter mit starrem Blick die letzten Stoffbahnen rund ums Gerüst anbrachten und die Aroma Station dahinter auf Nimmerwiedersehen verschwand. Nach zwei wutentbrannten Anrufen meinerseits eilten Hausverwaltung und Architekt herbei. Zumindest die Ladentür wurde daraufhin vom störrisch vor sich hin schimpfenden Steinmetz wieder zugänglich gemacht, was allerdings zwischen all den Planen und Gerüstteilen niemandem wirklich auffiel. Hoch und heilig versprach der Architekt, dass die Arbeiten an meiner Ladenfront noch am gleichen Tag abgeschlossen und der Zugang dann wieder problemlos möglich sei, was den auf Rache sinnenden Steinmetz jedoch nicht interessierte. Um 14.30 Uhr verschwand er mit seiner verlegen schweigenden Mannschaft und rief mir mit leicht triumphierendem Unterton zu, dass sie im Laufe des kommenden Tages dann fertig sein würden. Wutschnaubend verbrachte ich den Rest des Nachmittags und natürlich den kompletten nächsten Tag alleine und ohne kauffreudige Kundschaft hinter zugehängten Fenstern, umgeben vom ewigen Sandstrahldröhnen.

Tja, und weil die Herren nicht ordentlich gearbeitet hatten und Nachbesserungen in den Augen der Hausverwaltung erforderlich waren, wurde das Prozedere dann in der ersten Dezemberwoche wiederholt.

STROMAUSFALL

Auch nebenan wurde kräftig gewerkelt. Das seit knapp einem halben Jahr leerstehende Restaurant stand kurz vor der Eröffnung. Ich war gespannt und freute mich auf meine neuen Nachbarn. Unsere Seiteneingänge führten beide ins Treppenhaus, wo wir uns sicherlich häufig begegnen würden, und unsere Fensterfronten nahmen die gesamte Hausfassade ein, nur geteilt durch die Haustür zum Treppenhaus. Ein französisches Bistro sollte es werden, so hatte ich gehört. Das geschmackvolle Mobiliar und die antike Tapete im Nebenzimmer hatte ich schon ausgiebig bewundert und die Arbeiten des Schreiners, der eine Säule mit Jugendstilrosette freigelegt hatte, bestaunt. An einem ganz gewöhnlichen Vormittag erhielt meine nachbarschaftliche Vorfreude einen vorübergehenden Dämpfer.

Gemeinsam mit Luise, der immer hilfsbereiten Studentin, die, wenn man sie brauchte, alles stehen und liegen ließ, Unmögliches möglich machte und mich seit Sommer stundenweise unterstützte – ohne sie hätte ich nie in die Besonderheiten der veganen Küche hineingefunden – wollte ich mich an die Vorbereitungen des Tages machen. Weihnachten war nicht mehr fern, Plätzchen standen auf dem Plan, von denen ein Teil vielleicht sogar noch vor der Mittagstischzeit appetitlichen Zimt-Orangen-Duft verströmen würde. Wie üblich öffnete ich zunächst die Rollläden vor Ladentür und Schaufenster mittels Fernbedienung. Genauer gesagt, ich drückte den Knopf der Fernbedienung, was diese jedoch nicht beeindruckte. Die Rollläden blieben still und verschlossen. Da mir dies nicht zum ersten Mal passierte, wechselte ich in frühmorgendlicher Gelassenheit gänzlich unbesorgt die Batterien aus und drückte noch mal. Und noch einige weitere Male. Die Läden ignorierten meine Bemühungen vollständig, gaben nicht den leisesten Mucks von sich. Ich schaute die technisch versiertere Luise ratlos an, die nun ihrerseits die Fernbedienung überprüfte, auseinandernahm, zusammensetzte, betätigte. Erfolglos.

»Du musst die Firma anrufen, die den Rollladen eingebaut hat. Vielleicht gibt es ja noch einen Notschalter oder irgendwas, um sie per Hand aufzuziehen«, meinte Luise und fügte noch beruhigend hinzu: »Ist bestimmt nichts Großes.«

Ihr Wort in Gottes Ohr, von Katastrophen hatte ich vorerst genug. »Meine Güte, was ist, wenn wir den Rollladen nicht hochbekommen? Da denkt doch jeder, wir haben schon wieder geschlossen«, stöhnte ich und kramte die Telefonnummer hervor.

»Haben Sie die Batterien der Fernbedienung ausgetauscht?«, fragte der Fachmann am anderen Ende der Leitung.

»Habe ich. Sogar zweimal. Es rührt sich nichts.«

»Und der Strom ist auch eingeschaltet?«

»Ja, ich habe das Licht im Laden an.«

»Ist irgendeine Sicherung raus?«

Luise und ich gingen jeden einzelnen Sicherungsschalter durch.

»Nein, alle drin.«

»Das ist seltsam. Aber da kann ich nichts machen. Einen Notschalter oder eine Handkette hatten wir nicht eingebaut. Rufen Sie mal den Elektriker an. Da stimmt garantiert etwas mit dem Strom nicht.«

Wir näherten uns 10 Uhr, Zeit, den Laden zu öffnen, und meine Sorge wuchs mit jeder Minute.

»Luise, das schaffen wir nicht bis 10 Uhr. Ich muss den Elektriker kommen lassen«, presste ich nun gar nicht mehr unbesorgt hervor.

»Mach mal.« Luise blieb gelassen und pragmatisch. »Ich stelle jetzt einfach die Tafeln vor den Laden und hänge einen Zettel dran, dass wir geöffnet haben. Die Leute müssen halt durch den Hauseingang kommen.«

Energisch malte sie ein entsprechendes Schild, schnappte sich die große Tafel und schleppte sie durchs Treppenhaus vor die verrammelte Ladenfront.

Ich rief den Elektriker an, der sich meine Problemschilderung wenig begeistert anhörte.

»Sind alle Sicherungen drin?«

»Ja, habe ich schon überprüft.« Leichte Ungeduld schlich sich in meine Stimme.

»Und die Batterien der Fernbedienung?« Der Elektriker arbeitete routiniert seinen Fragenkatalog ab.

»Habe ich ausgetauscht. Sogar mehrfach. Und das Ding ist auch richtig zusammengesetzt«, versuchte ich zu beschleunigen.

»Haben Sie mit den Rollladen-Monteuren gesprochen?«

»Ja, die sagten, ich soll Sie anrufen«, erklärte ich gequält.

»Also, ich kann mir das nicht erklären«, gab er auf und seufzte: »Gut, ich schicke Ihnen meinen Mitarbeiter, der kennt sich ja bestens bei Ihnen aus.«

Er murmelte noch etwas, das sich verdächtig nach einem Fluch auf dieses Haus, das nichts als Ärger bereitete, anhörte und deutete eine Wartezeit von circa 30 Minuten an.

Luise, die sich gewohnt tatkräftig mittlerweile in Richtung Küche aufgemacht hatte, um sich um Plätzchenteig und Mittagessen zu kümmern, rauschte mit wildem Blick zurück in den Gastraum. »Die Küche ist tot.«

Ich starrte sie entsetzt an: »Wie jetzt? Tot?«

»Kein Strom.«

»Kein Strom?«

»Genau. Kein Licht, kein gar nix.«

»Aber hier vorne funktioniert doch das Licht!« Meine Stimme näherte sich einer verdächtig hohen, Hysterie andeutenden Tonlage: »Was hat denn der Rollladen mit dem Licht in der Küche zu tun?«

»Keine Ahnung. Guck selbst.« Auch Luises Stimme nahm einen unheilvollen Klang an.

Es wurde immer mysteriöser. Alle Sicherungen waren drin, vorne funktionierte zwar der Rollladen nicht, aber die Innenbeleuchtung lief einwandfrei. In der Küche blieb es dunkel. Wir prüften nun sämtliche Geräte und gingen dabei ähnlich systematisch vor wie bei einem Lufthansa-Startcheck. Wasserkocher, Mikrowelle, Steckdosen.

»Herd geht nicht.«

»Backofen auch nicht.«

Nach einem entsetzten Blickwechsel jagten wir an die andere Wand und stellten fest, dass auch der Kühlschrank das Kühlen eingestellt hatte und die Kühltruhe nur über einen kleinen Kälterest verfügte. Tiefkühlen fühlte sich anders an.

Kurz darauf traf der Elektriker ein und sortierte stoisch ruhig erst einmal unser aufgeregtes Gestammel. Geduldig maß er alle Leitungen, hantierte am Sicherungskasten und fragte nach der Hauptsicherung, von deren Existenz ich bis dato nie gehört hatte. Diese befand sich, wie er von seinen vorherigen Einsätzen noch wusste, im – natürlich abgeschlossenen – Keller meiner zukünftigen Nachbarn.

»Ich kann jetzt entweder die Tür aufbrechen oder wir rufen die Hausverwalterin an. Vielleicht hat die einen Schlüssel.«

›Besser erst einmal anrufen‹, dachte ich.

»Da ist abgeschlossen? Wieso ist denn abgeschlossen?«, fragte diese perplex. »Ich rufe den Mieter an, er muss kommen.« Hörbar verärgert rief sie mir ins Ohr: »Das geht doch nicht! Die können doch den Keller mit der Hauptsicherung nicht abschließen! Und was haben die überhaupt an der Hauptsicherung zu schaffen?!«

Mir war völlig egal, warum dieser Mieter die Kellertür abgeschlossen hatte und was er mit der Hauptsicherung angestellt haben könnte, ich wollte nur, dass sofort jemand kam, die Tür öffnete und der Elektriker mit dieser Hauptsicherung tat, was immer damit zu tun war.

11 Uhr, der Laden verrammelt, kein Mittagessen vorbereitet, Plätzchenrückstand und mein tiefgekühlter Tempeh sowie mein Buttervorrat drohten aufzutauen. Den Kühlschrankinhalt hatten wir zwischenzeitlich auf dem winterlichen Küchenbalkon geparkt. Aber der Tempeh!

Der Mieter eilte herbei, und es stellte sich heraus, dass sein Handwerker offensichtlich am vergangenen Abend einen Schaden an der Hauptsicherung verursacht, aber niemandem gemeldet und stattdessen in aller Seelenruhe den Ort des Geschehens verlassen hatte, um sich bei nächster Gelegenheit wieder darum zu kümmern. Um Schadensbegrenzung bemüht bot er mir an, meine Tiefkühlprodukte mitzunehmen und in seinem Kühlraum zwischenzulagern. Gott sei Dank, der Tempeh war gerettet. Die Reparatur der Hauptsicherung war relativ schnell erledigt, das Mittagessen bei mir fiel aus, dafür funktionierte irgendwann der Rollladen wieder und Luise machte sich in rasendem Tempo ans Plätzchenbacken. Ich hatte die Nase voll von Baustellen und Renovierungskatastrophen und hoffte auf bessere Zeiten.

VEGGIE DÖNER

Mit der Zeit wurde mein Mittagstisch immer ideen- und variantenreicher. Als Kochbuch-Junkie habe ich mir im Lauf der Zeit eine mehrere Meter umfassende Sammlung ausgefallener Kochbücher zugelegt und dazu unzählige pfiffige Zeitschriften ergattert. Außerdem war ich seit Langem schon ein begeisterter Blog-Leser und Pinterest-Betrachter, wobei mich vor allem die kulinarischen Beiträge aus anderen Ländern interessierten. Mittlerweile bereitete mir weder die Lektüre englischsprachiger noch französischer oder spanischer Rezepte größeres Kopfzerbrechen. Etliches habe ich nachgekocht, viele Rezepte aber auch einfach als Inspiration genutzt und mit regionalen und saisonal verfügbaren Zutaten abgewandelt oder in vegane Gerichte transponiert.

Als kleine Snacks wanderten anfangs Sandwichvarianten mit hausgemachten Aufstrichen und jeder Menge leckerem Chichi, dann Auberginenstreifen auf Couscous, Hokkaido-Pommes zu Falafel-Burger, Bohnenmousse mit Oliven-Croûtons, Erbsen-Gurken-Röllchen mit Quinoa-Salat oder Mangoldröllchen mit Schafskäsefüllung über die Theke, gefolgt von hausgemachten Gnocchi mit Kürbiskern-Salsa, mühselig gefertigten veganen Ravioli, Suppen und Currys aus aller Herren Länder.

Im Rahmen einer kulinarischen Weltreise, die ich 2015 präsentierte, kamen wahrhaft exotische Zubereitungen mit heimischem Gemüse und unglaublich aromatischen Gewürzen hinzu, die mich und meine wechselnden Mitstreiterinnen immer wieder aufs Neue begeisterten. Doch was immer in der Küche gezaubert wurde – die vegane Szene verlangte den Veggie Döner. Zu jener Zeit stürmte Helene Fischer völlig »atemlos durch die Nacht«, beziehungsweise durch sämtliche Hitparaden, und beschallte uns täglich auf jedem Radiosender. Irgendwann hielten wir es nicht mehr aus, doch der Ohrwurm ignorierte unser Stöhnen hartnäckig. Schließlich trällerten wir im Takt: »Fladenbrot mit Salat, Veggie Döner Tag für Tag.«
Die vegane Szene zog weiter, ab 2016 nahm ich den Veggie Döner nur noch selten auf die Karte. Etliche vegane Streetfood-Anbieter eröffneten schlagartig in Mannheims Szenevierteln, die für Studenten und hippe Youngster wesentlich angesagter waren, als mein eher beschauliches Juwelchen in vornehmer Nachbarschaft. Ich wollte ohnehin kein Fast Food anbieten und

war nicht allzu traurig vom täglichen Fladenbrotfüllen erlöst zu sein. Mein Ziel war es stets, meinen Mitmenschen neue kulinarische Welten mit aromatischen Gewürzen und möglichst heimischen Zutaten zu eröffnen. Die »Möhre auf Weltreise« war und blieb mein Motto!

DIE KULINARISCHE WELTREISE

Parallel zum sukzessiven Sortimentsumbau sollte auch der Mittagstisch etwas ausgefallener und exklusiver bei gleichbleibend kleinem Preis werden. Natürlich wollte ich weiterhin meine Kunden animieren, Gerichte nachzukochen und die erforderlichen Zutaten – nun vor allem in Form der verwendeten Gewürze anstatt des Trockensortiments – bei mir zu erwerben. Wer fremde und ungewohnte Gewürze kaufen soll, muss auch Anregungen für ihren Einsatz finden. Und einige waren wirklich recht außergewöhnlich – zum Beispiel Galgant, das in der laotischen Küche verwendet wird (kannte übrigens schon Hildegard von Bingen) oder das spanische Paprika doux la vera aus geräucherten Paprika (unbedingt mal eine Prise davon in den Hummus streuen) oder Biryani (für persische Reisgerichte) oder Shawarma (kam beim Veggie Döner zum Einsatz) oder Tonkabohne (schon mal Rhabarber-Bienenstich mit Tonka-Creme probiert?) oder meine selbst gerösteten und gemörserten Currymischungen. Hach, ich liebe diese wundervollen Aromen. In großen Apothekengläsern waren sie von Beginn an ein Blickfang im Regal. Da man sie individuell abgewogen schon ab 10 Gramm für Beträge ab 70 Cent ins Tütchen oder Glas bekam, war die Hemmschwelle, einfach mal zu probieren, nicht allzu groß. Und um sie nun so recht in Szene zu setzen, startete ich im Januar 2015 mit dem Mittagstisch und meiner Möhrenidee im Gepäck eine kulinarische Weltreise.

Wöchentlich wurde ein anderes Land bereist und die dort typischen Gerichte nachgekocht. Allerdings rein vegetarisch, zu einem großen Teil sogar vegan, unter Verwendung möglichst vieler heimischer Zutaten. Es galt, den Geschmack, das Aroma, einzufangen und umzusetzen. Parallel zum Gaumenschmaus informierte ein Präsentationstisch, dekoriert in den jeweiligen Landesfarben und flankiert von den verwendeten Gewürzen und Zutaten,

über die Besonderheiten der Reiseetappe und ihrer Küche. Regelmäßige Blogbeiträge, versehen mit Bildern und Hinweisen auf die Wochenkarte, begleiteten die Besucher der Aroma Station von nah und fern auf dieser Reise. Ein spannendes Experiment, das mir unglaublichen Spaß bereitete.

Um die Farbenwelt darzustellen, verwendete ich diverse Stoffe und Bänder, die mal als Tischdecke, mal als dekorative Schleife oder Girlande den Tisch zierten. Für die asiatischen Länder erstand ich handgeschöpftes Papier, kleine Zen-Gärten, Buddhas, Winke-Katzen, Bambuskörbchen und Ähnliches. Einen Hauch von Orient verschaffte mir ein Rock, den mir Luise, selbst ein Ausbund an Kreativität, auslieh und auf dem Tisch drapierte. Meergrün und Pailletten bereicherten somit die Aromenwelt Pakistans. Italien dekorierten wir mit Tomaten und Basilikumtöpfen auf weißen Tellern inmitten von Terrakotta-Krügen, während rot-weiß-karierte Tischsets, Baumscheiben mit Kerzen und Schnee aus Watte den Winter auf der Alm imitierten und Gebetsfahnen unsere Reisestation Tibet schmückten.

Aroma Station Oktober 2016 / © Ben van Skyhawk

»GRIAß DI« – AUF GEHT'S NACH ÖSTERREICH

Nach einer kurzen Weihnachtspause ging die kulinarische Weltreise am 05. Jänner 2015 an den Start und machte ihren ersten Etappenhalt, passend zur Jahreszeit, im winterlichen Österreich. Mit einem »Häferl« (alkoholfreiem) Jagertee wollte ich unsere Gäste vor einer »Verkühlung« bewahren. Aber der schmeckte natürlich auch einfach so zu veganen »Fleischlaiberl« mit Kartoffelsalat oder einem veganen Hüttenburger oder zum Zillertaler Toast. Für »Suppenkasperl« wollte ich eine Lauch-Kartoffel-Suppe kochen, ganz Eilige konnten ein Zillertaler Baguette mitnehmen. Süßschnäbel plante ich mit »Schneebällchen«, kleine Biskuit-Quark-Kugeln, die ich mit Portwein verfeinerte, zu beglücken und zu einem Samstagsfrühstück wollte ich veganen Kaiserschmarrn servieren, außerdem hausgemachte Marillenbutter, Käse, Rohkost und selbstgebackene Brötchen. Nur die Hüttenmusik, die ließ ich aus. Da im Januar üblicherweise noch viele Leute im Urlaub sind, ging ich von einem eher ruhigen Jahresbeginn aus. Passte ja irgendwie zu einer gemütlichen Hüttenatmosphäre.

Soweit der Plan. Doch was war das eine Woche! Ohne die unablässig werkelnde Luise wäre sie in einer einzigen Katastrophe gegipfelt. Anscheinend hatten sämtliche Veganer der Kurpfalz die Wochenkarte entdeckt und stürmten die Aroma Station. Auch zahlreiche Beschäftigte der umliegenden Steuerbüros, Anwaltskanzleien und Unternehmensberatungen eilten in ihrer knappen Pause an den Mittagstisch à la Austria, was bei uns überrumpelten Damen der Aroma Station für zeitweiliges Chaos und Erschöpfungszustände sorgte.
Mit einiger Beunruhigung mussten wir bald feststellen, dass weder die hausgemachte Mayo noch die vorhandenen Burgerbrötchen ausreichten. Der Hüttenburger war einfach ein Renner.
Während ich zwischen Gastraum und Küche hin und her raste, dazwischen noch Kunden beim Einkauf beriet und die Kasse bediente, herrschte in der Küche Belagerungszustand. Luise bereitete nach dem ersten Ansturm in weiser Voraussicht ein paar Teller mit Salatbeilagen vor, richtete diverse Zutaten möglichst so, dass sie mit wenigen Handgriffen bei Bedarf erreich-

bar waren, kümmerte sich um Topf und Pfanne und versuchte, in dem eigentlich nicht mehr verfügbaren Raum noch schleunigst für Nachschub an veganer Mayonnaise zu sorgen. Mit dem Ergebnis, dass die volle Schüssel samt dringend benötigtem Inhalt schwungvoll auf dem Boden landete, zerbrach, und auf ihrem Weg dahin die soeben zubereitete Mayo in großem Bogen auf Tür, Arbeitsfläche und Boden verteilte. Zu allem Überfluss kündigte die Mikrowelle gleichzeitig das auf Fertigstellung wartende nächste Burgerbrötchen piepsend an. Ich konnte nicht helfen, draußen tobte der Bär. Also die Bescherung nur grob wegwischen und einfach weitermachen.

Die nächste Steigerungsstufe war mit den aufgebrauchten Burgerbrötchen erreicht. Nun gab es nur noch XXL-Burgerbuns, die für die vorbereiteten Auflagen, die veganen Fleischlaiberl, entschieden zu groß waren. Nicht zu ändern, musste man halt großzügig Salat drauf verteilen (prompt beklagte sich eine Kundin, dass das »Ding« auf dem Brötchen viel zu klein geraten sei).

Da immer noch burgerhungrige Gäste eintrafen und die XXL-Burgerbuns auch Richtung Nullbestand tendierten, beschloss Luise, um gute Einfälle nie verlegen, zwischenzeitlich selbstgebackene Brötchen, die in der Tiefkühltruhe auf Beachtung warteten, in der Mikrowelle aufzutauen. Eine Entscheidung mit Folgen. Denn in aller Hektik hatte sie eine falsche Taste gedrückt und das eisige Backwerk sich selbst überlassen. Das vergessene Tiefkühlbrötchen nahm Rache und begann zu schmoren; der aus der panisch geöffneten Mikrowellentür ausströmende Qualm löste in der Küche den Rauchmelder und bei mir einen Lachkrampf aus, und das Chaos war nun perfekt. Während die arme Luise das Dauerpiepsen aushalten musste, stürzte ich zum Bäcker an der Ecke und besorgte profane Kaisersemmeln für die letzten Burger des Tages …

Als es am Ende der Woche hieß: »Pfiat Gott Österreich«, nährte sich meine berechtigte Hoffnung, es mit der Aroma Station nun geschafft und das Hindümpeln des ersten Jahres überstanden zu haben.

Vielleicht wollen auch Sie einmal den Renner der ersten Woche unserer kulinarischen Weltreise ausprobieren? Hier ist er, der vegane Hüttenburger:

Hüttenburger (Vegan)

Zutaten vegane Fleischlaiberl

4 Tassen Haferflocken, blütenzart
2 Dosen Kidneybohnen, abgetropft und abgespült
1 Dose Erbsen, abgetropft
Gemüsebrühepulver
Salz und Pfeffer nach Geschmack

Zubereitung vegane Fleischlaiberl

Alle Zutaten in eine Schüssel geben, nach Geschmack mit Gemüsebrühepulver sowie Salz und Pfeffer würzen. Gut mit den Händen vermischen und
durchkneten, dabei die Erbsen und Kidneybohnen zerdrücken. Es entsteht
eine graue, recht feste Masse, die sich nun leicht in Frikadellenform bringen
lässt. Beidseitig in der Pfanne in Rapsöl braten.

Tipp: Zwiebeln, Knoblauch, Paprika und/oder frische Kräuter geben zusätzlich Geschmack. Vor dem Braten in Sesam gewälzt, werden die
Burger besonders nussig und knusprig.

Zutaten Chilisoße zum Fleischlaiberl

150 g Senfkörner
100 g Agavendicksaft
200 ml Apfelessig
50 g getrocknete oder 6 Stück »Piri-Piri«-Chilischoten
1 TL Paprika doux la vera (Räucherpaprika)
1 EL Olivenöl

Zubereitung Chilisoße

Senfkörner in der Pfanne trocken rösten und anschließend mit den Chilis
mörsern. Olivenöl in einem Topf erhitzen, alle Zutaten zufügen und bei
mittlerer Hitze köcheln lassen, bis eine cremige Masse entstanden ist. Abkühlen lassen und luftdicht verschlossen im Kühlschrank aufbewahren und
innerhalb von zwei Tagen aufbrauchen.

Zutaten vegane Mayonnaise

50 ml gekühlte Sojamilch
100 ml Rapsöl

½ TL Apfelessig
scharfer Senf, Salz und Pfeffer nach Geschmack

Zubereitung vegane Mayonnaise

Sojamilch (kühlschrankkalt!), Rapsöl und Apfelessig mit dem Stabmixer ca. 30 Sekunden lang mixen. Dazu den Stabmixer gleichmäßig auf und ab bewegen. Senf, Salz und Pfeffer zufügen und noch einmal kurz mixen.

Tipp: Die Mayo ist eine ideale Basis für diverse (kalte) Soßen, z.B. Kräutermayonnaise oder Cocktailsoße. Hierzu beliebig mit weiteren Gewürzen bzw. Kräutern ergänzen.

Zutaten Röstzwiebeln

4 mittelgroße Zwiebeln
3 EL Mehl
250 ml Raps- oder Sonnenblumenöl
Salz

Zubereitung Röstzwiebeln

Zwiebeln schälen und in halbe Ringe schneiden. Mit Mehl bestäuben, 1 TL Salz zufügen und gut vermengen. In einem schweren Topf das Öl erhitzen (es eignet sich auch ein Wok) und die Zwiebeln darin portionsweise 5–7 Minuten frittieren. Mit dem Schaumlöffel herausheben und auf Küchenpapier abtropfen lassen. Eventuell noch einmal nachsalzen.

Fertigstellung Hüttenburger

Burgerbrötchen mit der veganen Mayonnaise bestreichen und mit einem veganen Fleischlaiberl, ein bis zwei schmalen Streifen Räuchertofu, Gewürzgurken und Röstzwiebeln belegen. Zum Schluss etwas von der Chilisoße darauf verteilen, zusammenklappen, in der Mikrowelle kurz erwärmen und genießen.

Tipp: Nicht-Veganern schmeckt der Burger auch mit einer Scheibe Käse. Ein veganes Käseersatzprodukt ist natürlich Geschmackssache und kann ebenfalls verwendet werden. Aufgrund der zahlreichen Zusatzstoffe, die sich generell in Fertigprodukten befinden, konnte ich mich jedoch für derlei Ersatzkäsegeschichten nie erwärmen.

NÄCHSTE REISEETAPPE – KROATIEN

Beflügelt von der Österreich-Woche ging es kulinarisch weiter nach Kroatien. Die kroatische Küche ist unglaublich vielfältig. Während der Norden noch von der Küche Österreich-Ungarns geprägt ist, bieten die Küstenregionen typische Mittelmeer-Geschmackwelten, wie wir sie beispielsweise auch aus der griechischen Küche kennen. Auch französische und italienische Einflüsse sind spürbar. Jede Region hat ihren eigenen Charakter – sowohl landschaftlich als auch aromatisch. Ein wahres Paradies also für Kochlöffel-Fans.

Der Plan sah einige typische – aber vegetarisch-vegan interpretierte – Gerichte vor mit Ćevapčići, Duvec-Wintergemüse, Ražnjići und Zagreb-Burger. Auf Süßschnäbel wartete ein Schichtstrudel mit Mohn, Äpfeln und Haselnüssen.

Als spezielles Gewürzarrangement präsentierte ich Paprika und eine scharfe Piri-Piri-Gewürzmischung, außerdem bot ich an, die selbst gefertigten Dips und Mayonnaisen (ohne Ei) auf Vorbestellung auch für daheim zuzubereiten.

Dank meiner jüngsten Burger-Erfahrungen sorgte ich für ausreichend Burgerbrötchen, die ich mit einer Veggie Frikadelle (ähnlich der des Hüttenburgers), ofengerösteten Paprika, Zwiebeln, Eisbergsalat, Ajvar und hausgemachter veganer Mayo belegte. Die Ćevapčići wurden aus Tofu statt Hackfleisch zubereitet und für die Spießchen, die Ražnjići, wandelte ich ein veganes Schaschlik-Rezept ab. Diese Spießchen sind unglaublich lecker. Sofern man sie nicht stundenlang im Ofen warm hält …

Im Originalrezept werden sie mit Tofustückchen zubereitet. Als der aber aufgebraucht war, rührte ich Seitan an, kochte und marinierte ihn und steckte dann Würfelchen auf die Spieße. Da die Gäste der Aroma Station oft über einen Zeitraum von mehreren Stunden eintrudelten und immer zwischen 12 und 15.30 Uhr ein Mittagessen erwarteten (natürlich ohne Wartezeit), mussten die Spieße in diesem Erstversuch entsprechend lange im warmen Ofen für hungrige Mäuler gelagert werden – was einen Schrumpfungsprozess

verursachte, der sämtliche Paprika-, Karotten-, Champignon- und sonstige Stückchen auf Minigröße reduzierte und die Seitanwürfel in trockene Bröckchen verwandelte, die beim Kauen quietschten. So geschehen bei der letzten (theoretisch) noch verfügbaren Portion eines Tages. Und ausgerechnet die servierte ich einer Dame, die sich anschließend als Köchin outete, dies auch mindestens fünfmal wiederholte und seither nie wieder gesehen ward. Tja, Pleiten, Pech und Pannen gehören dazu, denn nun wusste ich, dass man Spieße nur à la minute zubereiten sollte. Wer es einmal versuchen möchte – der Aufwand lohnt sich für dieses Rezept.

Ražnjići (Spieße) mit Tomaten-Dip (Vegan)

Zutaten für 4 Spieße

200 g Seitan, (in Gemüsebrühe) gekocht und gewürfelt
ausreichend Rapsöl
ca. 40 ml Sojasoße
je ½ rote und gelbe Paprika
1 Zucchini
1 Karotte
8 Baguettescheibchen
möglichst große Champignons
Salz und Pfeffer

Zubereitung Spieße

Rapsöl und Sojasoße in einer Pfanne erhitzen. Den gekochten und in Würfel geschnittenen Seitan in Sojasoße (am besten über Nacht) marinieren. Die gewaschenen und entkernten Paprikaschoten in je 4 möglichst gleich große Stücke, die geschälte Karotte in 8 Scheiben schneiden, die Champignons je nach Größe halbieren oder ganz verwenden. Nun im Wechsel Karotte, Zucchini, Paprika, Baguette, Champignon und Seitan auf 4 Spieße verteilen. Diese auf ein eingefettetes Backblech legen, salzen, pfeffern und im vorgeheizten Backofen bei 220° Grad (Ober-/Unterhitze) 10 bis 15 Minuten backen, dabei einmal wenden.

→

Zutaten Tomaten-Dip

1 Dose Tomaten in Stückchen
1 kleine Zwiebel
1 rote Chilischote
2 Champignons
4 EL Oliven- oder Rapsöl
4 EL Sojasoße
1 EL Rohrohrzucker oder Agavendicksaft
1 EL Weißweinessig
½ TL Paprika doux la vera oder Pul Biber (Achtung scharf!)

Zubereitung Tomaten-Dip

Chilischote entkernen und fein hacken, Pilze putzen und sehr klein schneiden, Zwiebel fein hacken. Öl erwärmen und die Zwiebel zusammen mit der Chilischote bei mittlerer Hitze braten, bis die Zwiebel eine goldbraune Farbe angenommen hat. Dann zunächst die Pilze dazugeben und kurz mit anschwitzen, anschließend alle anderen Zutaten zufügen und ca. 5 Minuten garen. Den Topf vom Herd nehmen, kurz abkühlen lassen, die Tomatenmasse pürieren, mit Salz und Pfeffer abschmecken. In kleinen Schälchen zu den Spießen servieren.

MERHABA –
WIR REISEN IN DIE TÜRKEI

Ganz klar, ohne Veggie Döner ging es natürlich gar nicht auf der nächsten Reiseetappe. Luise und ich hatten mittlerweile eine beeindruckende Fingerfertigkeit beim Streifchenschneiden entwickelt, die Gewürze mussten nicht mehr abgemessen oder abgewogen werden, sondern wanderten mit gekonntem Schwung in exakt der benötigten Menge in die Marinade, und beim Seitankochen war auch keine Küchenuhr mehr erforderlich. Mit Kennerblick erkannten wir selbst ohne ein bimmelndes Helferlein, wann sich unser Seitankloß die gewünschte Konsistenz zur Weiterverarbeitung erkocht hatte. Die Zubereitung der Dönersoße, die wir aus eigens hierfür gemixter veganer Mayo, Ketchup und unserer geheimen Würzmischung anrührten, beherrschten wir im Schlaf. Und wie erwartet wanderten die auch sonst so begehrten gefüllten Fladenbrote in beachtlichen Mengen auf die Teller ihrer Fans. So richtig typisch für die Türkei ist der in Deutschland allseits bekannte Imbiss ja nicht, und dort ist er auch nicht sonderlich beliebt. Ursprünglich handelte es sich um ein ganz normales Tellergericht mit Reis und Salat und nicht um ein »Fast Food«.

Doch die türkische Küche bietet ja noch so viel mehr! Sie hat eine jahrhundertelange Tradition und entstand aus Einflüssen der indischen, persischen, islamisch-arabischen sowie der Mittelmeer- und Kaukasus-Küche. So gibt es zum Beispiel herrliche warme und kalte Meze, also Kleinigkeiten, die oft vor der eigentlichen Hauptspeise serviert werden. Meze findet man in vielen Ländern – denken wir nur einmal an spanische Tapas oder italienische Antipasti. Zwei der bekanntesten Gerichte sind sicherlich Hummus aus Kichererbsen und Tahin (Sesampaste) oder Joghurt mit Gurkenstückchen, Salz, Pfeffer, Zitronensaft und Olivenöl. Wobei man diese Köstlichkeiten nicht nur in der Türkei, sondern in der gesamten orientalischen Welt kennt und schätzt.

Es gibt auch eine Vielzahl an Brotsorten. Leider kennen die meisten von uns nur das nahezu überall erhältliche Fladenbrot »Pide«. Lecker, keine Frage. Aber wussten Sie, dass in vielen ländlichen Gebieten auch Schwarzbrot oder Sauerteigbrot auf Wochenmärkten angeboten wird? Sogar Vollkorn-

brot ist in typischen Bäckereien nach türkischer Tradition zu finden. Und ich dachte immer, ordentliches Brot gibt es nur hierzulande …

Kebab (gegrilltes Fleisch) und Köfte (vergleichbar mit Frikadellen) gehören zu den bekanntesten Hauptspeisen. Sie werden in unterschiedlichsten Varianten serviert und reichen von mild bis scharf. Paprika, Kreuzkümmel, Zwiebel und Petersilie machen diese Gerichte so schmackhaft.

Auch Reisgerichte (Pilavlar) werden gerne und oft gegessen. Ob als einfache Beilage oder mit weiteren Zutaten angereichert, Pilav darf nicht fehlen. Gemischt mit Kichererbsen, kleinen Nudeln, verschiedenen Gemüsesorten, Bulgur oder Fleisch – die Variationen sind unglaublich vielfältig.

Fleischgerichte scheinen zu dominieren, doch bei näherem Hinschauen entdeckte ich auch eine Vielzahl an leckeren Gemüserezepten. Auberginen, Tomaten, Paprika, Gurken, Peperoni, Okraschoten, Spinat, Weißkraut, Zucchini, Karotten, Kartoffeln und Bohnen geben den Ton an und bereichern in pikanten Zubereitungsformen den Speisezettel. Gerne werden auch Knoblauch, Zwiebeln, Dill und Petersilie verwendet.

Wer schon einmal die Auslagen einer türkischen Bäckerei bewundert hat, wird sich an traumhafte Süßwaren erinnern. Wessen Herz macht keinen Freudensprung, wenn Baklava (eine Süßspeise aus dünnem Teig, gefüllt mit Pistazien oder Nüssen und getränkt in Sirup) oder Lokum (würfelförmige Häppchen in verschiedenen Farben aus Zucker, Nüssen, Pistazien und Trockenfrüchten) den Weg auf den eigenen Teller gefunden haben? Neben einer Vielzahl an süßen Backwaren wartet die türkische Küche zudem mit verschiedensten Desserts auf, wie karamellisierter Milchreis, Eis, Grieß mit Butter und Zucker oder gekochter Kürbis mit Nüssen oder Mandeln.

Gut, dass die in der Türkei häufig verwendeten Gewürze wie Kreuzkümmel, Paprika und Pfeffer ohnehin einen festen Platz in meinem Gewürzregal hatten. Also ran an den Kochtopf.

In dieser Woche zauberten wir Möhren-Köfte, Börek (Blätterteigschnecken) mit einer Füllung aus Schafskäse und veganem Tofu-Hack, den Dauerbrenner Veggie Döner, Salate, türkischen Reis mit Kichererbsen und selbstgemachtes Baklava.

Mittlerweile half auch Pepsi, eine wahrhaft hardcore-vegane Zeitgenossin im Wechsel mit Luise in der Küche. Sie hatte ihr Studium der Kunstgeschichte schon vor Längerem absolviert, jedoch in ihrem Fach nie eine Beschäftigung gefunden und sich mit diversen Aushilfsjobs über Wasser

gehalten. Zuletzt war sie in einem Callcenter tätig, das sie aber nach arbeitsrechtlichen Differenzen verlassen hatte. Es war eine schöne Zeit mit ihr. Sie hatte einen unglaublich trockenen Humor und ließ sich durch nichts aus der Ruhe bringen. Allerdings verließ sie mich in dem Moment, in dem der Mittagstisch nicht mehr aus komplett veganen Komponenten bestand. Mit Sichtung des ersten Cheddarkrümels auf einem späteren Wochenplan bedachte sie mich mit einer Schimpfkanonade, wobei »Tierausbeuter« noch die harmloseste Bezeichnung war, die ich mir anhören musste, und zog empört von dannen.

Besonders lecker waren die Möhren-Köfte. Allerdings erst die zweite Charge, denn die erste war absolut ungenießbar. Anscheinend landete im Garwasser ein knappes Pfund Salz. Also vorsichtig dosieren und Abschmecken nicht vergessen!

Möhren-Köfte (Vegan)

Zutaten für 3-4 Personen

1 kg Möhren, in Salzwasser weichgekocht und zerstampft
200 g Weißbrot vom Vortag, eingeweicht und zerrupft
10 g getrocknete Aprikosen, klein gehackt
1-2 Knoblauchzehen, klein gehackt
je 1 kleiner Bund Petersilie und Minze, klein gehackt
3 EL Pinienkerne, kurz in der Pfanne trocken geröstet
1 TL Paprika edelsüß

Zubereitung Möhren-Köfte

Alle Zutaten vermengen, bis ein geschmeidiger, formbarer Teig entsteht. Eventuell mit etwas Speisestärke nachhelfen.
Auf einer bemehlten Arbeitsplatte daumendicke Röllchen formen und sie anschließend in Mehl wälzen. Danach die Röllchen in Sonnenblumen- oder Rapsöl rundum anbraten.
Möhren-Köfte schmecken heiß oder kalt. Dazu passt ein knackiger Salat, aber auch ein einfacher Dip aus (Soja-)Joghurt mit frischen Kräutern wie

Petersilie, Minze und allem, was die Küchenbank gerade hergibt

EIN BESUCH BEI SCHEHERAZADE – AUF NACH IRAN

Weiter ging es gen Osten, wir machten es uns auf dem fliegenden Teppich bequem und gingen mit Scheherazade auf kulinarische Erkundungstour. Wussten Sie, dass der Klassiker der Weltliteratur »Tausendundeine Nacht« bereits seit circa 500 n. Chr. seinen festen Platz in persischen Märchenerzählungen hat?

Iran ist von Gebirgen durchzogen, wie ich beim Blättern in einem Atlas feststellte. Die Hälfte des Landes ist Wüstengebiet. Gerade einmal 10 Prozent der Fläche werden landwirtschaftlich genutzt. Entsprechend fleischlastig ist auch die Küche, wobei in den Küstenregionen am Persischen Golf und am Kaspischen Meer auch gerne Fisch gegessen wird. Doch wer nun kulinarische Einseitigkeit vermutet, der irrt gewaltig!

Neben Kebab (gegrillte Fleischspieße) und Chorescht (Fleischsoßen) in unterschiedlichsten Varianten, zu denen Duftreis serviert wird, kennt die persische Küche herrlich überraschende Reisgerichte. So wird Reis beispielsweise auf zuvor knusprig gebratenen Brot- oder Kartoffelscheiben gegart oder mit Linsen, Bohnen, Karotten, Berberitzen, Aprikosen oder Granatapfelkernen kombiniert – der Fantasie sind kaum Grenzen gesetzt.

Die Suppen erinnern an unsere deftigen Eintöpfe, sind cremig und beinhalten Kichererbsen, Linsen, Gerste und Kräuter. Auch Granatapfelkerne finden bei der sogenannten »Ash-e Anar« den Weg in die Suppe und landeten mit eben diesem Gericht bei unserem Reisestopp auch auf dem Mittagstisch. Köstlich!

Süßschnäbel kommen in der persischen Küche ebenfalls auf ihre Kosten. Reispudding, Milchreis, weißer Nougat aus Eischnee, Baghlava, das wir auch aus der Türkei kennen, und cremige Datteln erfreuen Auge und Gaumen.
Getrunken wird Tee und Dugh, ein Joghurtgetränk, ähnlich dem türkischen Ayran und dem indischen Lassi. Kaffeegenießer würzen ihren Kaffee gerne

einmal mit Baharat. Endlich war also die Gelegenheit gekommen, meinen Gästen dieses herrliche Kaffeegewürz näherzubringen. Seither war es übrigens nicht mehr aus meinem Sortiment wegzudenken; es hatte seine Liebhaber gefunden, auch dank eines orientalischen Kaffee-Events, welches ich knapp anderthalb Jahre später veranstaltete.

Zimt, Safran, Rosinen und Mandeln gehören zu den köstlichen Aromen der persischen Küche, außerdem Kurkuma und schwarzer Pfeffer. Gewürzt wird so, dass der Geschmack der eigentlichen Zutaten erhalten bleibt. Schärfe ist weitgehend unbekannt. Farben und Aromen fesseln den Genießer – so wie Scheherazade den König mit ihren Geschichten.

Bei der unerwarteten Rezeptvielfalt fiel die Auswahl möglicher Mittagsgerichte schwer. Letztlich entschieden sich meine Mitstreiterinnen und ich für Ash-e Anar, Kashk-e-Bandjan (ein Gericht aus Auberginen, Tomaten und Walnüssen, das mit Paprika, Zimt, Knoblauch, Petersilie und Limette zubereitet und zu Fladenbrot serviert wird), Tschelo Kebab (hier marinierten wir den Seitan in einer Mischung aus Lammgewürz, Knoblauch und Zitronensaft und steckten ihn im Wechsel mit Schalotten auf die Spieße. Dazu gab es eine Gurken-Joghurtsoße und Reis), Adas Polo (einen Linsenreis mit Sultaninen und Joghurt-Dip, den man entweder solo oder als Beilage zum Gemüse oder den Spießen essen kann).
Da niemand von uns zuvor die persische Küche gekostet hatte, war es nicht ganz einfach, die Originalaromen einzufangen und in die vegetarischen Gerichte umzusetzen. Aber das Experiment gelang! Luise erhielt ein dickes Lob einer Frau, deren Familie aus Iran stammte – beim Kuchen fühlte sie sich in ihre Kindheit zurückversetzt. Und unser Eintopf Ash-e Anar begeisterte unsere Gäste so sehr, dass einige unbedingt das Rezept nachkochen wollten.

Ash-e Anar für 4 Personen (Vegan)

Zutaten Tofu-Hackbällchen »persisch«

200 g Tofu
50 g trockenes Weißbrot (wenn nicht vorhanden, zarte Haferflocken)
2 EL Kichererbsenmehl
3-4 Schuss Sojamilch
1 Zwiebel, gehackt
Koriander, Petersilie und Minze, gehackt
1 EL Zitronensaft
Salz, Pfeffer, Kurkuma, Lammgewürz
Raps- oder Olivenöl

Zubereitung

Tofu etwas abtropfen lassen, dann mit einer Gabel zerdrücken und in reichlich Öl goldgelb anbraten. Anschließend Kurkuma und die gehackte Zwiebel hinzugeben und kräftig würzen. Weißbrot mahlen und mit dem Kichererbsenmehl mischen.

Die Tofumasse zum Weißbrot geben und so lange Sojamilch zufügen, bis sich eine gut formbare Konsistenz ergibt. Koriander, Petersilie, Minze und Zitronensaft einarbeiten und nochmals würzen. Kleine Bällchen formen und diese bei mittlerer Hitze in reichlich Öl in der Pfanne braten. Warm stellen.

Zutaten für die Suppe

250 g Tofu-Hackbällchen
2 EL Pflanzenöl oder Ghee
2 große Zwiebeln, gehackt
2 Knoblauchzehen, gehackt
100 g Linsen (gelb oder rot)
200 g Basmatireis, gewaschen
3 l Gemüsebrühe
2 TL schwarzer Pfeffer
1 TL Cayennepfeffer
1 EL Kurkuma
1 Stange Zimt
4 TL Kreuzkümmel, gemahlen
4 EL Granatapfelsirup
je 2 EL frische Kräuter: Schnittlauch, Koriander,
Minze und Petersilie, gehackt
1 Granatapfel, frisch entkernt
2 EL getrocknete Minze (zum Dekorieren)

Zubereitung

Zwiebeln in Öl goldgelb garen. Gegen Ende den Knoblauch kurz mit in die Pfanne geben. Der Knoblauch darf nicht dunkel werden, sonst wird er bitter. Linsen zufügen, kurz braten, bis sie etwas Farbe bekommen, anschließend die Gewürze und die Gemüsebrühe zufügen und etwa 10 Minuten köcheln lassen. Reis zufügen, die Suppe erneut zum Kochen bringen und etwa 15-20 Minuten bei kleiner Hitze garen. Kräuter und Granatapfelsirup einrühren und weitere 15 Minuten ziehen lassen. Die Suppe soll nicht mehr kochen. In Schalen servieren und einige der warm gehaltenen Tofu-Hackbällchen dazugeben. Mit getrockneter Minze und Granatapfelkernen dekorieren und mit Fladenbrot genießen.

WEITER IN DEN ORIENT – PAKISTAN

Unser nächstes Reiseziel führte uns tiefer in den Orient hinein. Wir reisten nach Pakistan – Land zwischen Hindukusch und Arabischem Meer, Kernland einer der frühesten Hochkulturen der Erde, Durchzugsland diverser Eroberer, 100 Jahre lang Teil des britischen Kolonialreichs. Wussten Sie, dass in Pakistan mehr als 50 Sprachen verbreitet sind?

So vielfältig wie die Sprache ist auch die Tierwelt – über 600 verschiedene einheimische und Zugvogelarten können beobachtet werden, außerdem einige bedrohte Säugetierarten wie Schneeleoparden und Kragenbären. Diese umfangreiche Fauna ist umso erstaunlicher, da sich die Flora eher zurückhält. Über große Teile des Landes breiten sich Wüsten aus, und auch die hohen Berge im Norden erlauben nur eine spärliche Vegetation. Immerhin liegen 5 von weltweit 14 Achttausendern, darunter der zweithöchste Gipfel der Erde, auf pakistanischem Grund.

Die Küche ähnelt der nordindischen, unterscheidet sich aber deutlich in den verschiedenen Regionen – von scharf im Westen bis mild im Norden. Im Süden, am Arabischen Meer, wird gerne Fisch gegessen, ansonsten viel Fleisch. Wir freuten uns vor allem auf unterschiedlichste Currys!
Diese Eintopfgerichte mit Blumenkohl, Auberginen, Okraschoten, Kartoffeln, Spinat oder Steckrüben zählen zu den beliebtesten Alltagsgerichten. Auch Hülsenfrüchte, wie Linsen und Kichererbsen, bereichern den Speisezettel. Sofern keine Reisbeilage vorgesehen ist, wird Curry mit unterschiedlichen Brotsorten serviert. Dabei ersetzt das Brot teilweise das Besteck – Tunken ist also erlaubt und gilt keineswegs als unfein, was manchen Soßenfan besonders freuen dürfte.
Kebabs, wie wir sie schon aus der persischen und türkischen Küche kennen, werden auch in Pakistan gerne und viel gegessen. Die Fleischspieße bestehen hauptsächlich aus Geflügel, Lamm und Hammel, seltener auch Rinderhackfleisch.
Zum Nachtisch schätzt man süße Desserts aus Milch und Reis, gewürzt mit Pistazien, Safran, Kardamom und/oder Rosenwasser. Das wollten wir uns

natürlich nicht entgehen lassen und probierten umgehend »Gulab Jamun« – frittierte Teigbällchen in Rosensirup. Zusammen mit einer Tasse wärmendem Chai-Tee, (Soja-)Milch und etwas Kardamom fühlte man sich sofort in Richtung Orient versetzt. Das tat gut, denn es war gerade Anfang Februar und bitterkalt.

Spätestens seit dieser Reiseetappe bin ich ein erklärter Curry-Anhänger. Für unseren Mittagstisch bereiteten wir ein Curry mit »Fleischbällchen« (im Original wird Lammhack verwendet) zu, wofür wir unser Tofu-Rezept entsprechend abwandelten und die leckeren Bällchen diesmal mit Cashewkernen, Rosinen, Minze, Chili, Ingwer, Kreuzkümmel und Garam Masala zubereiteten. Serviert wurden sie auf duftendem Reis in einer Tomatensoße mit Kardamom, Pfeffer, Kreuzkümmel, Nelken, Lorbeerblatt, Ingwer, Zwiebeln, Koriandersamen, Kurkuma, Chili und Garam Masala. Unsere Interpretation basierte auf einer Version eines Rezeptes aus Kandahar: »Kofta Kandahari«.

Auch sehr fein war ein Kürbiscurry: »Kadoo Ka Salan«. Hierfür brät man Kreuzkümmel- und Schwarzkümmelsamen, Zwiebel, Ingwer und gemahlene Gewürze (Kurkuma, Chili, Koriander, Garam Masala) zunächst in Öl an, gibt dann Tomaten (funktioniert hervorragend mit sonnengereiften Tomaten, die nach der Ernte in Dosen konserviert werden) hinzu und rührt, wenn diese zerfallen sind, Kürbiswürfel unter. Abgeschmeckt mit Limettensaft und Koriandergrün ist dieses Curry eine tolle Beilage während der Kürbiszeit. Man kann natürlich asiatische Kürbisse im Asialaden kaufen, aber unsere heimischen Sorten, wie Hokkaido oder Moschus-Kürbis, sind dafür ebenfalls bestens geeignet!

Für unsere veganen Burger-Freunde bereiteten wir Linsenburger zu, die wir aus gekochten Linsen, Haferflocken und Kichererbsenmehl formten und mit Kurkuma, Senf-, Bockshornklee- und Koriandersamen sowie Garam Masala würzten und mit scharfer Rote Bete garnierten. Hierfür wird Rote Bete in Stifte geschnitten und mit gehackter Zwiebel, Kurkuma, Chili und Salz in sehr wenig Wasser bissfest gegart. Anschließend mengt man Öl und Chiliringe unter und gart das Ganze, bis das Wasser verkocht ist. Auf den Burgern oder als Beilage mit Brot und Pickles sind diese Rote Bete ein tolles Geschmackserlebnis und ein perfektes Winteressen. Ebenso wie eine scharfe Linsensuppe, die auch nicht auf dem Speiseplan fehlen durfte. Aber das absolute Highlight waren unsere »Gulab Jamun«.

»Gulab Jamun« –
süße frittierte Bällchen (Vegan)

Zutaten für den Sirup
500 ml Wasser
400 g Zucker
ein Schuss Rosenwasser (sparsam dosieren!)

Zutaten für die Milchbällchen
250 ml Pflanzenmilch
4 grüne Kardamomkapseln
½ Tasse Mehl
1 TL Backpulver
ausreichend Fett zum Frittieren
getrocknete Rosenblätter

Zubereitung
Wasser mit Zucker zum Kochen bringen und 5 Minuten kochen lassen. Das Rosenwasser einrühren und den Topf vom Herd nehmen. In einem weiteren Topf die Milch so lange kochen lassen, bis sie leicht dicklich wird, dabei häufig rühren. Auch diesen Topf vom Herd nehmen.

Mehl in eine Schüssel sieben und mit Backpulver vermengen. Die Kardamomkapseln öffnen, die Samen zerstoßen und zum Mehl geben. Anschließend die Milch hineingießen und alles verkneten. Der Teig sollte weich und klebrig sein, evtl. muss noch etwas Milch hinzugefügt werden.

Mit feuchten Händen walnussgroße Bällchen formen. Damit sie bis zur Verarbeitung nicht austrocknen, die fertigen Bällchen am besten mit einem feuchten Tuch abdecken.

Fett hoch erhitzen (bei der Menge darauf achten, dass die Bällchen darin schwimmen können), dann die Temperatur etwas reduzieren und die Bällchen darin so lange frittieren, bis sie eine dunkelbraune Farbe annehmen. Mit Küchenkrepp abtupfen und danach in den Sirup legen.

Bällchen etwa 2 Stunden ziehen lassen. Zwischendurch immer wieder einmal wenden und zuletzt mit Rosenblättern dekoriert servieren.

INDIEN – LAND DER SUPERLATIVE UND GEGENSÄTZE

Schnee und Eisregen bescherte uns die zweite Februarwoche. Die Heizung lief zwar auf Hochtouren, aber sie funktionierte einfach nicht so recht. Kein Wunder – ein großer Raum mit zwei mickrigen Heizkörperchen (an jedem Ende des Raumes einer, der sich redlich aber vergeblich mühte), dazu eine Ladentür, durch die der Winterwind hineinpfiff. Nichts wie weg also in wärmere Gefilde. Unsere kulinarische Weltreise führte uns nach Südasien, genauer gesagt, nach Indien. Wir machten uns auf, eines der größten Länder der Erde, die (gemessen an Einwohnern) größte Demokratie der Welt, im Norden begrenzt vom höchsten Gebirge der Welt, dem Himalaya, zu erkunden. Indien – sicherlich ein Land der Superlative und Gegensätze.

Die Größe des Landes findet sich auch in der Vielfalt seiner Küche wieder. Neben regionalen Besonderheiten fließen zahlreiche Elemente der Religions- und Kulturgeschichte ein, gut erkennbar zum Beispiel bei Pilaws, die der orientalischen Küche entstammen, oder bei der Verwendung von Tomaten, Kartoffeln und Chili, die den Einflüssen westlicher Kolonialmächte zugeschrieben werden kann. Die vegetarische Küche genießt im ganzen Land einen großen Stellenwert, ebenso wie die Fülle an Gewürzen und scharfen Soßen. Von diesen Gemeinsamkeiten abgesehen, präferiert man in allen Regionen die dort typischen Zutaten und Zubereitungsformen. Rezepturen, die sich über lange Zeit entwickelt haben.

So genießt man in Nordindien vor allem Fleischgerichte, oftmals zubereitet in einem Tandoor, einem speziellen Lehmofen. Manche dieser Köstlichkeiten sind auch bei uns bekannt, beispielsweise das Tandoori-Hähnchen, ein in einer Marinade aus Joghurt und einer speziellen Gewürzmischung eingelegtes und anschließend gegrilltes Hähnchen. Gewürzt wird mit Safran und Kreuzkümmel. Die Schärfe vieler Gerichte mildert man mit Raita, erfrischenden Joghurtsoßen, die fürsorglich dazu gereicht werden.

Im tropischen Klima des Südens schätzt man Reis in allen möglichen Varianten, sowie etliche Gemüse und Früchte, häufig zubereitet mit Kokosmilch

und Kokosöl. Die tamilische Küche ist bekannt für ihre Currys, herrlich würzige Eintöpfe. Ingwer, Knoblauch, Pfeffer und Chili verleihen den Gerichten ihre unverwechselbare Note. Die darüber hinaus verwendeten Gewürzmischungen sind oftmals Familienrezepte, die von einer Generation an die nächste weitergegeben werden.

Aus Ostindien stammen die schönsten Desserts und Süßigkeiten. Hier trat auch der in ganz Indien bekannte »Khir« seinen Siegeszug an – ein köstlicher Reispudding, den man sowohl als Nachtisch als auch als kleinen Snack am frühen Morgen schätzt. Wir fanden ihn auch toll und servierten ihn zu einem Valentins-Samstagsfrühstück – mit Kokosflocken, Mandeln, Kardamom und Safran. Außerdem mussten wir unbedingt »Firni«, ein Mandel-Reis-Dessert mit Rosenwasser, ausprobieren. Lecker!

Der Westen vereint noch einmal sehr unterschiedliche Küchen, was unter anderem mit den geografischen Gegebenheiten zusammenhängt. Eine der vielen Besonderheiten sind die variantenreichen Dals, kräftig gewürzte Gerichte aus Hülsenfrüchten. Die durften natürlich auch auf unserem Mittagstisch nicht fehlen.
In dieser Woche tobten wir uns bei einem Curry mit dreierlei Hülsenfrüchten, Spinatbällchen in Joghurtsoße, einem vedischen Kartoffelsalat mit Kokos zu würzigen Karottenkroketten, indischen Linsen in Kokossoße und einem kernigen Salatmix mit süß-scharfem Dressing aus.

Unsere indischen Linsen in Kokossoße lösten allerdings bei manchen Kunden einige Verwirrung aus. Sie vermuteten eine gutbürgerliche Suppe à la Indien und waren sehr überrascht, ein so gar nicht suppiges Gericht auf dem Teller zu finden. Probieren Sie es dennoch aus – es lohnt sich!

Auch für die vielfältige indische Küche hatte ich sämtliche Gewürze vorrätig: Koriander-, Bockshornklee-, Kreuzkümmel- und Senfsamen, Kurkuma, Chilis, Garam Masala und Pfeffer. Außerdem ein paar leckere spezielle Würzmischungen wie zum Beispiel »Indo Exotic«, eine milde Gewürzzubereitung für Reisgerichte, oder »Maharani«, eine fein abgestimmte Gewürzmischung mit Sesam, Ingwer, Lemongras, Bockshornkleeblättern und einigem mehr für Reis, Couscous, Gemüse, Soßen und Fleischgerichte. Ganz zu schweigen von meinen eigenen Currymischungen, die ich stets

aus frisch gerösteten und gemörserten Gewürzen zusammenstellte und in Apothekengläschen abfüllte. Aber obwohl die Leute gerne unsere Mittagsgerichte verspeisten, wollte kaum jemand kochen. Diejenigen, die den Mittagstisch in Anspruch nahmen, waren in der Regel nicht diejenigen, die anschließend Gewürze kauften. Es war wie verhext.

Sambar –
indische Linsen in Kokossoße (Vegan)

Dieses Linsengericht ist in Südindien und Sri Lanka sehr beliebt. Man serviert es heiß zu einer großen Portion Reis. Sollte sich kein »Toor Dal«, eine in Indien häufig verwendete Erbsensorte, auftreiben lassen, ersetzen Sie sie durch gelbe Schälerbsen.

Zutaten für 4 Portionen
200 g Toor Dal
550 ml Wasser
100 g Tamarindenpaste (im Asialaden erhältlich)
1 grüne Paprika, in Streifen geschnitten
1 Tomate, gehackt
1 ½ TL Koriandersamen
1 TL Channa Dal (gelbe Linsen)
1 EL Kokosflocken
2 getrocknete rote Chilis
2 TL Pflanzenöl
1 TL Senfkörner
1 TL Kreuzkümmelsamen
¼ TL Asant (im Asialaden erhältlich)

➜

Zubereitung

Toor Dal in einem Topf mit 450 ml Wasser aufkochen und anschließend bei kleiner Hitze 15 Minuten köcheln lassen.

Parallel die Tamarindenpaste in einem separaten Topf mit 100 ml Wasser zu einem Saft verrühren und zum Kochen bringen. Paprika und Tomate zufügen und bei mittlerer Hitze garen, bis das Gemüse weich ist und die Flüssigkeit fast zur Hälfte reduziert ist.

Während alles vor sich hin köchelt, Koriandersamen, Channa Dal, Kokosflocken und Chilis in einem Mörser oder in der Küchenmaschine zu einer Paste verarbeiten.

Diese Paste dann zum soeben zubereiteten Tamarindensaft geben und mit dem Toor Dal mischen. Nochmals kurz aufkochen, dann von der Kochstelle nehmen und beiseitestellen.

Öl bei mittlerer Hitze in einer kleinen Pfanne erhitzen. Senfkörner, Kreuzkümmelsamen und Asant zugeben. Wenn die Samenkörnchen hüpfen und duften, die Pfanne von der Kochstelle nehmen und in den Sambar rühren. Heiß mit Reis servieren.

DER BERG RUFT - HOCH HINAUF NACH TIBET UND NEPAL

Nach Südasien kommt man schließlich nicht alle Tage, also blieben wir kulinarisch noch ein bisschen länger und nahmen mit Nepal und Tibet die beiden höchstgelegenen Länder unserer Erde unter die Lupe.

Der Himalaya mit seinem rauen Klima bestimmt nicht nur die Landschaft, sondern auch die Küche. Basis sind Gerste, Hirse, Hülsenfrüchte und verschiedene Gemüsesorten. Die Gerichte sind einfach gehalten, jedoch raffiniert gewürzt.
In einigen Rezepten haben wir Kardamom, Zimt und Nelken entdeckt. Generell jedoch sorgen Knoblauch, Pfeffer, Chili und Ingwer für Geschmacksfeuerwerke. Diese werden mit Tee gelöscht. Neben Chai, unserem treuen Begleiter aus Indien, trinkt man hier Buttertee – nicht nur des Geschmacks wegen, er spielt auch ernährungsphysiologisch eine wichtige Rolle.
Bei unserem Mittagstisch verzichteten wir zwar auf den Buttertee (nicht nur, weil Yakbutter hierzulande eher schwer zu beschaffen ist), aber einen Curry-Wok mit Tofu und Gemüse, eine Safran-Lauch-Suppe, warmen Karottensalat in Orangensoße mit hausgemachtem Kokos-Curry und Hirse-Brot, eine Linsensuppe mit Ingwer-Gremolata und das tibetische Nationalgericht, Momos, wollten wir anbieten.

Momos sind kleine Teigtaschen, die mit Gemüse oder Fleisch (zumeist Yak) gefüllt und in einem Dampfkörbchen gegart werden. Bambus-Dampfkörbchen besorgte ich im Asialaden und freute mich auf eine nahezu urtypische Zubereitungsform. Die Körbchen kann ich übrigens nur empfehlen, das Garen darin funktioniert hervorragend. Wir improvisierten ein bisschen mit der Rezeptur, ließen das Yak am Leben und entschieden uns stattdessen für eine Variation unserer bewährten Tofu-Hackbällchen, die wir mit Koriander, Zwiebel, Tomate, Ingwer, meiner selbst hergestellten Curry-Hausmischung, Garam Masala, Salz und Zitronenpfeffer formten und in die Teigtaschen packten. Dazu kochten wir ein Tomaten-Chutney mit Ingwer, Kurkuma, Lorbeer, Nelken, Chili und Zwiebeln.

Üblicherweise werden Momos mit Tsampa, einem Gerstenbrei, den man mit den Fingern zu Bällchen rollt, serviert. Zubereitet wird er traditionell mit Butter, Schwarztee oder tibetischem Gerstenbier. Sogar dem Dalai Lama wird nachgesagt, dass er ein großer Freund dieses weiteren Nationalgerichts ist. Wir haben uns zwar für Reis als Beilage entschieden, boten aber an, auf Vorbestellung auch Tsampa zuzubereiten. Wollte aber leider niemand. Aber unsere Momos – die waren ein Renner!

Momos (Masu Momo) mit Tomaten-Chutney (Vegan)

Zutaten Füllung
400 g Tofu
1 große Zwiebel
100 g trockenes Weißbrot oder zarte Haferflocken
3-4 EL Stärke
evtl. etwas Sojamilch
1 Bund Koriander
1 große Tomate, geschält und entkernt
1 TL frischer Ingwer, fein geraspelt
1 TL Curry
1 TL Garam Masala
1 TL Salz
1 TL Zitronenpfeffer
4 EL Margarine oder ausreichend Rapsöl

Zubereitung Füllung
Die Füllung analog der Hackbällchen im Kapitel »Iran« zubereiten. Die Tomate zusammen mit dem Ingwer, dem Weißbrot und der Stärke in die gebratene Tofumasse kneten. Die Masse nun jedoch nicht mehr zu Bällchen formen, sondern später in den Teig füllen.

Zutaten Teig

300 g Mehl
1½ TL Salz
200 ml Wasser

Zubereitung Teig

Mehl mit Salz mischen und mit lauwarmem Wasser so lange kneten, bis der Teig geschmeidig wird und sich formen lässt.

Formen und Garen

Den Teig auf etwas Mehl ca. 2 mm dünn ausrollen und Kreise von ca. 8 cm Durchmesser ausstechen. Teigreste jeweils gut zusammenkneten, erneut ausrollen und ausstechen. So lange wiederholen, bis alles aufgebraucht ist. Jeweils gut 1 TL Füllung zu Bällchen rollen und auf die Teigkreise geben. Nun werden kleine Säckchen geformt. Hierzu die Teigränder um die Füllung herum nach oben ziehen und zusammendrehen.

Ein gut geöltes Bambus-Dampfkörbchen (ein handelsüblicher Gareinsatz müsste es auch tun) in einen mit wenig Wasser befüllten Topf stellen. Einige Momos mit genügend Abstand zueinander darin verteilen (sie müssen sich oberhalb des Wassers befinden, dürfen nicht darin liegen) und sie bei geschlossenem Deckel zunächst bei starker Hitze (so lange bis Dampf entsteht) und dann bei niedriger Stufe ca. 20 Minuten garen.

Zutaten Tomaten-Chutney

6 mittelgroße Tomaten
1 EL Wasser
2 Nelken
1 Lorbeerblatt
1 Zwiebel
1 TL frischer Ingwer
2 Knoblauchzehen
1 frische oder trockene Chilischote
¼ TL Kurkuma
½ TL Koriander
1 TL Currypulver
1 TL Salz

➜

Zubereitung

Tomaten würfeln. Öl in einem Topf erhitzen und zunächst die gehackte Zwiebel glasig dünsten, dann die Gewürze und den fein zerkleinerten Ingwer zufügen und mitrösten. Nun die Tomaten und das Salz dazugeben und umrühren. Zugedeckt auf kleiner Flamme ca. 35 Minuten köcheln lassen, dabei gelegentlich umrühren. Abgekühlt oder warm zu den Momos servieren.

Wer keine veganen Momos zubereiten will, verwendet anstatt des Tofu einfach Lamm- oder Rinderhack und lässt das Weißbrot, die Stärke und die Sojamilch dann weg. Auf jeden Fall lohnt es sich, dieses Rezept einmal auszuprobieren. Es ist ausgesprochen schmackhaft, vor allem in Kombination mit dem Tomaten-Chutney.

WILLKOMMEN IM REICH DER MITTE – CHINA

Mit unserem nächsten Reisestopp erreichten wir erstmals Ostasien und mit dem »Reich der Mitte« ein weiteres Land der Superlative. China, das bevölkerungsreichste Land der Erde mit den meisten Nachbarländern (14 Staaten) der Welt, einer 5.000 Jahre alten Geschichte, dem ältesten noch gebräuchlichen Schriftsystem der Welt (bestehend aus tausenden Schriftzeichen). Mit 30.000 Pflanzenarten befindet sich China auf Platz 3 der Welt (nur übertroffen von Malaysia und Brasilien), rund 10 Prozent aller Wirbeltierarten leben hier. Leider werden auch viele vom Aussterben bedrohte Tier- und Pflanzenarten durch illegalen Handel kontinuierlich weiter dezimiert. China ist berühmt für seine Gartenkunst, Philosophie, Kampfkunst, Architektur, Malerei, Heilkunst (die traditionelle chinesische Medizin) und seine Küche.

Natürlich gibt es sie nicht – DIE chinesische Küche. Mit Chinas achtzehn verschiedenen Klimazonen, dreiundzwanzig Provinzen und seiner vielfältigen Geografie haben sich auch entsprechend unterschiedliche regionale Küchen und Kochtraditionen entwickelt. Eine Gemeinsamkeit gibt es aber: gesunde Zubereitung durch kurze Kochzeiten, ein ausgewogenes Verhältnis von Fleisch, Gemüse und Kohlenhydraten, sowie die Abwesenheit von Milchprodukten. Auf Letztere verzichtet man übrigens in den meisten asiatischen Ländern wegen der dort weit verbreiteten Laktoseintoleranz.
Ebenfalls über alle Traditionen hinweg gilt der harmonische Gesamteindruck eines Gerichts als ausgesprochen wichtig, neben Farbe, Aroma, Würze und Konsistenz. Dieses Streben nach Harmonie, Balance und Ausgewogenheit findet sich auch in anderen Lebensbereichen wieder.

Interessant: Abgeleitet aus der Traditionellen Chinesischen Medizin kennt die chinesische Ernährungslehre zudem fünf verschiedene Elemente, die sich in den täglichen Mahlzeiten wiederfinden sollen: sauer, bitter, süß, scharf und salzig. Hierzu werden Lebensmittel zunächst nach ihren verschiedenen Yin- und Yang-Anteilen klassifiziert, diese dann den fünf Elementen zugeordnet und daraus die individuellen Mahlzeiten bereitet.

In China wird viel Fleisch gegessen, zumeist Schwein, gefolgt von Huhn, Rind, Ente und Lamm. In einigen südlichen Regionen steht auch Hunde- und Katzenfleisch auf dem Speiseplan, wenn auch aufgrund der hierfür recht hohen Preise nur in vergleichsweise geringem Umfang. Für europäische Zungen ungewöhnliche Zutaten, wie Insekten, Schlangen oder verschiedene Wildtiere, finden sich in der kantonesischen Küche.

Im Norden (Peking-Küche) sind Weizen und Soja die Grundnahrungsmittel, gewürzt wird mit Ingwer, Knoblauch, Sesamöl und Sojasoße. Im Süden (Kanton-Küche) spielt Reis eine wichtige Rolle. Hier werden auch verschiedene Kohlarten angebaut, außerdem Zwiebeln, Salat, Kartoffeln und Tomaten. Der Westen (Sichuan-Küche) gilt einerseits als Reiskammer des Landes und ist darüber hinaus für seine scharfen Gerichte bekannt, die reichlich mit Chili, weißem Pfeffer und Szechuanpfeffer gewürzt werden. Auch die eingelegten Gemüsesorten wie Knoblauch, Chinakohl und Bambussprossen sind hier beheimatet. Die ostchinesische Küche (Jiangsu-Küche) ist außerhalb Chinas nur wenig bekannt. Merkmale sind die zumeist sehr aufwendige Zubereitung, um einen speziellen optischen Eindruck zu erzielen, und das sogenannte »Rotkochen« von Fleisch und Fisch in dunkler Sojasoße und Reiswein.

Highlight meines Gewürzregals auf dieser Reiseetappe war das chinesische Fünf-Gewürz mit seinem würzigen, nelkenartigen, holzig-harzigen bis zitrusartigen, balsamischen, blumigen und zugleich scharfen Aroma. Das Fünf-Gewürz vereint unterschiedliche Geschmacksrichtungen und sorgt für Ausgeglichenheit seiner Bestandteile: Der scharf-säuerliche Szechuanpfeffer findet im süßlichen Zimt seinen Gegenpol, die süßlich-erdig-säuerliche Gewürznelke im würzig-scharfen Fenchel. Zusammen wirken sie wie Yin und Yang. Abgerundet wird diese Mischung durch Sternanis. Je nach Mischung sorgt manchmal getrocknete Orangenschale für einen herberen Charakter, oder aber Ingwer ersetzt den Szechuanpfeffer. Gelegentlich wird auch die mit dem Ingwer verwandte, recht bittere Zitwerwurzel, auch bekannt als Weiße Curcuma, zugefügt. Diese außergewöhnliche Gewürzmischung ist in ganz Asien, aber auch in vielen westlichen Ländern verbreitet. Sie gilt als Alleskönner und verfeinert nahezu alles, von der kantonesischen Ente über süß-säuerliche Marinaden, Brühen, Reis- und Nudelgerichte bis

hin zu würzig-süßen Speisen, und kann auch im heimischen Kochtopf für ganz wunderbare Geschmackserlebnisse sorgen. Der Phantasie sind keine Grenzen gesetzt. Einige Zeit zuvor hatte ich dieses Wundergewürz schon einmal zum Aromatisieren einer Zwetschgenkonfitüre verwendet. Lecker! Allerdings sollte man bei der Dosierung zurückhaltend sein, da man sonst schnell den Geschmack anderer Zutaten überdeckt.

Wintergemüse mit chinesischem Fünf-Gewürz (Vegan)

Etliche Gemüsereste lassen sich fernöstlich verzaubern. Inspizieren Sie Ihren Gemüsebestand und kombinieren Sie Wurzel-, Knollen- und Kohlgemüse nach Herzenslust. Wichtig ist nur, dass alles in feine Streifen oder Stifte geschnitten wird. Vereinen Sie beispielsweise Pastinaken, Topinambur, Karotten, Knollensellerie, Weißkraut oder Wirsing zu einem bunten Wintergemüsereigen. Wenn Sie mögen, geben Sie auch Champignons oder Shiitakepilze dazu. Ein ganz besonderes Highlight bei diesem Rezept ist Rosenkohl. Variieren Sie ruhig alle übrigen Gemüsezutaten nach Geschmack und Verfügbarkeit, aber auf den Rosenkohl sollten Sie nicht verzichten – trauen Sie sich, Sie werden es nicht bereuen.

Zutaten für 2 Personen
245 g Wirsing
2 Karotten
¼ Knollensellerie
200 g Rosenkohl
1 Lauchstange
1 große Zwiebel
1 Knoblauchzehe
150 g Udon-, Soba- oder Wantan-Nudeln (aus dem Asialaden)
Rapsöl zum Anbraten
etwas Gemüsebrühe bei Bedarf
4 EL Sojasoße

➜

2 EL Sake oder 1 EL Reisessig
etwas Zitronensaft zum Abschmecken
½ TL chinesisches Fünf-Gewürz
Chiliflocken nach Geschmack
Salz und Pfeffer

Zubereitung

Die Lauchstange in schmale Ringe, die Karotten in feine Streifen, den Sellerie in kleine Würfelchen schneiden. Von den Wirsingblättern zunächst die harten Adern entfernen und die Blätter dann in fingerbreite Streifen schneiden. Die Rosenkohl-Köpfchen vom kleinen Strunk befreien und vierteln. Die Zwiebel in halbe Ringe schneiden, die Knoblauchzehe feinhacken. Die Nudeln nach Packungsanweisung zubereiten und abtropfen lassen.

Das Rapsöl im Wok erhitzen und darin bei starker Hitze zunächst die Zwiebel zusammen mit den Chiliflocken unter stetem Rühren anbraten. Eventuell Pilze in feine Scheiben schneiden und hinzufügen, sobald die Zwiebel etwas weich geworden ist.

Anschließend die Lauchringe und den Knoblauch hinzugeben. Unter Rühren weiter braten, bis der Lauch zusammenfällt.

Nun kommen Sellerie, Karotten, Rosenkohl und Wirsing in den Wok. Das Gemüse bei geschlossenem Deckel etwa 5 bis 10 Minuten garen. Bei Bedarf etwas Gemüsebrühe dazugießen. Das Gemüse soll gar, aber noch bissfest sein.

Ist das Gemüse fertig, die abgetropften Nudeln, Sojasoße, Sake bzw. Reisessig und das Fünf-Gewürz dazugeben. Alles gut durchrühren und ziehen lassen, bis die Nudeln wieder heiß sind.

Mit Zitronensaft, Salz und Pfeffer abschmecken und separat noch etwas Sojasoße zum köstlichen Winter-Wok servieren.

KLEINOD AM MEKONG – LAOS

Im Zentrum Südostasiens gelegen – Laos ist übrigens der einzige südostasiatische Binnenstaat – wurden im Lauf der Zeit viele Zutaten und Techniken von den Nachbarn übernommen. Kein Wunder, bei den sich immer wieder ändernden Machtverhältnissen. Mal wurden die Khmer verjagt, dann gehörte man unter die Herrschaft Siams, die Franzosen mischten während der Kolonialzeit mit, in kommunistischen Zeiten gab es enge Bündnisse mit Vietnam und den großen sozialistischen Brüdern. So machten sich im Lauf der Jahre und Jahrhunderte Einflüsse aus China, Vietnam, Kambodscha und auch Thailand bemerkbar. Dennoch hat die laotische Küche ihren eigenen Stil.

Essen zählt zu den wichtigsten Dingen im Leben; so wird man in Laos üblicherweise auch mit einem freundlichen »Haben Sie schon gegessen?« begrüßt. Reis gehört zu den täglichen Speisen unbedingt dazu. Er wird als ein von der Mutter Erde geschenktes und somit heiliges Element betrachtet. Im Gegensatz zu manchen anderen asiatischen Staaten bevorzugt man in Laos einen sehr aromatischen und nahrhaften Klebreis, der bereits seit Jahrhunderten angebaut wird. Man nimmt den Reis mit der Hand auf, rollt ihn zu einem Bällchen und tunkt ihn in eine Soße oder Würzmischung, oder aber genießt ihn einfach nur so. Da oft mit den Fingern gegessen wird, werden die meisten laotischen Gerichte nicht heiß sondern lauwarm serviert. Ebenfalls charakteristisch ist die Vorliebe der Laoten für Rohkost. Auffallend häufig wird mindestens ein rohes Gemüse zum Essen gereicht.

Beim Essen legt man Wert auf Vollständigkeit. Zu festem Reis gehört etwas Flüssiges wie eine Suppe oder Soße. Pflanzen ergänzen Fleisch oder Fisch. Rohkost ist das Pendant zu Gekochtem oder Gebratenem, Mildes zu Pikantem und Süßes zu Saurem. Ähnlich wie beim chinesischen Yin-Yang-Prinzip wird auch hier auf Balance und Ausgewogenheit geachtet, was mit einer dualistischen Weltanschauung zusammenhängt. Ausgewogen und möglichst gesundheitsfördernd müssen auch die frischen Kräuterbeilagen sein. Chili gehört zu jeder Mahlzeit, da Chili die Lebensgeister weckt. Während Ingwer den Körper wärmt, kühlt ihn Minze. Kokosmilch ist der

Verdauung förderlich, Koriander den Schleimhäuten. Zitrone macht übrigens schlank ...

Neben Chili ist Galgant das Hauptgewürz der laotischen Küche. Diese Entdeckung fand ich besonders interessant, da mir Galgant bereits aus der Küche Hildegard von Bingens bekannt war. Sie empfahl diese bitter-scharfe Wurzel gerne bei Leberleiden und Verdauungsproblemen. Darüber hinaus finden Koriander, Thaibasilikum, Minze, Dill, Zitronenbasilikum (auch Kaffirlimettenblätter und Zitronengras), Knoblauch und Ingwer oft und gerne Verwendung. Wie in vielen anderen asiatischen Küchen wird häufig Fischsoße als Universalgewürz eingesetzt.

Ungeduld und Hektik sind in Laos angeblich unbekannt. Möglicherweise hängt das mit der dortigen Infrastruktur zusammen. Abgesehen von den wenigen Ballungszentren gibt es weder Autobahnen noch nennenswerte Bahnstrecken oder Industrie. Es herrscht grüne Ursprünglichkeit vom einen Ende bis zum anderen. Und wer von hier nach da gelangen will, der muss eben Zeit mitbringen. Das spiegelt sich durchaus auch in vielen laotischen Rezepten wider, die ich bei meiner Recherche entdeckt habe. Sie sind oft zeitaufwendig, bieten dafür aber wahre Aromenexplosionen für unsere Gaumen. Welch eine Entdeckung!

Für unseren Mittagstisch wählten wir einen Gemüse-Wok, zu dem wir Bällchen aus schwarzem Klebreis servierten, einen laotischen Salat mit gebratenem Tofu und Pilzen, einen warmen Auberginen-Salat mit einem großartigen Dressing aus Zitronengras, Galgant, Ingwer, Chili, Zwiebeln, Knoblauch, Erdnüssen, Sojasoße, Fischsoße (gibt es übrigens auch in einer vegetarischen Variante), Kokosöl, Kokosmilch und Limette, dann ein leckeres Tofu-Curry. Aus der Streetfood-Küche gab es Hamburger im Luang-Prabang-Style mit einem Dip aus Tomaten, Knoblauch und Chili. Mir hatte es vor allem der Auberginen-Salat angetan, aber die meisten unserer Gäste kamen – mal wieder – wegen dem Burger. Im Original verwendet man hierfür eine Mischung aus je 250 g Rinder- und Schweinehack, wir bereiteten ihn wieder aus Tofu zu und wandelten dafür unsere schon mehrfach variierten Hackbällchen erneut ab.

Hamburger Luang-Prabang-Style mit Dip für 4 Portionen (Vegan)

Zutaten für den Burger

400 g Tofu
100 g trockenes Weißbrot oder zarte Haferflocken
3-4 EL Stärke
2 Stängel Zitronengras (gibt es frisch im Asialaden)
2 Schalotten
4 Kaffirlimettenblätter (ebenfalls aus dem Asialaden)
Zucker, Salz, Pfeffer
2 Frühlingszwiebeln
2 Bund Dill
etwas vegetarische Fischsoße
Rapsöl

Zubereitung der Burger-Patties

Vom Zitronengras zunächst das untere und vom oberen Ende den grünen Teil kappen und die harten äußeren Blätter entfernen. Die restlichen Stängel nun längs vierteln und dann sehr fein quer hacken. Die Schalotten schälen und hacken, die Kaffirlimettenblätter in der Mitte falten, die Blattrippe entfernen und anschließend in sehr feine Streifen schneiden. Alles zusammen mit 1 TL Zucker und ½ TL Salz im Mörser zu einer groben Paste verarbeiten. Anschließend die Frühlingszwiebeln waschen und in feine Ringe schneiden, den Dill fein hacken.

Diese Mischung zusammen mit 4 EL Fischsoße und etwa ¼ TL Pfeffer an den gebratenen Tofu geben (s. Zubereitung der Hackbällchen im Kapitel »Iran«). Mit Weißbrot und Stärke gut verkneten (evtl. einen Schuss Sojamilch zufügen, sollte die Masse zu trocken sein) und daraus Burger-Patties formen. Diese in der Pfanne wie Frikadellen braten.

Tipp: Wenn Sie keine frischen Kaffirlimettenblätter bekommen, nehmen Sie getrocknete. Und wenn Sie auch die nicht finden, dann experimentieren Sie mit etwas Zitronenmelisse. Das funktioniert auch sehr gut.

➡

Zutaten für den Dip

5 mittelgroße oder 10 Cocktailtomaten
3-5 Knoblauchzehen
2 Schalotten
1-2 Chilischoten
vegetarische Fischsoße
Zucker
1 Frühlingszwiebel
frischer Koriander

Zubereitung Dip

Tomaten halbieren und mit der Schnittfläche nach unten zusammen mit Knoblauch, Chilischoten und Schalotten auf ein Blech geben. Im Backofen bei ca. 200° C rösten, bis sich die Haut der Tomaten schwarz verfärbt. Anschließend etwas abkühlen lassen und die Haut abziehen.

In einem Mörser die Chilis zerstampfen, dann die Knoblauchzehen zufügen und zerstampfen, anschließend die Schalotten. Sind auch die zerstampft, zuletzt die grob zerteilten Tomaten dazugeben. Beim Umrühren sollte sich eine stückige Paste ergeben.

Frühlingszwiebeln und Koriander waschen und beides möglichst fein hacken. Zusammen mit 2 EL Fischsoße und etwas Zucker zur Paste geben, gut verrühren und nochmals abschmecken.

Zusammenstellen der Burger

Auf die eine Hälfte des Burgerbrötchens ein Salatblatt, eine Tomaten- und eine Gurkenscheibe und obenauf das Burger-Patty legen. Mit dem Dip toppen, zuklappen und genießen.

Tipp: Wenn Sie keine Fischsoße verwenden möchten und auch keine vegetarische Alternative bekommen, greifen Sie zu Sojasoße. Zwar hat Fischsoße ein eigenes Aroma, aber auch die Sojasoße harmoniert hier bestens.

LAND DER KHMER – KAMBODSCHA

Kambodscha – nach jahrelangem Bürgerkrieg eines der ärmsten Länder der Welt und laut Transparency International leider von Korruption durchdrungen wie kaum ein anderes. Kambodscha verfügt aber auch über eine Geschichte, die bis 4.200 v. Chr. zurückreicht und deren Blütezeit zwischen dem 9. und 15. Jahrhundert liegt. Die wunderbaren Ruinen, unter anderem von Angkor Wat, die ins UNESCO-Weltkulturerbe aufgenommen wurden, sind Zeugen der berühmten Khmer-Kultur. Im tropischen Klima wachsen seltene Pflanzen wie der Ebenholz- und der Rosenholzbaum, und in den Wald- und Gebirgsregionen leben geschützte Arten. In bevölkerungsarmen Gebieten finden indische Elefanten, Tiger und Leoparden Zuflucht.

An der kambodschanischen Küche scheiden sich die Geister. Während die einen erklären, diese Küche sei lediglich eine Kopie der Nachbarländer Thailand, Laos und Vietnam – nur schlechter –, erklären die anderen, sie sei eine besonders feine Art der Speisenzubereitung mit indischen, chinesischen und thailändischen Einflüssen – jedoch milder, mit charakteristischen Aromen und einer unverwechselbaren Prägung. Gelobt wird mit solcherlei Aussagen speziell die Khmer-Küche.

Tatsächlich wird üblicherweise nicht allzu scharf gewürzt, dafür aber mit Kräutern, insbesondere Zitronengras und Koriander, verfeinert. Ingwer ist eines der wichtigsten Gewürze der kambodschanischen Küche – geschält, eingelegt oder als Pulver findet er Verwendung in Gemüse- und Fleischgerichten, in Gebäck und Tee. Auch Galgant, jene Wurzel, die wir bereits aus der laotischen Küche kennen, wird rege genutzt und verleiht den kambodschanischen Gerichten ihre typische Würze.

Ingwer wird übrigens nicht nur des Geschmacks wegen, sondern auch aufgrund seiner entzündungshemmenden und antioxidativen Wirkung in der gesamten asiatischen Medizin geschätzt. Er hilft bei Magenverstimmungen, Rheuma und Erkältungen. Auch Galgant gilt als gesundheitsfördernd, da der Wurzel eine appetitanregende und verdauungsfördernde Wirkung zugeschrieben wird. Übrigens hat sich diese Erkenntnis bereits im Mittelalter

bis in unsere Breitengrade verbreitet. Sogar Hildegard von Bingen hat das rotbraune Pulver aus getrockneten Wurzeln mit seinem brennenden Geschmack bei Magen- und Darmkrämpfen und einigen anderen Erkrankungen empfohlen:

»Wer im Herzen Schmerzen leidet und wem von Seiten des Herzens ein Schwächeanfall (Ohnmacht) droht, der esse sogleich eine hinreichende Menge Galgant und es wird ihm besser gehen.« (Zitat aus »Das Hildegard von Bingen Kochbuch« von Dr. Wighard Strehlow)

Zurück zur kambodschanischen Küche: Im Gegensatz zu den laotischen Nachbarn, die mit der Kombination süß-sauer wenig anfangen können, sind solche Gerichte in Kambodscha sehr populär, zum Beispiel Gemüse mit Ananas, Zwiebeln und Tomaten. Als Spezialität gilt eine Art Fondue, »Chao Hoan«, bei dem Fleischbällchen aus Rind oder Huhn zunächst in eine Brühe getunkt und dann mit anderen Zutaten wie Garnelen, Tintenfisch und Gemüse genossen werden.

Für unseren Gaumen sehr gewöhnungsbedürftig sind frittierte Snacks aus Käfern, Grillen, Vogelspinnen und Wasserwanzen. Auch Schlangen, Schildkröten und Ameiseneier sind auf den Speisekarten der gehobenen Gastronomie zu finden.

Glücklicherweise (hinsichtlich europäischer Essgewohnheiten) haben aber auch diverse Curry-Gerichte mit Kokosmilch oder Tofu in verschiedensten Zubereitungsformen einen Platz auf kambodschanischen Tafeln gefunden. Nahezu alle Speisen werden mit der typisch-kambodschanischen Würzpaste »Kroeung« zubereitet, für die es eine ganze Reihe an Rezepturen gibt. Wir haben uns für zwei verschiedene Variationen entschieden, die unter anderem ein Khmer-Baguette mit »Hack«-Steak (jawohl, auch diesmal aus dem Alleskönner Tofu) und eingelegter Papaya verfeinerten, dazu gab es einen Reisnudelsalat mit Kokosdressing. Außerdem servierten wir einen Kokos-Reis mit Augenbohnen zu einem Tomaten-Gurken-Relish und Salat. Dann gab es noch eine spezielle Nudelpfanne mit Gemüse, einen kambodschanischen Hochzeitsdip mit Reis und grünem Gemüse und ein Auberginen-Curry.

Nach dieser Woche befanden wir uns im totalen Reis- und Kokosrausch und mussten eine Reisepause einlegen. Bratkartoffelträume und die Sehnsucht nach Rührei oder einem gewöhnlichen Käsebrot wurden immer heftiger und mussten befriedigt werden. Dennoch, die »Kroeung«-Würzpaste sollten Sie einmal probieren.

Kroeung-Würzpaste

Zusammen mit 2 EL Fischsoße, 25 g Palmzucker, 2 EL Rapsöl und ½ EL Salz ergibt sie eine prima Marinade, z.B. für Rindfleischstreifen oder Tofu-Scheiben, die anschließend in der Pfanne gebraten werden, oder eben für Tofu-»Hack«-Bratlinge. Man kann die Paste auch als Würzmischung für Curry oder Wokgemüse verwenden oder sie auf Sandwiches mit gehobeltem Gemüse streichen. Experimentieren Sie nach Belieben.

Zutaten

2 Stängel Zitronengras
20 g frische Kurkuma oder 1 TL Kurkuma gemahlen
20 g Galgantwurzel oder 1 TL Galgant gemahlen
2 Knoblauchzehen
2 EL Sojasoße
1/2 EL Salz
25 g Kokosblütenzucker (oder brauner Zucker)
2 EL Rapsöl

Zubereitung

Vom Zitronengras das obere Drittel entfernen und vom unteren Ende ein schmales Stück abschneiden. Anschließend das äußere harte Blatt entfernen, längs vierteln und quer feinhacken. Bei frischer Kurkuma und Galgant die Wurzeln schälen, in Scheiben schneiden und grob hacken. Achtung: Kurkuma färbt ab, daher am besten Handschuhe tragen. Den Knoblauch schälen und in grobe Stücke schneiden.

Das Zitronengras gemeinsam mit dem Zucker und dem Salz in einen Mörser geben und so lange zerstampfen, bis eine faserige Masse entstanden ist. Anschließend einzeln (!) die restlichen Zutaten hinzufügen und diese nach und nach zu einer Paste verarbeiten. Zunächst Kurkuma, dann Galgant, dann Knoblauch. Ist alles gut gemörsert, die Paste in eine Schüssel geben und sie mit der Sojasoße und dem Öl vermengen.

VIVE LA FRANCE – FRANKREICH

Egal ob wir »essen wie Gott in Frankreich« oder die vergleichsweise teure und minimalistische »Haute Cuisine« genießen, die französische Küche wird weit über die Landesgrenzen hinaus geschätzt und bewundert und gilt als die einflussreichste Landesküche Europas. Nicht nur Feinschmeckerrezepte wie Bouillabaisse (Fischsuppe aus Marseille), Foie gras (die sehr umstrittene Stopfleber) oder Cuisse de grenouille (Froschschenkel) haben sie bekannt gemacht und neben Hobbyköchen die Kochstile europäischer Adelshäuser geprägt. Auch die deftigen Gerichte wie Pot-au-feu (Rindfleisch mit Gemüse) oder Coq au Vin (Hähnchen in Rotwein) lassen Genießerherzen höherschlagen. Und wer gerät nicht ins Schwärmen, wenn er an Crème brûlée, Mousse au chocolat oder Crêpes denkt? Ganz zu schweigen von der Käsevielfalt, die, genossen bei einem guten Glas Wein und einem frischen Baguette, nahezu der Inbegriff von französischer Lebensart ist.

Wussten Sie, dass »das gastronomische Mahl der Franzosen« 2010 als immaterielles Kulturerbe von der UNESCO anerkannt wurde? (Seit 2013 findet sich übrigens auch die »Mittelmeerküche« auf dieser Liste, doch darüber freuen wir uns auf einer späteren Reiseetappe.)

Man unterscheidet in Frankreich 16 Regionalküchen. Zu den bekanntesten zählen die der Normandie mit herrlichem Apfelkuchen und dem berühmten Calvados, der Bretagne mit Austern und Artischocken von Weltruf, des Périgord mit seinen Trüffeln, des Languedoc mit kräftigen Eintöpfen aus Bohnen, Kräutern, Speck und Fleisch, der Provence mit ihren aromatischen Kräutern, der Gegend um Lyon mit speziellen Geflügelgerichten, der Bourgogne mit ihren beliebten Weinen, Charolais-Rindern und Weinbergschnecken, Paris mit seiner Zwiebelsuppe und des Elsass mit deftigen Schmortöpfen, Flammkuchen und flambierten Obsttartes.

Im Lauf der Jahre und Jahrzehnte haben sich natürlich auch weitere Einflüsse bemerkbar gemacht. So finden sich etliche nordafrikanische und orientalische Köstlichkeiten, wie beispielsweise Merguez und Couscous, in bestem Einklang mit den heimischen Speisen auf französischen Tellern.

Insgesamt ist die französische Küche sehr fleischlastig. Vor allem im Norden und in der Mitte Frankreichs machen sich vegetarische Hauptgerichte eher rar. Doch je weiter man gen Süden reist, desto häufiger bietet die regionale Küche fleischfreie Spezialitäten wie zum Beispiel Ratatouille (aus Tomaten, Auberginen und Paprika), Socca (Kichererbsenfladen aus Nizza) oder Auberginenkaviar (fein gehackte Auberginen mit kräuterwürziger Zwiebelmischung).

Paris ist eine Ausnahme, hier leben die meisten Vegetarier und Veganer des Landes. Jährlich findet dort sogar eine Parade statt, die Veggie Pride. Glaubt man den Statistiken, so haben in den letzten Jahren immer mehr Franzosen die vegetarische und sogar vegane Küche für sich entdeckt.

Ich wurde auf meiner Entdeckungstour auch fündig und konnte sogar ein tolles französisch-vegetarisches Kochbuch ergattern (im Lauf der nächsten Monate kamen noch fünf weitere französische Kochbücher und bei jedem Elsass-Besuch mich in Begeisterung versetzende Rezept-Zeitschriften hinzu). Und so wanderten in den folgenden Tagen Couscous mit Datteln und Gemüse, eine Zucchinilasagne mit Kräutern, Schmorgemüse à la Bourguignon, Ratatouille, eine Tajine »Marocain«, Caesar Salat mit gebackenem Tempeh, Seitan auf baskische Art mit Reis und Salat, eine südfranzösische Tomaten-Pissaladière, Verrine de poivrons au mascarpone und diverse pikante französische Cakes über den Tresen. Eines meiner Lieblingsrezepte, eine Tarte aux tomates, habe ich knapp zwei Jahre später auf meinem Blog verraten.

Tarte aux tomates

Schwierig zuzubereiten ist sie nicht. Man benötigt nur etwas Geduld und vor allem gute Tomaten. Wer keinen eigenen Garten (oder Hobbygärtner in der Bekanntschaft) hat, sollte unbedingt darauf achten, ausschließlich Freilandtomaten aus der näheren Umgebung zu kaufen. Auf gar keinen Fall wässrige und geschmacklose Treibhaustomaten aus Massenanbau verwenden. Es lohnt sich wirklich.

Gebacken wird die Tarte auf einem Mürbeteig. Den kann man natürlich fertig kaufen, aber das würde unseren wundervollen aromatischen Tomaten nicht gerecht werden. Ich bereite für pikante Tartes am liebsten einen aus 180 g Mehl, 180 g Frischkäse und 90 g weicher, gesalzener Butter zu. Alle Zutaten verkneten und zu einer Kugel formen, in Frischhaltefolie schlagen, mindestens 2 Stunden (oder über Nacht) im Kühlschrank ruhen lassen und etwa 15 Minuten vor dem Verarbeiten wieder aus der Kühlung nehmen. Der Teig wird herrlich knusprig, ist aber im Rohzustand ziemlich klebrig, daher lege ich die Arbeitsfläche zunächst mit Frischhaltefolie aus und bedecke den Teig mit Backpapier. Das Ausrollen zwischen Folie und Backpapier funktioniert prima und der Transport in eine mit etwas Mehl bestäubte Tarteform verläuft unfallfrei. Hierzu zuerst das Backpapier entfernen, den Teig in die Form stürzen und dann die Folie abziehen.

Zutaten für eine Tarte (Ø 26 – 28 cm)
eine Portion Mürbeteig (s.o.)
1 EL Senf (ich verwende gerne einen Kräutersenf)
75 g milden Bergkäse oder Gruyère
ca. 5 mittelgroße sonnengereifte Tomaten
Salz (ich verwende ein Kräuter-Zitronen-Salz)
frisch gemahlener schwarzer Pfeffer
Olivenöl
frische Basilikumblätter

Zubereitung

Die Tomaten in dünne Scheiben, das Basilikum in feine Streifen schneiden und den Käse grob reiben.

Die Tarteform mit etwas Mehl bestäuben und mit dem ausgerollten Mürbeteig auskleiden, anschließend mehrfach mit einer Gabel einstechen, damit er beim Backen keine Blasen bildet. Den überhängenden Teig nicht entfernen. Zunächst wird der Boden blindgebacken. Dafür aus Backpapier einen Kreis von 28 cm Durchmesser ausschneiden und diesen auf den Teig legen. Darauf entweder Backperlen (schwere Kügelchen aus dem Fachhandel, die man immer wieder verwenden kann) oder trockene Bohnen oder Linsen verteilen.

Die Form für 15 Minuten in den auf 200–220°C (Ober-/Unterhitze) vorgeheizten Backofen geben. Anschließend die Backpapierschicht mit den Kügelchen entfernen und den Boden für weitere 5 Minuten backen, bis er leicht kross ist.

Die Form aus dem Ofen nehmen und den Teigüberhang mit einem scharfen Messer entfernen. Den heißen Teigboden zunächst dünn mit Senf bestreichen und anschließend mit dem geriebenen Käse bedecken. Die Tarte etwa 2 Minuten weiterbacken, bis der Käse verlaufen, aber nicht gebräunt ist. Der Boden wird auf diese Weise versiegelt.

Anschließend die Tarte auskühlen lassen und danach mit den Tomatenscheiben ziegelförmig belegen. **Kleiner Tipp:** außen beginnen und nach innen vorarbeiten.

Etwas Olivenöl drüberträufeln und die Tomaten anschließend mit Salz und Pfeffer würzen.

Die Tarte kommt nun wieder in den Ofen, wo sie nochmals ca. 25 Minuten backen muss. Sie ist fertig, wenn die Tomaten leicht karamellisieren.

Am besten schmeckt die Tarte, wenn sie vor dem Servieren auf Zimmertemperatur abgekühlt ist. Mit frischem Basilikum bestreuen und das Sonnenaroma genießen.

ALOHA - HAWAII

Hand aufs Herz, was fällt Ihnen ein, wenn Sie an Hawaii denken? Aloha – Hula tanzende Inselschönheiten – kein Bier – Ananas – Vulkangestein – der Song »Over the Rainbow«, den Israel »IZ« Kamakawiwo'ole mit seiner Ukulele so unvergesslich interpretiert hat – Surfen – der fünfzigste Staat der Vereinigten Staaten – Pearl Harbor – Hawaiihemd.

Es gibt eine ganze Reihe an Klischees; mit einem räumen wir an dieser Stelle gleich einmal auf: Paul Kuhn hat sich geirrt, es gibt Bier, und sogar aus eigenen Brauereien. Außerdem: Pizza Hawaii und Toast Hawaii sind deutsche Erfindungen, die wir den Ananaskonserven aus Zeiten des Wirtschaftswunders verdanken. Und sonst?

Wie an vielen Orten dieser Welt, hat der Mensch auch auf dieser Inselgruppe große Veränderungen – nicht nur im positiven Sinne – herbeigeführt. Vor seiner Ankunft gab es bis auf wenige Ausnahmen keine Landsäugetiere und Reptilien, dafür aber jede Menge Pflanzen, die ungehindert von tierischen Pflanzenfressern wachsen und gedeihen konnten. Ebenso erfreuten sich sowohl flugfähige als auch flugunfähige Vögel eines risikofreien Daseins. Überlebt hat nur die (flugfähige) Hawaiigans.

Mit Eintreffen der ursprünglich polynesischen Siedler gelangten nun auch Nutzpflanzen und deren Schädlinge an Land, die zum Aussterben einheimischer Arten beitrugen, verwilderte Hunde und Ratten richteten großen Schaden an und die Vogelwelt wurde durch eingeschleppte Mücken, welche die Vogelmalaria übertrugen, dramatisch dezimiert.

Auf die Siedler aus Polynesien folgten weiße Missionare, Walfänger und Händler, sowie zahlreiche asiatische Einwanderer, die besonders durch den Zuckerrohr- und Ananasanbau angelockt wurden. Der Walfang wurde bereits im späten 19. Jahrhundert verboten, so dass die Landwirtschaft immer wichtiger wurde. Auf großen Plantagen wurden neben den erwähnten Ananas und Zuckerrohrpflanzen auch eine ganze Reihe anderer tropischer Früchte wie Papaya, Bananen, Macadamia- und Kokosnüsse angebaut; auch Kaffee, Reis, Baumwolle und Tabak wurden zu Exportschlagern. Zwar sind Anbau und Export oben genannter Erzeugnisse noch heute wichtig (Bananen und Ananas aus Hawaii erkennen wir beispielsweise am Namen »Dole«, nach dem Gründer der Hawaiian Pineapple Company, James

Dole), doch leisten der Tourismus und die wirtschaftlichen Aktivitäten, die das Militär mit sich bringt, mittlerweile den Löwenanteil am Bruttoinlandsprodukt. Segen und Fluch zugleich.

Hawaii vereint die polynesische Kultur mit asiatischen und nordamerikanischen Einflüssen. Diese ethnische Vielfalt findet sich auch in der hawaiianischen Küche wieder. Eine Nationalküche hat sich eher nicht entwickelt, dafür aber ein Mosaik an Leckereien aller vertretenen Einwanderergruppen. Als kulinarischer Trend gilt seit rund 20 Jahren die »Pacific Rim Cuisine«, eine Verschmelzung der französischen Küche mit tropischen Zutaten und fernöstlichen Gewürzen.

Als Vorspeise isst man gerne Pupus, Schälchen mit typisch amerikanischen Kleinigkeiten wie Chicken Wings, Onion Rings oder hawaiianischen Lomilomi salmon (marinierter Lachs). Pupus schätzt man übrigens auch als Snack zum Bier oder zum Cocktail. Mittags gibt es »plate lunch«, zumeist bestehend aus Reis oder Makkaronisalat und Schweinefleisch oder Fisch. Beliebt ist auch Loco moco, ein Hamburger-Steak mit Spiegelei und Bratensoße auf Reis. Loco moco gibt es in unterschiedlichen Varianten, auch mit Fisch oder Geflügel, als Burger und ab und zu in einer Teriyaki-Marinade. Ein Klassiker ist ein dicker Brei aus Taro-Wurzeln, von dem Hawaii-Reisende allerdings berichten, er schmecke wie Tapetenkleister. Ganz im Gegensatz zu Shave Ice, einem fein geschabten und mit farbigem Sirup übergossenen Eis in der Tüte, das Abkühlung bringt und zu jeder Tageszeit schmeckt.

Die Suche nach DEN typisch hawaiianischen Gewürzen gestaltet sich schwierig. Mit Ausnahme von rotem oder schwarzem Salz, das seinen Ursprung auf Hawaii hat, finden zahlreiche im asiatischen Raum verbreiteten Gewürze Verwendung, wie zum Beispiel Sojasoße, Ingwer, Chili oder auch diverse Curry-Mischungen. Typisch ist grundsätzlich die Zubereitung mit frischen tropischen Früchten, die das ganze Jahr verfügbar sind und aufgrund der intensiven Sonnenbestrahlung auch entsprechend fruchtig schmecken. Viele Zutaten sind bei uns nicht erhältlich. So wird beispielsweise ein Kalua pig, ein spezielles Spanferkel, das vor allem bei traditionellen Kochfesten serviert wird, in Taro-Blätter gewickelt, von denen die meisten von uns noch nie gehört haben.

Das war nun wirklich eine Herausforderung für unseren vegetarisch-veganen Mittagstisch. Schließlich sollten weder in Blätter gewickelte Schweine noch Lachs oder Hawaiitoast serviert werden. Also mussten wir experimentieren und variieren und servierten schließlich eine Kokos-Ingwer-Karottensuppe, eine Enchilada-Kasserolle, einen Hawaii-Teller (zusammengestellt aus Makkaroni-Kartoffelsalat, Baguette mit einer Pepita-Paté aus Kürbiskernen und einem knackfrischen Salat), kreierten ein abenteuerliches veganes Loco moco, bestehend aus einem veganen Bratling, einer Tropical Salsa und Scrambled Tofu auf einem Reisbett sowie eine Art Ravioli, gefüllt mit weißen Bohnen, sonnengetrockneten Tomaten und einer Feta-Soße, die wir aus Tofu zubereiteten. Außerdem Haupia, einen Kokosnuss-Pudding. Klingt interessant?

Nach all den bisher herzhaften Rezepten wird es nun wieder Zeit für ein Dessert. Also ran an den Kochtopf, es gibt Pudding mit einer ordentlichen Portion Sommerfeeling!

Haupia (Kokosnuss-Pudding) (Vegan)

Zutaten
2 EL Speisestärke
3 EL Zucker
eine Prise Salz
2 Tassen (450 ml) frische Kokosnussmilch, alternativ Kokoswasser
(gibt es im Bioladen) oder etwas verdünnte Kokosmilch aus der Dose
frische Früchte der Saison

Zubereitung
In einer Schüssel Zucker, Stärke und etwas von der Kokosmilch zu einer geschmeidigen Paste verrühren. Die restliche Kokosmilch zum Kochen bringen und mit der Paste andicken. In eine flache Form geben und abkühlen lassen. Mit frischen Früchten servieren.

Tipp: Auf Hawaii wird Haupia mit einem weiteren halben EL Stärke angedickt. So lässt sich der Pudding später in Würfel schneiden und als süßer Snack genießen.

E'ai kaua – guten Appetit!

»GOLDEN STATE« –
KALIFORNIEN

Nach Ananas, Kokosnuss, Sonne und Wellenbrechern wollten wir noch ein Weilchen Surferfeeling genießen und setzten unsere kulinarische Weltreise nach Kalifornien fort. In den Obstgarten Amerikas mit seinen Weintrauben, Zitronen, Orangen, Avocados; in den »Golden State«, wie er dank des Goldrauschs im 19. Jahrhundert genannt wurde; in den Südwesten der USA mit seinen Wahrzeichen der Superlative, wie der Golden Gate Bridge in San Francisco, die im Mai 1937 erstmals von Fußgängern betreten wurde, oder der Traumfabrik Los Angeles. In Kalifornien finden wir eines der berühmtesten Surfparadiese (Santa Cruz ist seit 1885 dafür bekannt!) und mit Palm Springs ein Symbol für Glanz und Glamour, denn hier lebten die Stars und Sternchen des alten Hollywood. Kalifornien ist auch ein Mekka für Hippies, Beat-Poeten und Aussteiger, die sich im milden Küstenklima selbst verwirklichten. Grandiose Natur kann man beispielsweise im Yosemite- und Sequoia-Naturpark bewundern.

Kalifornien, das ist auch die Route 66, die Beach Boys (unvergessen u.a. mit »Surfin' USA«), T.C. Boyle und John Steinbeck mit seinem Werk »Früchte des Zorns«.
Apropos Zorn: Seit einigen Jahren gerät Kalifornien vor allem wegen seines immensen Wasserverbrauchs zu Zeiten einer anhaltenden Jahrhundertdürre in unseren Fokus. Der Colorado River, der einst die Trinkwasserversorgung San Diegos sicherstellte, kann den immensen Wasserbedarf nicht mehr decken. Mehr als 200 Millionen Quadratmeter Ackerland sind der Dürre bereits zum Opfer gefallen, strenge Wasserrichtlinien und teils drakonische Strafen bei Zuwiderhandeln sind die Folge.

Die Küche Kaliforniens präsentiert sich so vielfältig, farbenfroh, frisch und kreativ wie die multikulturelle Gesellschaft des Sonnenstaates selbst. Hier leben Spanier, Mexikaner, Chinesen, Italiener, Franzosen, Deutsche, Österreicher, Künstler, Visionäre, Ökos – Kalifornien ist ein Schmelztiegel, der eine besondere und kreative Küche entstehen ließ: die »California Cuisine«. Entstanden ist sie nicht zuletzt dank der Beharrlichkeit von Alice Waters,

die sich bereits in den 1960er Jahren für regionale, nachhaltige und umweltverträglich angebaute Lebensmittel einsetzte, in einer Zeit, in der noch niemand über Bio-Bauern und Öko-Bewegungen nachdachte. Heute gibt es überall in Kalifornien Bio-Bauernmärkte, auf denen man hochwertige regionale Produkte findet. Die »California Cuisine« wurde zum Synonym für eine kreative, gesundheitsorientierte, leichte und frische Küche, bei der saisonale und regional verfügbare Produkte im Mittelpunkt stehen. Salate und einfallsreiche Gemüsezubereitungen werden kombiniert mit Fisch, Käse, Fleisch oder Meeresfrüchten – je nachdem, in welcher Region Kaliforniens man sich befindet. Obstsalate, Smoothies und leichte Soßen mit Zitrone oder Limette sowie frische Kräuter verfeinern jedes Alltagsgericht. Fast Food kann auch gesund sein, wie ich feststellte: Knackiger Salat oder pikante Gemüsefüllungen wanderten in Wraps oder auf Sandwiches in die Lunchbox. Die »California Cuisine« trifft ganz meinen Geschmack, lässt sie sich doch auch mit unseren eigenen regional-saisonal verfügbaren Zutaten wunderbar umsetzen. Klar, dass ich mir unbedingt ein Kochbuch über die »California Cuisine« zulegen musste.

Der Mittagstisch wurde farbenfroh und knackig und gehört noch heute zu meinen liebsten »Reise«-Erinnerungen. Bei einem Samstagsfrühstück mit Avocado-Bruschetta besuchten wir zunächst Carpinteria, eine Stadt und Region, die für Avocados und Lebensfreude steht.
Ein Abstecher ins Santa Ynez Valley, das sanft gewellte Tal der Weingüter, Lavendelfarmen, Olivenhaine und Kürbisfelder, bescherte uns Paprika-Oliven-Bruschetta und ein phantastisches Vanillecreme-Dessert, aus Santa Barbara an der amerikanischen Riviera mit ihrem malerischen Hinterland brachte ich einen Salat mit Zitronendressing und Walnussöl, California Wrap mit Hummus und Spinat, Zucchinibrot, French Toast und gefüllte Pfannkuchen mit, und die rustikalen Santa Rita Hills mit steilen Berghängen, paradiesischen Stränden, orange-roten Mohnblüten und aromatischen Walnüssen sorgten für Saisongemüse aus dem Backofen mit Walnussdressing.
Mit wechselnden Smoothies, wie zum Beispiel einem Spinat-Kokos-Smoothie mit Traubensaft, einem Kiwi-Bananen-Smoothie oder einem Santa-Barbara-Smoothie mit Ananas, Banane und Joghurt, gab es gleich noch das passende fruchtig-frische California Feeling zum Tagesgericht.

Nachdem ich nun schon so von der »California Cuisine« geschwärmt habe, gibt es jetzt eine Kostprobe für die Lunchbox. Abwandlungen dieses Rezepts habe ich übrigens immer wieder angeboten. Besonders an heißen Tagen wurden Wraps von sommerlich gestimmten Mittagsgästen gerne mitgenommen und auf einer Parkbank verzehrt. Neben der kalifornischen Variante fand insbesondere die französische Variante (mit Frischkäse und einer Preiselbeer-Senf-Schicht und gefüllt mit Salat, Camembert, Birnen und knusprigen Croûtons) oder die asiatische Variante (mit Ingwer, Sojasoße, Agavendicksaft und karamellisiertem Tempeh auf Erbsenpüree und Sojasprossen) großen Anklang.

California Wrap mit Hummus und Spinat

Zutaten für 4 Wraps

4 Weizentortillas
2 Karotten, geschält und grob gerieben
1 gelbe Paprikaschote, gewaschen, entkernt und in schmale Streifen geschnitten
1 rote Zwiebel, geschält und in halbe Ringe geschnitten
120 g Cheddar, grob gerieben
1 Avocado, geschält, entkernt und in Scheiben geschnitten
50 g Babyspinat, gewaschen und abgetropft
50 g Sojasprossen, gewaschen und abgetropft
40 g Alfalfa- oder Radieschensprossen, gewaschen und abgetropft
8 EL Hummus

➜

Zutaten für den Hummus

1 Dose Kichererbsen, abgegossen
4 EL Zitronensaft
1 EL Petersilie, gehackt
1½ EL Tahin (Sesampaste)
4-6 EL Olivenöl
1 Knoblauchzehe, abgezogen und grob gehackt
Salz, Pfeffer und Zitronenpfeffer nach Geschmack
1 Messerspitze Räucherpaprika
¼ TL gemahlener Koriander
Saft einer halben Zitrone

Zubereitung Hummus

Kichererbsen mit den übrigen Zutaten (außer dem Zitronensaft) im Mixer fein pürieren. Nach und nach das Öl zugeben, bis die Masse eine cremige, aber nicht flüssige Konsistenz erreicht hat. Evtl. etwas mehr Olivenöl zufügen. Mit Zitronensaft abschmecken. Wer seinen Hummus etwas schärfer mag, gibt noch etwas Cayennepfeffer hinzu.

Zusammenstellung der Wraps

Die Tortillas kurz erwärmen, entweder im Backofen (bei 150°C), in einer Pfanne oder in der Mikrowelle. Dann lassen sie sich leichter rollen und brechen nicht.

Jede Tortilla großzügig mit Hummus bestreichen, dabei aber etwa 2 cm zum Rand hin aussparen. Gleichmäßig alle übrigen Zutaten darauf verteilen und etwas Salz und Pfeffer drüberstreuen. Nun die Tortillas aufrollen, wobei man zunächst den unteren Rand ein Stück weit einklappt und dann von einer angrenzenden Seite her aufrollt. Um ihnen einen dauerhaften Halt zu geben, kann man sie in etwas Back- oder Butterbrotpapier einwickeln und mit Küchengarn in der Mitte zusammenbinden.

In eine Lunchbox verpackt, eignen sich die Wraps als perfektes und leichtes Essen für unterwegs. Leicht gekühlt, schmecken sie auch Stunden später noch prima!

Da die Gerichte der »California Cuisine« überdurchschnittlich gut ankamen, erhöhte ich mutig die Anzahl der Portionen. Das bedeutete natürlich neben dem höheren (und kostenintensiveren) Wareneinsatz auch zusätzliche Vorbereitungszeit; es gab jede Menge zu schnippeln und zu richten. Ausgerechnet zu diesem Zeitpunkt warf Pepsi das Handtuch. Eine nicht mehr ausschließlich vegane Küche konnte sie mit ihrer Lebenseinstellung nicht vereinbaren. Und so stand ich mitten in einem leichten Aufschwung vor einem noch größeren täglichen Berg an Arbeit, den ich vorerst alleine zu bewältigen hatte. Die treue Luise half, wann immer sie konnte, musste aber auch ihre Vorlesungszeiten einhalten. Einige Wochen unterstützte mich eine weitere vegane Küchenfee, bevor sie ihren neuen Job als Tagesmutter antrat. Glücklicherweise fand nun Ronja zu mir, die gerade ihren Master in Englisch und Russisch absolvierte. Auch Sieglinde, die halbtags in einem Versicherungsbüro um die Ecke arbeitete und eine begeisterte Tortenbäckerin war, sorgte für regelmäßigen Kuchen- und Gebäck-Nachschub. Mit vereinten Kräften ließ es sich schaffen.

LAND DER UNBEGRENZTEN MÖGLICHKEITEN – STREIFZUG DURCH DIE USA

Nachdem wir schon einmal auf dem amerikanischen Kontinent angekommen waren, wollten wir auch noch ein Weilchen dort verweilen und herausfinden, welche vegetarischen Gaumenkitzler sich dort großer Beliebtheit erfreuen. Einwanderer aus allen Ecken und Enden unserer Erde sind im Lauf der Jahrhunderte in Nord- und Südamerika gelandet bzw. gestrandet und haben ihre Fußabdrücke hinterlassen. So entstanden wunderbare Verbünde mitgebrachter Geschmacksvorlieben mit lokalen Gemüsen und Früchten und den Traditionen der jeweiligen Ureinwohner. Das Ergebnis sind Multikulti-Rezepte, die nach und nach verfeinert und den Vorlieben ihrer jeweiligen Genießer angepasst wurden. Mit Mais, Avocado & Co. etablierte sich in ganz Amerika eine vegetarische Küche, die keine Wünsche offenlässt. Unser kleiner Streifzug führte uns zu den Kochtöpfen Nordamerikas.

Wer glaubt, im Land der Steaks und Burger als Vegetarier nur auf Salat angewiesen zu sein, der irrt gewaltig. Wobei Salat keineswegs eine traditionsarme und langweilige Mixtur grüner Blätter mit einer ölig-sauren Soße sein muss! Der original »Coleslaw« ist ein hervorragendes Beispiel für Tradition, wurde er doch 1794 im Niederländischen bereits erwähnt. Früher offenbar ausschließlich aus Weißkohl zubereitet, gibt es heute ganz wunderbar leichte Varianten mit beispielsweise Chinakohl. Sein Geschmacksgeheimnis liegt in der Kombination aus zitroniger Frische, süß-sauren Äpfeln und zart-herbem Stangensellerie zum knackig-milden Kohl. Klar, der durfte auf unserem Mittagstisch nicht fehlen.

Ebenso wenig wie der »New York Caesar's Salad«, um beim Salat zu bleiben. Er dürfte der bekannteste Vertreter amerikanischer Salatkultur sein. Als Erfinder gilt der Italoamerikaner Cesare Cardini, der 1924 aus der Not eine Tugend machte und aus den noch vorhandenen Zutaten seiner Küche einen Salat kreierte, mit dem er den unverhofften Kundenansturm am Nationalfeiertag bewältigen konnte. Dieser Salat besteht traditionell aus Römersalat, einem speziellen Dressing aus Eigelb, Olivenöl, Knoblauch, frisch

gepresstem Zitronensaft, Worcestershiresauce, Salz und frisch gemahlenem Pfeffer, dazu Croûtons und Parmesan. Wir hatten uns für eine Sandwich-Variante entschieden und packten ihn zwischen zwei Brotscheiben.

Zwar findet man sowohl den »Coleslaw« als auch den »Caesar's Salad« in ganz Amerika, doch sind beide recht typische Vertreter der New Yorker Küche, wo die Menschen sich wenig Zeit zum Genießen gönnen, oft im Stehen essen oder auf die Schnelle ein Sandwich oder einen Salat verzehren.

Ganz anders sieht die Südstaaten-Küche aus, der wir zu einem späteren Zeitpunkt noch einen längeren Besuch abstatten wollten. Ihre Ursprünge gehen zurück in die Zeit der amerikanischen Ureinwohner. Einwanderer lernten von ihnen die Zubereitung heimischer Pflanzen wie Bohnen, Mais, Kürbisse sowie Pflaumen und diverser Beeren kennen und schätzen. Bereichert wurden sie durch die Mitbringsel aus europäischen Heimatländern, zumeist von den britischen Inseln, und – mit dem beginnenden Sklavenimport im 17. Jahrhundert – durch afrikanische Lebensmittel. Heute zählt die Südstaatenküche zu den einzigartigen der Welt und ist an Geschmacksintensität kaum zu übertreffen. Fälschlicherweise oft als »scharf« bezeichnet, ist sie in Wirklichkeit durch teilweise sehr unterschiedliche Gewürze einfach pikant und schmackhaft. Den Beweis dafür lieferte ein Südstaaten-Chili, das unseren Mittagstisch bereicherte. Einen weiteren Südstaaten-Genuss präsentierten wir mit einer zitronigen Zucchini-Linsen-Suppe aus Florida. Hier wird der angenehm erdige Geschmack von Linsen mit der Leichtigkeit und Lebendigkeit von Zitronen kombiniert. Geköchelt mit Koriander und Kreuzkümmel erhalten die Zucchini eine ganz besondere Note. Ein tolles Gericht übrigens für die Zucchinizeit, wenn man mal wieder nicht weiß, wohin mit der Zucchiniflut aus dem Garten. Schmeckt auch an heißen Tagen!

Zitronige Zucchini-Linsen-Suppe (Vegan)

Zutaten für 4 Personen

200 g braune oder grüne Linsen
1 l Gemüsebrühe
1 unbehandelte Zitrone
1 Zwiebel, klein gewürfelt
2 Knoblauchzehen, fein gehackt
1 Kartoffel, geschält und klein gewürfelt
1 Stange eines Staudenselleries, in dünne Scheibchen geschnitten
250 g Zucchini, gewürfelt
3 EL Olivenöl
ca. ½ TL schwarzer Pfeffer, frisch gemahlen oder geschrotet
1 TL Koriandersamen, gemahlen oder gemörsert
½ TL Kreuzkümmelsamen, gemahlen oder gemörsert
je ½ Bund Koriander und Petersilie, fein gehackt
Salz nach Geschmack (ich verwende hierfür ein Kräuter-Zitronen-Salz)

Zubereitung

Zitrone auspressen, die Schalenhälften aufheben. Die Zwiebel mit Knoblauch im Öl glasig dünsten, anschließend Kartoffeln und Sellerie zufügen, mit dem Pfeffer würzen und ein paar Minuten garen.

Parallel die Linsen in einem großen Topf in der Gemüsebrühe kochen. 15 Minuten vor Ende der empfohlenen Garzeit die Zitronenschalen und die Gemüsemischung zu den Linsen geben und das Ganze noch weitere 5-10 Minuten köcheln lassen. Nun die Zucchini samt Koriander und Kreuzkümmel untermengen und fertig garen. Die Zucchini sollen noch Biss haben, die Linsen gar, aber nicht zerfallen sein.

Die Zitronenschalen entfernen und die frischen Kräuter und den Zitronensaft in die Suppe hineinrühren. Mit Salz abschmecken und servieren.

Dazu passt ein knuspriges Baguette, für Nicht-Veganer auch mit etwas Kräuterbutter.

MAIMARKT-INTERVIEW

Große Aufregung herrschte bei Luise und mir, denn in dieser USA-Woche
– genauer gesagt, am 29.04.2015 – hatten wir auch einen Auftritt im gläsernen Studio des SWR im Rahmen des Mannheimer Maimarktes.

Der Maimarkt ist die größte regionale Verbraucherausstellung Deutschlands und in Mannheim eine Institution mit 400-jähriger Tradition. Mehr als
300.000 Besucher stürmen jährlich während der 11-tägigen Veranstaltung
aufs Gelände, um das Angebot von über 1.000 Ausstellern mit über 20.000
Produkten in Augenschein zu nehmen. Die Aussteller präsentieren ihr Sortiment unweit des riesigen Fertighauscenters, dicht gedrängt in großen Mes-
sehallen und -zelten. Dazu gibt es viele Stände im Außenbereich, die die
Besucher vor allem an sonnigen Tagen mit Unmengen von Bratwürsten,
Bier und Eisbechern vor Entkräftung bewahren.

Es gibt nichts, was es nicht gibt. Gartenhäuschen, Badewannen, Schne-
ckenschreck, Soßenpulver, Staubsauger, Textilien, Küchengeräte, wieder-
verwendbares Backpapier, Fensterreinigungswischgeräte, Pfannen, Au-
tozubehör, Haushaltsreiniger, Teigschaber. Die Besucher wollen schauen,
probieren, flanieren und sich bei einem Maimarktbecher (Biskuittboden mit
einer Schicht Bayrischer Creme, darauf Erdbeeren satt und eine krönende
Sahnehaube) von den Anstrengungen des durch-die-Gänge-Schiebens er-
holen.

Mitten drin das Gläserne Studio des Südwestrundfunks SWR, der die Aus-
stellung mit Interviews, Reportagen und dem Maimarkt-Radio begleitet.

Das Multitalent Luise hatte uns extra für diesen Anlass kleidsame Tuniken
genäht, die eine Textildesignerin mit dem Logo der Aroma Station bedruckt
und bestickt hat. Voller Stolz auf unsere Outfits und bepackt mit frisch zubereiteten Smoothies machten wir uns auf den Weg, die Mannheimer Mai-
markt-Besucher zu beeindrucken. Das Interview fand im Zusammenhang
mit Ernährungsthemen und regionalen Spezialitäten statt. Ich erzählte von
der Aroma Station samt ihrer »Möhre auf Weltreise« und Luise informierte
über die vegane Küche. Die Besucher des gläsernen Studios durften unsere Smoothies kosten, was sie etwas zögerlich auch taten. Dem verhalte-
nen Echo nach zu urteilen hatten wir es hier jedoch eher mit gestandenen
Hausfrauen der Generation unserer Mütter zu tun, die wir nicht wirklich
mit einer cremig-flüssigen Gemüse-Kräuter-Kombination beziehungsweise

der Sojajoghurt-Beeren-Mischung im Fläschchen zu Begeisterungsausbrüchen verführen konnten. Auch der Sender, auf dem das Maimarkt-Interview zu hören war, zählte nicht zu den bevorzugten Frequenzen der Aroma Station-Zielgruppe. Dennoch war es eine gute Gelegenheit, um auf das schöne Geschäft in der Mannheimer Oststadt aufmerksam zu machen. Von einem ausgiebigen Bummel über das Ausstellungsgelände im Anschluss an das Interview sahen wir allerdings ab. Weder Luise noch ich hatte große Lust auf das Gedränge in den Zelten, auch hielt sich unser Interesse an Gartenhäuschen, Mixern oder gar den ausgestellten Schweinchen und Kühen in Grenzen. Wir machten uns müde aber zufrieden auf den Rückweg und hofften auf zusätzliche Kundschaft nach diesem aufregenden Tag.

Maimarktinterview 2015. Karin (2. v.l.), Luise, Pia

EVIVA ESPAÑA – SPANIEN

Voller Erwartung nach unserem großen Auftritt setzten wir die kulinarische Weltreise fort und kehrten auf den europäischen Kontinent zurück. Unser nächstes Ziel war Spanien.

So groß das Land ist, so vielseitig ist auch seine Küche. Sehr treffend hat das der katalanische Schriftsteller Josep Pla (1897–1981) beschrieben:»Die Küche eines Landes ist seine Landschaft im Topf«. Und so eröffnet der Blick in spanische Kochtöpfe ein Panorama der spanischen Natur mit Fisch und Meeresfrüchten an den Küsten des Mittelmeeres und des Atlantiks, mit würzigem Schafskäse in den Bergregionen oder Sherry-Gerichten aus Andalusien. Aber nicht nur die Geografie findet sich in den schmackhaften Rezepten, auch die wechselvolle Geschichte des Landes spiegelt sich in etlichen kulinarischen Köstlichkeiten wider. Insbesondere die maurischen Einflüsse bereichern die Küche, aber auch die Entdeckung Amerikas und anschließende Einfuhr von Tomaten, Kartoffeln, Paprika und Kakao sorgten für eine Fülle an bis dato unbekannten Zutaten und Zubereitungsarten.

Zahlreiche Legenden und Anekdoten machen die spanische Küche noch schmackhafter, als sie ohnehin schon ist. So hatten die Herrschenden Asturiens in Kriegszeiten 1833 Waffen an liberale Bürgermilizen ausgegeben, die diese nach Kriegsende aber nur sehr zögerlich wieder zurückgeben wollten. Also wurden die Kämpfer zu einem Festgelage in Oviedo eingeladen. Bei Kichererbsensuppe mit Spinat und anderen Delikatessen ergaben sich die Krieger dem Genuss und streckten die Waffen. Das Fest »El Desarme« (Die Entwaffnung) erinnert noch heute an dieses historische gastronomische Ereignis.
Natürlich wurde die geschichtsträchtige »Potaje de garbanzos y espinacas« (Suppe mit Kichererbsen und Spinat) auch auf unserem Mittagstisch gewürdigt!

Insgesamt wird in Spanien sehr viel Fleisch gegessen. Gemüse als Beilage ist unüblich und wird eher als ein eigenständiges Gericht geschätzt, dann aber auch gerne deftig und überall erhältlich. Suppen und Eintöpfe werden beispielsweise auf Mallorca auch in einfachen Kneipen serviert. In Aufläufe

oder »Frikadellen« verwandeln spanische Köche häufig Kartoffeln, Zucchini, Paprikaschoten, Auberginen und Zwiebeln. Dazu serviert man eine kräftige Tomatensoße oder eine von den Kanaren stammende »Mojo picón« oder »Mojo rioja«. Dieses pikante Gericht durfte natürlich keinesfalls auf unserer Wochenkarte fehlen.

Reis ist vor allem in der Region um Valencia beliebt und beheimatet – ein Erbe der Mauren, die dort im 8. Jahrhundert die Herrschaft übernahmen. El Cid verjagte sie im Jahr 1094, zumindest vorübergehend. Reis, Orangen, Mandeln und ausgeklügelte Bewässerungssysteme blieben. Der berühmteste kulinarische Vertreter der Region ist die »Paella«, die es zu weltweitem Ruhm gebracht hat. Auf die freuten wir uns ganz besonders, vor allem, weil ich eine tolle vegetarische Variante entdeckt hatte.

Denkt man an Spanien, kommt man an der Tortilla nicht vorbei. Sie zählt neben Paella und Gazpacho, einer kalten Suppe, zu den Nationalgerichten. Eigentlich ein valencianisches Gericht, ist die Tortilla in ganz Spanien bekannt und sogar fertig zubereitet in gut sortierten Supermarktregalen zu finden. Ursprünglich wurde sie ausschließlich aus Kartoffeln, Eiern, Olivenöl und Salz zubereitet. Doch mittlerweile wird sie auch mit unterschiedlichen weiteren Zutaten wie Gemüse, Fisch oder Wurst versehen. Wir hatten uns für eine Variante mit Spargel und Spinat entschieden. Eine wunderbare Gelegenheit, wieder Regionalität und Saisonalität mit internationalen Rezepturen zu verknüpfen. Um sie auch Veganern anbieten zu können, wählten wir anstatt der benötigten acht Eier das Ersatzprodukt »Veg Egg«. Dieses Pulver, das in Wasser angerührt wird, bringt die Tortilla ebenso zum Stocken wie Eier. Das darin enthaltene Kurkuma sorgt sogar für eine vergleichbare Farbe. Allerdings darf man nicht den gleichen Geschmack oder eine identische Konsistenz erwarten. Mit einer »echten« Tortilla hat diese Variante – so appetitlich sie auch ist – nicht viel zu tun. Den Veganern hat es geschmeckt, ich persönlich werde aber künftig darauf verzichten. Entweder ein Eigericht oder eben kein Eigericht und dafür etwas anderes genießen. Ersatzprodukte sind für mich einfach keine rechte Alternative. Geschmackssache halt. Ich empfehle das Originalrezept:

Spinat-Tortilla

Zutaten für 6-8 Portionen

1 kg Kartoffeln (festkochend)
je 1 rote und 1 gelbe Paprikaschote, geviertelt, entkernt und gewürfelt
1-2 Zwiebeln, grob gewürfelt
100 g frischer Blattspinat, grob gehackt (TK-Spinat ist ebenfalls geeignet)
einige Stangen grüner Spargel, das untere Drittel geschält, dann in ca. 2 cm
große Stücke geschnitten
2 rote Chilischoten, fein gehackt
8 Eier
200 ml Milch
10 EL Sojasoße
1 TL Paprikapulver edelsüß (tolle Alternative: Räucherpaprika-Gewürz)
5 EL Olivenöl
100 g Ajvar
frischer Majoran, die Blättchen gezupft

Zubereitung

Pellkartoffeln kochen, anschließend schälen und in 1 cm große Würfel schneiden. Während die Kartoffeln garen, Eier mit Milch, 8 EL Sojasoße, Pfeffer, Paprikapulver und 2 EL Olivenöl verquirlen. Backofen auf 200°C (Ober-/Unterhitze) vorheizen.

In einem Bräter 3 EL Öl erhitzen und die Kartoffelwürfel bei starker Hitze einige Minuten anbraten. Zwiebeln, Paprika, Spinat und Spargel dazugeben und ebenfalls kurz mitbraten. Eiermasse hineingießen, kurz erhitzen, dann den Bräter in den Ofen schieben und die Tortilla ca. 20 Minuten backen.

Zwischenzeitlich Ajvar mit den gehackten Chilischoten und der restlichen Sojasoße glattrühren.

Vor dem Servieren die Pfanne etwas abkühlen lassen, dann die Tortilla auf eine Platte geben. In Stücke schneiden, auf Teller verteilen, mit Majoran garnieren und mit der Paprikasoße genießen. Tomatensalat schmeckt hervorragend dazu.

ARS VIVENDI – ITALIEN

Das Land, in dem die Zitronen blühen, wie Goethe schon voller Begeisterung feststellte, hat mehr zu bieten als Pizza und Pasta. Denken wir an Italien, steigt unumgänglich der zarte Duft toskanischer Olivenhaine, Zypressen, Pinien und Weinberge in unsere Nase – und der Gaumen sehnt sich nach den feinen Köstlichkeiten. Dass die Cucina Italiana heute beliebter ist denn je, liegt an ihrer Vielfalt, die immer wieder Staunen auslöst. Das Dolce Vita auf der Zunge, betörende Düfte in der Nase und vor dem geistigen Auge die Adria – wir holten das Ars Vivendi, also italienische Lebenskunst, in die Aroma Station.

»Die« italienische Küche existiert übrigens nicht, denn Italien ist ein großes und sehr abwechslungsreiches Land. Das spiegelt sich bereits in den Gewürzen wider: Die Kräutermischung »Arrabbiata pikant« aus meinem Gewürzregal beispielsweise wurde aus einer ausgewogenen Mischung sonnengereifter, getrockneter Tomaten, feuriger Chilis und aromatischer Kräuter hergestellt. Perfekt zu pikanten Spaghetti, Pizza, Bruschetta, aber auch mediterranem Gemüse oder eingelegten Köstlichkeiten wie Schafskäse. Meine Kräutermischung »Bruschetta Tomate« brachte ganz Italien aufs Brot: Bestehend aus Tomaten, Knoblauch, Oregano, Basilikum, gekörnter Hefebrühe, Zwiebeln, Petersilie, Traubenzucker und Salz vermengt man diese Gewürzspezialität einfach mit Wasser und Olivenöl zu gleichen Teilen und verfeinert dann ganz nach Geschmack mit Mandeln, Frischkäse, Parmesan oder geschnittenen Oliven.

Das war natürlich eine willkommene Gelegenheit, meine schönen Gewürze und Gewürzmischungen gut erkennbar auf den Tisch zu bringen. Und dafür wollte ich Elemente aus ganz Italien verbinden, indem ich Bruschetta, Spargel, Gemüsepolenta und Grillgemüse servierte. Den Sommerurlaub quasi vor den Augen und in der Nase meiner Gäste. Auch nach Abschluss der kulinarischen Weltreise habe ich häufig italienische Gerichte zubereitet. Ich hatte nämlich das Glück, einen italienischen Koch zu meinen Bekannten zu zählen, der mir immer wieder Tipps gab und besondere Kniffe zeigte. Doch zunächst einmal eines meiner bevorzugten Rezepte während der Spargelsaison:

Spargel Tricolore

Zutaten für 4 Portionen

500 g grüner Spargel
500 g Tagliatelle (Hartweizengrieß)
1 Knoblauchzehe
8-10 kleine Tomaten
60 g Pinienkerne
1 TL Tomatenmark
2 EL Olivenöl
150 ml Flüssigkeit: Wasser, ungesalzener Gemüsefond oder Weißwein
Gewürzsalz »mediterran« (alternativ Meersalz)
Oregano, gerebelt
Pfeffer, frisch gemahlen
Parmesan, gehobelt

Zubereitung

Den Spargel waschen, das untere Ende jeweils entfernen (etwa 1 cm) und die Stangen dann in ca. 2 cm lange Stücke schneiden. Tomaten waschen und vierteln. Pinienkerne in einer Pfanne trocken rösten.

Die Knoblauchzehe schälen, in Scheiben schneiden und in Olivenöl bei mittlerer Temperatur erwärmen. Spargelstücke, Gewürzsalz, Oregano und Pfeffer dazugeben und kurz mitdünsten (max. 5 Minuten).

Mit Flüssigkeit auffüllen, Tomatenmark zufügen und zum Köcheln bringen. Tomatenviertel dazugeben und alles etwa 5-10 Minuten kochen lassen. Der Spargel muss bissfest bleiben!

Zwischenzeitlich Pasta nach Packungsanweisung zubereiten.

Die abgeschütteten Nudeln zum Spargel geben. Ist die Masse zu trocken, mit etwas Olivenöl beträufeln. Zum Schluss die gerösteten Pinienkerne drüberstreuen und nach Wunsch mit geriebenem Parmesan garnieren.

ÜBER VENEDIG IN DIE TOSKANA

Pfingsten, Ferienzeit. Mit den Schulferien wurde es sehr ruhig im Laden. Doch wer Ladenmiete zahlt, kann nicht in jeder Ferienwoche seine Türen schließen. Also hiergeblieben und eine weitere Woche Dolce Vita für die Daheimgebliebenen serviert. Diesmal standen Venedig und Toskana im kulinarischen Mittelpunkt.

Eine literarische Erkundung Venedigs führt uns unweigerlich zu Goethes »Italienischer Reise«, Rilkes »Spätherbst in Venedig«, Thomas Manns »Tod in Venedig«, Donna Leons Commissario Brunetti oder Ulrich Tukur, der in Venedig eine zweite Heimat gefunden hat. Egal, welches Genre Sie bevorzugen, Venedig versetzt uns (fast) alle ins Träumen und Genießen. Wobei wir schon bei meinem Lieblingsthema sind, dem Genuss. Venedig war nämlich nicht nur einer der wichtigsten Handelsplätze von Gewürzen – Marco Polo sei Dank – nein, hier wurden die Aromawunder der Natur auch nach Herzenslust in den Küchen verarbeitet. Und so traten wunderbare Rezepte mit Zimt, Gewürznelken, Rosinen, Korinthen und Pfeffer ihre Reise über die Region hinaus an.

Die venezianische Küche ist ein Ausbund an Vielfalt und charakteristisch für die unterschiedliche Herkunft ihrer Zutaten, von denen etliche orientalische Wurzeln haben. Die Zubereitung ist relativ einfach und dabei pfiffig und voller Gaumen-Überraschungen. Geradezu verliebt hatte ich mich in »Tagliatelle con salsa di noci arrostite« – Pasta mit einer Soße aus gerösteten Walnüssen mit Zimt, Muskat, Salz, Pfeffer, Olivenöl und einem süßen Weißwein. Auch toll: »Pane di patate« mit »Pappa al pomodoro« – frisch gebackenes Kartoffelbrot mit einem traditionellen toskanischen Tomatenmus aus Tomaten, Olivenöl, Zwiebeln, Weißwein, Aceto Balsamico, Basilikum und Pecorino dazu oder darauf.

Besagte »Pappa al pomodoro« führt uns bereits in die Toskana, die verträumte hügelige Region mit ihren Weinbergen und circa 14 Millionen (!) Olivenbäumen. Das hier gewonnene Olivenöl gilt übrigens als besonders hochwertig. Ein gutes Olivenöl, ein paar aromatische Tomaten, etwas Salz und Pfeffer und ein wenig Weißbrot – schon hat man einen wunderbaren Imbiss zum Wein, als Vorspeise oder zum Picknick. Traditionell wird das

toskanische Weißbrot »Pane Sciocco« übrigens ohne Salz gebacken, da aufgrund einer Auseinandersetzung zwischen Pisa und Florenz vor tausend Jahren kein Salz mehr in die Region geliefert werden konnte. Was auf den ersten Blick bzw. Bissen eher fade scheinen mag, hat aber durchaus seinen Vorteil, denn so kommt die würzige Bruschetta (in der Toskana »Fettunta« genannt) erst richtig zur Geltung. Man kommt schon ein wenig ins Träumen, denkt man an die Toskana. Das erging übrigens Heinrich Heine, Thomas Mann, Hermann Hesse, Henry James und Lord Byron nicht anders – für sie alle war die Toskana ein Sehnsuchtsort. Also denn, reisen wir hin – zumindest kulinarisch, mit diesem feinen Rezept:

Tagliatelle mit Walnusssoße

Die Maßeinheit »Tasse« entspricht der amerikanischen Einheit »cup«. Hierbei handelt es sich um Volumenangaben, die oft nur etwas mühsam in Gramm oder Milliliter umgerechnet werden können, da sie von der Dichte der jeweiligen Zutat abhängig sind. Wer kein entsprechendes Maß zu Hause hat, kann sich für dieses Rezept auch an der Größe einer Kaffeetasse orientieren.

Zutaten für 4 Portionen
500 g Tagliatelle (oder auch andere Bandnudeln)
500 g Walnusskerne, in der Pfanne trocken geröstet
½ TL Zimt
1 Prise gemahlene Muskatnuss
grobes Meersalz und reichlich schwarzer Pfeffer, frisch gemahlen
¼ Tasse Olivenöl
¼ Tasse Crème fraîche
¼ Tasse Weißwein (am besten lieblich oder halbtrocken)

➜

Zubereitung

Für die Soße zunächst in einer Schüssel das Olivenöl mit der Crème fraîche und dem Wein mischen.

Die Walnüsse in einer Pfanne einige Minuten trocken anrösten. Sie sollen duften, dürfen aber nicht zu dunkel werden. Anschließend grob hacken, dann Zimt, Muskatnuss, Salz und Pfeffer zufügen und im Mixer zerkleinern. Dabei nach und nach die Olivenölmischung hinzugeben, bis eine cremige Paste entstanden ist und diese zuletzt noch einmal mit Salz und Pfeffer abschmecken.

Parallel die Nudeln nach Packungsanweisung kochen und gut abtropfen lassen. Eine Tasse der Paste unter die Nudeln mischen und die Pasta auf Tellern anrichten.

Tipp: Die übriggebliebene Paste (die Menge reicht für ca. 2 Tassen) hält sich im Kühlschrank mehrere Tage. Wenn Sie sie nicht erneut zu Pasta servieren wollen, geben Sie einen Löffel davon in eine Gemüsesuppe oder ins Salatdressing. Lecker! Oder Sie streichen etwas davon auf geröstetes Brot (gerne mit einer Scheibe Pecorino darauf).

PFINGSTFERIEN –
GRIECHENLAND UND
DIE MITTELMEERKÜCHE

Erinnern Sie sich noch an unsere Reiseetappe Frankreich? Dort hatten wir unsere erste Kurzbegegnung mit der »Mittelmeerküche«, die seit 2010 als immaterielles Kulturerbe der Menschheit von der UNESCO anerkannt ist. Bei dieser Reiseetappe wollte ich mich ein wenig näher damit beschäftigen – passend zum eigentlichen Reiseziel Griechenland. Griechenland ist nämlich neben Spanien, Italien und Marokko das erste Land, dem die Mittelmeerküche zugeordnet wurde. Seit 2013 gehören auch Kroatien, Portugal und Zypern dazu.

Genau genommen handelt es sich um eine Zusammenfassung mehrerer Landesküchen rund um das Mittelmeer, die bei all ihren Unterschieden auch gleiche charakteristische Zutaten verwenden, wie Auberginen, Knoblauch, Lauch, Oliven, Paprika, Tomaten, Zucchini und Zwiebeln, sowie Kräuter wie Anis, Basilikum, Fenchel, Koriander, Kümmel, Oregano, Rosmarin, Salbei und Thymian. Interessanterweise hat man auch festgestellt, dass bei den Bewohnern dieser Länder deutlich weniger Herz-Kreislauf-Erkrankungen, Bluthochdruck und Übergewicht auftreten als in nordeuropäischen Staaten. Mediziner sehen hier unter anderem einen Zusammenhang mit der Ernährung (Genießer freuen sich vor allem über das regelmäßige Gläschen Rotwein, welches in der Mittelmeerküche selten fehlt und somit neben Geschmack auch Gesundheit verheißt). Übrigens sollte die Mittelmeerküche nicht mit der Mittelmeer- oder Kreta-Diät verwechselt werden, die zwar von der traditionellen Küche der Mittelmeer-Länder inspiriert ist, aber nicht der dortigen Alltagskost entspricht! Wir bleiben beim Alltag, den man ja durchaus lieb gewinnen kann.

Natürlich gibt es auch in Griechenland unterschiedliche Regionalküchen, die durch die verschiedenen geografischen Gegebenheiten geprägt sind – bergige Landschaften mit etlichen Wildkräutern und Gemüse sowie die Schaf- und Ziegenzucht und die zahlreichen Küstengebiete mit ihrer Viel-

falt an Fisch und Meeresfrüchten. Opulente Zubereitungsformen sind unüblich; kleine und variantenreiche Gerichte, sogenannte »Mezedes«, die die Grundzutaten in den Mittelpunkt stellen, sind hingegen beliebt. Und das schon seit der Antike, wie man bereits Texten von Homer entnehmen kann, in denen Oliven, Wein, Granatäpfel und Feigen besungen werden.

Die wechselvolle Geschichte Griechenlands hat natürlich auch in den Landesküchen ihre Spuren hinterlassen. So finden sich Kreuzkümmel und Zimt dank osmanischer Einflüsse heute in der nordöstlichen Küche Griechenlands, während man in Korfu und der Ionischen Inselwelt griechisch gewürzte Pastagerichte auftischt. Über Wien und Triest gelangten Strudel nach Griechenland, die wir heute zum Beispiel gerne mit Spinat und Schafskäse gefüllt verspeisen.

In der letzten Pfingstferienwoche und bei sommerlichen Temperaturen erwarteten wir nur wenige Mittagsgäste. Die Daheimgebliebenen nutzten ihre Mittagspause gerne, um ein paar Sonnenstrahlen zu erhaschen. Parkbankgeeignete Speisen schienen da praktischer als herzhafte Tellergerichte. Also packten wir eine Reihe der bereits erwähnten Mezedes – nämlich Auberginenmus, Avocado-Oliven-Paste, Joghurt mit Kartoffeln und Karotten, Joghurt mit Sesampaste, Paprika-Dip, Bauernsalat und Fladenbrot sowie eine griechische Gemüse-Linsen-Suppe auf unseren von Mittelmeerküche und Griechenland inspirierten Mittagstisch, beziehungsweise in die Lunchbox. Besagte Linsensuppe fand übrigens auch in den folgenden zwei Jahren immer wieder dankbare Abnehmer, sie schmeckt einfach bei jedem Wetter. Ausprobieren wärmstens empfohlen!

Griechische Gemüse-Linsen-Suppe (Vegan)

Zutaten für 4 Portionen

1 mittelgroße Zwiebel, fein gehackt
1 Knoblauchzehe, fein gehackt
1 Stange Sellerie, in schmale Scheiben geschnitten
1 mittelgroße Karotte, klein gewürfelt
1 EL Olivenöl
250 ml Gemüsebrühe
500 ml Wasser
1 Schuss Weißwein
300 g Tomaten (außerhalb der Tomatensaison aus der Dose)
100 g rote oder braune Linsen
1 Lorbeerblatt
2-3 Thymianzweige, hiervon nur die abgezupften Blättchen
einige Blätter Basilikum, in Streifen geschnitten

Zubereitung

In einem großen Topf das Öl erhitzen und die Zwiebel darin glasig andünsten. Knoblauch, Sellerie und Karotten hinzugeben. Unter Rühren 3 bis 4 Minuten lang braten, dann mit dem Weißwein ablöschen.

Ist der Wein verdampft, Gemüsebrühe, Wasser und die restlichen Zutaten (außer dem Basilikum) hinzufügen und die Suppe zum Kochen bringen. Die Hitze reduzieren und die Suppe rund 15 bis 20 Minuten köcheln lassen, bis die Linsen weich sind. Unmittelbar vor dem Servieren die Basilikumstreifen unterrühren und das Lorbeerblatt entfernen.

Tipp: Die Suppe wird noch aromatischer, wenn Sie mit der Gemüsebrühe auch gerebeltes Basilikum und Oregano sowie einen Zweig frischen Rosmarin zufügen. Auch Paprika und Zucchini können verwendet werden (Zucchini erst kurz vor Ende der Garzeit in den Topf geben). Wer mag, würfelt sich etwas Schafskäse auf seinen Teller.

SAMBA! – BRASILIEN

Beeinflusst von den sommerlichen Temperaturen daheim, setzten wir die kulinarische Weltreise in eines der größten und bevölkerungsreichsten Länder der Erde fort: nach Brasilien. Reist man durch Brasilien, durchquert man nicht nur zwei Zeitzonen, sondern auch Regenwälder, Hochebenen, Gebirge und Küstengebiete.

Brasilien ist nicht nur groß, es ist auch das artenreichste Land der Erde mit über 50.000 verschiedenen Blütenpflanzen und alleine im tropischen Regenwald mehr als 2.500 Baumarten. Allerdings wird diese Artenvielfalt massiv bedroht: Da die Waldfläche immer mehr abnimmt, ist auch ein großer Teil an Tier- und Pflanzenarten gefährdet. Der atlantische Küstenregenwald ist bereits zu über 90 Prozent zerstört. Nicht nur Rodungen führen zu Umweltproblemen, auch der Bauxit- und Goldtagebau fügen dem Land immensen Schaden zu, Flüsse werden durch Schwermetalle vergiftet, Grundwasser und Böden stark belastet, sowohl Menschen als auch Tiere großen gesundheitlichen Belastungen ausgesetzt. Die Ölförderung bedroht Ökosysteme, die Städte kämpfen mit Abgasen und Abwässern.

Das artenreiche Brasilien ist auch ein Schmelztiegel unterschiedlicher Kulturen. Neben rund 200 einheimischen Ethnien gibt es portugiesischstämmige Volksgruppen, die die Kolonisation ins Land geführt hatte, Afrobrasilianer, die Nachkommen von Sklaven, europäische Einwanderer, die sich seit Mitte des 19. Jahrhunderts ansiedelten, Japaner, Koreaner, Libanesen und Syrer. Geografische Gegebenheiten und Bevölkerungsvielfalt erschweren natürlich eine klare Definition der brasilianischen Küche. Wie in vielen anderen Ländern, gibt es auch in Brasilien unterschiedliche regionale Küchen, die von den dort lebenden Menschen und Traditionen beeinflusst wurden. Allerdings finden sich in allen Landesteilen Gerichte mit schwarzen Bohnen und viel Fleisch – die Feijoada, ein Bohneneintopf, gilt als Nationalgericht. Auch Speisen, die mit Maniokmehl zubereitet werden, erfreuen sich großer Beliebtheit. Maniok spielt vor allem in der afro-bahianischen Küche eine große Rolle. Ihren Ursprung in der brasilianischen Kochkunst hatte die Wurzel aber bereits deutlich vor der Sklavenverschleppung ins Land. Sie ist nämlich ein Erbe der Indianer. Dort war sie Grundnahrungsmittel und

oft die einzige Überlebensgrundlage. Um ihre Herkunft ranken sich einige Legenden. Eine besonders schöne ist diese:

»In einem der Stämme des großen Volks der Tupinamba wurde ein Mädchen geboren, das sehr weiß und schön war und von seinen Eltern Mani genannt wurde. Nie hatte es in dem Stamm ein Kind gegeben, das bezaubernder, fröhlicher, tugendhafter und folgsamer war. Es sang und lachte und war eine Freude. Alle liebten und besuchten es, als sei es eine Botschafterin von Tupa, dem Allmächtigen. Doch wie die Blumen, die früh ihre Blütenkelche öffnen, sich auch früh schließen, so starb auch Mani, als sie noch sehr klein war.

Unter großer Trauer und Ehrerbietung des ganzen Stammes wurde sie in der Mitte des Dorfes auf einem großen Feld begraben, das die Sonne bescheinen würde, um die Fröhlichkeit des toten Mädchens zu wecken und auf dem Mondlicht die Blume bedeckte, deren Schwester es war. Alle Stammesangehörigen vergossen bei der Beerdigung Manis viele Tränen auf den Boden oder befeuchteten die Erde mit Eimern voll Wasser – Mani sollte sich nicht zu sehr von der Sonne verglüht fühlen.

Einige Zeit danach entspross an dieser Stelle eine kleine grüne Pflanze mit einem violetten Stängel, die die Tupinamba »Manioca« nannten, Haus der Mani. Das Pflänzchen wuchs vor den staunenden Augen des ganzen Stammes, bis sich an einem sonnigen Tag die Erde öffnete und eine Art Kartoffel in der Form eines Kinderkörpers zum Vorschein brachte. Alle verstanden, dass dies ein Geschenk Manis war. Sie wuschen die Frucht im Wasser des Flusses, zerrieben und aßen sie. Binnen kurzer Zeit liebten alle Indianervölker die Frucht, die ein Geschenk Manis war; weiß wie der Mond und anmutig wie das Lächeln des Frühlings.« (Quelle: »Brasilianisch kochen – Gerichte und ihre Geschichte« von Moema Parente Augel)

Keine Frage, diese wundersame Wurzel musste auch in unserer heimischen Küche zum Einsatz kommen, und zwar als Mehl (Maniok ist übrigens glutenfrei) gebacken in »Pão de queijo« – brasilianische Käsebällchen. Sie werden aus Wasser, Milch, Öl, Salz und Tapioka- oder Maniokmehl zubereitet. In den Teig wird ein kräftiger geriebener Käse geknetet, dieser zu Kugeln geformt und im Ofen goldgelb gebacken. Man kann die Bällchen warm oder kalt essen, zu einem knackigen Salat oder als Snack mit Butter und Salz bei einem Bier, Mojito oder Caipirinha genießen.

Klar, auch die anderen für Brasilien typischen Gewürze und Kräuter fanden ihren Weg auf unseren Mittagstisch: Koriander, Pfeffer, Chili, Zwiebeln und Knoblauch (den wir aber nur ganz sparsam einsetzten, den ängstlichen Kunden zuliebe). Frische Kräuter wie Petersilie oder Minze durften nicht fehlen, ebenso wie Zitrone und Limette. Von einigen wenigen Zutaten abgesehen, lässt sich das Brasilien-Aroma hervorragend mit unseren regionalen und saisonal verfügbaren Salaten, Gemüsen und Früchten zaubern. Besonders gut gelungen ist das in verschiedenen sommerlichen Salaten, wie zum Beispiel einem Bulgursalat mit Gurke, Tomate, Möhren und Radieschen oder einem wunderbar aromatischen brasilianischen Schichtsalat mit einer tomatenfrischen Salsa als Topping. Auch toll schmeckten ein brasilianischer Gemüsesalat mit Kartoffeln, Stangensellerie, Paprika und einer fruchtigen Komponente oder ein Kichererbsensalat mit würzigen Gürkchen und einem tropischen Kopfsalat.

Denke ich jetzt darüber nach, fehlte eigentlich nur noch der Samba-Rhythmus …

Möchten Sie einmal den feinen Schichtsalat ausprobieren? Der ist übrigens auch perfekt geeignet für ein Picknick, zum Mitnehmen für die Mittagspause oder ein Partybuffet. Er lässt sich prima in Schraubgläser füllen. Für den Mittagstisch habe ich ihn in bauchigen Weckgläsern serviert.

Brasilianischer Schichtsalat für 4-6 Personen als Hauptspeise

Zutaten für den Salat

1 Eisbergsalat, gewaschen und in Streifen geschnitten
2-3 mittelgroße Tomaten, gewürfelt
1 Knoblauchzehe, fein gehackt
600 g Hackfleisch, alternativ Sojagranulat (fein)
1 Gemüsezwiebel
200 g schwarze Bohnen aus der Dose, abgespült und abgetropft
1 Dose Mais, abgegossen

400 g saure Sahne, Sour Cream oder Crème fraîche
200 g Cheddar, grob gerieben
gesalzene Tortilla-Chips (unbedingt!)

Zutaten für die Salsa
5 Tomaten, sehr klein gewürfelt
Saft einer Limette oder Zitrone
etwas gemahlener Koriander
Salz nach Geschmack
Cayennepfeffer oder 1 rote Chilischote, fein gehackt
optional: Knoblauch

Zubereitung
Für die Salsa alle Zutaten miteinander mischen und etwas ziehen lassen.
Für den Salat das Hackfleisch zusammen mit der Gemüsezwiebel und dem
Knoblauch scharf anbraten und nach Geschmack salzen und pfeffern. Wenn
Sie stattdessen Sojagranulat verwenden möchten, dieses mit kochender Ge-
müsebrühe übergießen, etwas quellen lassen, dann abgießen und abtropfen
und mit reichlich Öl in der Pfanne braten und kräftig salzen und pfeffern.
Die schwarzen Bohnen sind normalerweise verzehrfertig. Wer sie etwas
weicher möchte, kann sie mit wenig Flüssigkeit kurz dünsten.

Nun wird der Salat in Gläser geschichtet. Von unten nach oben:
1. Eisbergsalat
2. Tomaten
3. Hackfleisch / Sojahack
4. Dosenmais
5. schwarze Bohnen
6. saure Sahne, Sour Creme oder Crème fraîche
7. geriebener Käse
8. Tortilla-Chips leicht zerbröseln und darauf dekorieren
9. Etwas Salsa darüber (erst unmittelbar vor dem Verzehr)

Tipp: Unbedingt an die Tortilla-Chips denken, dieses salzige Knusperer-
lebnis auf dem Salat gibt dem Ganzen einen besonderen Pfiff! Wenn
Sie keine schwarzen Bohnen mögen oder finden, eignen sich auch
Kidneybohnen.

ARABISCHE KÖSTLICHKEITEN – REISE IN DEN ORIENT

Nach all den mediterranen und fruchtig-exotischen Gerichten der letzten Wochen wuchs bei mir erneut der Appetit auf Kardamom, Koriander und Kreuzkümmel, auf Linsen statt Reis oder Pasta, auf Kichererbsen und Granatapfel. Okay, den Granatapfel gibt es bei uns eigentlich nur im Winter und wir schrieben erst Ende Juni. Dennoch beschloss ich, mir einen kulinarischen Abstecher in den Orient zu gönnen. Dann eben ohne Granatapfelkerne. Schließlich wollte auch mein kleines arabisch-vegetarisches Kochbuch ausprobiert werden. Also schwelgte ich in Rezeptvorschlägen aus Marokko, Algerien, Libyen, Ägypten, Israel, Palästina, Jordanien, Libanon, Syrien, Irak, Kuwait, Saudi-Arabien, Jemen und Oman, und lernte wieder einmal viel über typische Zubereitungsarten, die Zusammenstellung von Speisetafeln, Zutaten und Gewürze.

Ein original arabisches Essen besteht in der Regel aus mehreren Vor- und Hauptspeisen. Während man bei unserem Alltagsessen maximal eine Suppe oder einen Salat vor dem eigentlichen Hauptgericht verzehrt, serviert man in arabischen Ländern häufig zunächst eine ganze Reihe sogenannter »Mezze« – Schälchen mit kleinen Gerichten, von denen sich jeder ganz nach Hunger bedient. Dazu wird jede Menge Fladenbrot gereicht. Schon beim Stöbern in den diversen Rezepten läuft einem das Wasser im Mund zusammen. Da gibt es beispielsweise dicke Bohnen mit Koriander, Auberginenmus, Hummus aus Kichererbsen, Blumenkohl mit Sesam oder gebratene Zucchini. Ich erinnerte mich beim Blättern an ein früheres Projekt in Essen. Nahe meiner Unterkunft gab es ein ägyptisches Restaurant, in dem ich mir hin und wieder ein Abendessen erlaubte (statt Currywurst oder Käsebrot). Ich war ganz hingerissen von den vielen kleinen Töpfchen und Tellerchen voller unglaublich leckerer Kleinigkeiten.

Salate passen natürlich auch auf das Vorspeisen-Buffet, werden aber gerne mit Linsen oder Bulgur kombiniert und sind dann richtige Sattmacher. Für unseren orientalischen Mittagstisch wählte ich einen syrischen Salat aus verschiedenen Gemüsesorten an einem herrlichen Kräuterdressing, dazu Falafel und Hummus. Die Falafel stellten lange Zeit ein unkalkulierbares Risiko dar. Je nach verwendetem Rezept (ich habe sogar eines in meinem

Hildegard von Bingen-Kochbuch entdeckt) konnte es passieren, dass diese verflixten Bällchen einfach nicht zusammenhalten wollten. Vor allem wenn ich sie aus Kichererbsenmehl zubereitete und sie absolut vegan sein sollten, also kein hilfreiches Ei für Stabilität sorgen durfte, dann endeten sie mit Vorliebe als Kichererbsentrümmerfeld in der Pfanne. Der Inhaber eines kleinen Restaurants an der nächsten Ecke, der oft orientalische Kochkurse durchführte, leistete glücklicherweise einmal in meiner Verzweiflung erste Hilfe, prüfte fachmännisch den Falafelteig, korrigierte ihn mithilfe von etwas Weizenmehl und Wasser und sorgte so für die nötige Stabilität. Wie gut, wenn man so nette Nachbarn hat! Tja, und auch bei der Falafel-Zubereitung gilt: Übung macht den Meister.

Ausgesprochen praktisch für meine Mittagstischplanung war die Feststellung, dass Suppen in der arabischen Küche eher nicht als Vorspeise, sondern als leichte Mahlzeit geschätzt werden. Oft werden sie mit Reis oder Linsen zubereitet und beinhalten außerdem viel Gemüse, das auch bei uns im Sommer frisch geerntet wird. Besonders fein ist eine libanesische Tomaten-Karotten-Suppe mit frischem Koriander. Unbedingt ausprobieren!
Überhaupt spielt die Tomate eine wichtige Rolle in der orientalischen Küche. Viele Gemüsegerichte, zu denen man Fladenbrot, Reis oder Kartoffeln serviert, werden mit Tomaten und/oder Auberginen gekocht. Kreuzkümmel, Kardamom und frische Kräuter sorgen für ein ganz besonderes Aroma.
In Marokko, Algerien und Tunesien bereitet man besonders saftiges Gemüse zusammen mit Früchten, Kräutern, Chili und Honig in einer sämigen Soße zu. Traditionell verwendet man hierfür eine Tajine, ein Gefäß aus Ton mit einem konisch geformten Deckel. Geeignet ist auch eine Kasserolle mit dickem Boden. Vergleichbar sind diese köstlichen Speisen am ehesten mit unseren Eintopfgerichten – aber kein weiches Gemenge, sondern immer auf den Punkt gegart und wundervoll aromatisch.
Auch wer Süßes liebt, wird in der orientalischen Küche schnell fündig. Zwar weniger in Form unserer klassischen Puddings zum Nachtisch, dafür serviert man aber gerne gehaltvolle Süßspeisen bei Kurzbesuchen oder an Festtagen. Mal als Kuchen, oft als kleine Gebäckstückchen oder in Pralinengröße. Und dann wird an Zucker, Honig und Nüssen nicht gespart. Wir haben einmal süße Grießschnitten ausprobiert und wollten unseren Augen nicht trauen, als wir die Zutatenliste für das Rezept studierten. Auf 500 g Grieß (berechnet für 6 Personen) kamen 250 g Zucker in den Teig und noch

einmal 200 g als Guss darüber. Wer nun an die Empfehlungen der Welt-
gesundheitsorganisation denkt, die maximal 50 g Zucker pro Tag als tole-
rierbar, 25 g als ideal betrachtet, dem dürften bei diesem Rezept die Haare
zu Berge stehen. Aber vielleicht muss man auch einmal über die Stränge
schlagen, geschmeckt hat es jedenfalls sehr …

Libanesische Tomaten-Karotten-Suppe
»Schorba Banadora wa Jesar« (Vegan)

Zutaten für 4 Personen
200 g Karotten, klein gewürfelt
200 g Tomatenpassata
2 Knoblauchzehen, fein gehackt
1 Zwiebel, fein gehackt
1 Schalotte, in Ringe geschnitten
ca. 3 EL Olivenöl
¾ l Gemüsebrühe
½ Bund Koriandergrün, die Blättchen abgezupft

Zubereitung
Zwiebel und Knoblauch mit 2 EL Olivenöl in einem Topf glasig dünsten,
dann die Karotten zufügen und bei schwacher Hitze einige Minuten braten.
Anschließend Tomatenpassata und Gemüsebrühe angießen und auf kleiner
Flamme garen. Ist das Gemüse weich, entweder mit einem Kartoffelstamp-
fer stampfen oder mit dem Pürierstab grob pürieren. Es dürfen noch Stück-
chen enthalten sein. Abschmecken, nach Bedarf noch mit Salz und frisch
gemahlenem Pfeffer würzen.
Die Schalotte in dem restlichen Öl knusprig anbraten und zusammen mit
den Korianderblättchen über die in Tellern angerichtete Suppe geben.
Tipp: Wenn Sie keinen Knoblauch mögen, können Sie alternativ auch
Bärlauchsalz verwenden. Zur Suppe passt, wie sollte es anders sein,
Fladenbrot. Mit einem kleinen Salat vorab ist man bestens für den
restlichen Tag gerüstet.

Süße Grießschnitten aus Syrien »Harisse«

Zutaten für 6 Personen
500 g Hartweizengrieß (oder Vollkorn)
250 g + 200 g Rohrohrzucker
6 EL (Soja-)Joghurt

4 EL Pflanzenmargarine
(oder weiche Butter)
1 Päckchen Backpulver
2 EL Tahin
eine Handvoll Mandeln
(am besten zuvor geschält)
350 ml Wasser
1 EL Saft einer frisch gepressten Zitrone

Zubereitung
Zunächst Grieß, 250 g Zucker und Joghurt vermengen und eine gute Stunde abgedeckt ruhen lassen. Anschließend in einem kleinen Töpfchen 2 EL Margarine zerlassen, etwas abkühlen lassen und zusammen mit dem Backpulver in die Grieß-Zucker-Joghurt-Masse einrühren.

Eine Springform oder eine Auflaufform mit Backpapier auslegen, zunächst Tahin, dann den Teig gleichmäßig draufstreichen und mit einer Teigkarte oder einem Messer (dieses am besten immer wieder in lauwarmes Wasser tauchen) mundgerechte Rauten schneiden. Auf jeder Raute eine Mandel platzieren und ganz leicht in den Teig drücken.

Die Grießschnitten im auf 200°C (Ober-/Unterhitze) vorgeheizten Backofen etwa 45 Minuten backen. Sie sollten eine haselnussbraune Farbe annehmen. Etwa 5 Minuten vor Ende der Backzeit die Grießschnitten kurz aus dem Ofen holen, mit etwas Wasser bestreichen und die verbliebene Margarine (oder Butter) in Flöckchen draufgeben. Die Temperatur auf 150°C reduzieren, die Schnitten für die letzten Minuten zurück in den Ofen geben und darauf achten, dass sie nicht zu dunkel werden.

→

Für den Sirup 350 ml Wasser zum Kochen bringen und 200 g Zucker hineingeben. Diese Mischung unter ständigem Rühren einige Male aufkochen lassen, dann den Zitronensaft hineingießen und den Sirup auf kleiner Flamme so lange köcheln lassen, bis sich der Zucker vollständig aufgelöst hat und das Ganze eine dickflüssige Konsistenz angenommen hat. Den Topf vom Herd nehmen, den Sirup etwas abkühlen lassen und ihn dann gleichmäßig als Guss über den Grießschnitten verteilen. Warm oder kalt genießen.

Tipp: Der Guss lässt sich mit einem Schuss Orangenblüten- oder Rosenwasser noch verfeinern. Einfach gemeinsam mit dem Zitronensaft zufügen.

VERY BRITISH – ZU BESUCH IN GROSSBRITANNIEN UND IRLAND

Berauscht von all den duftenden und intensiven Aromen der vergangenen Wochen und Monate tauchten wir ein in urlaubsgeprägte Sommermonate. Alle Welt machte sich auf in die Ferien. Die (wenigen) Daheimgebliebenen verwöhnten wir bei tropischen Temperaturen mit Sommersalaten, sommerlichen Gemüse-Themenwochen (zum Beispiel mit Auberginengerichten, diversen Quiches oder leichten französischen Gerichten mit Tomaten und Zucchini) und mariniertem Gemüse. Mit Eintreffen der ersten Herbstboten ging es Anfang Oktober dann wieder auf kulinarische Weltreise, diesmal einmal über den Ärmelkanal nach Großbritannien und Irland.

Nein, keine Sorge, es gab kein Lamm mit Erbsen und Minzsoße. Obwohl ich gestehen muss, dass ich schon ausgesprochen leckere Erbsen mit Minzsoße gegessen habe. Aber bei diesem kulinarischen Stopp entdeckte ich eine ganze Reihe herzhafte vegetarisch-vegane Rezepte aus Irland, Wales und Cornwall, die unbedingt ausprobiert werden wollten. Zum Beispiel Colcannon, ein cremiges Kartoffelpüree, das mit einer Mischung aus bissfest gegartem Weißkohl und Frühlingszwiebeln vermengt wird, oder Cheese and Onion Pasty, mit Zwiebeln und Käse gefüllte Blätterteigtaschen, oder ein irischer Kartoffelauflauf mit Paprika, Gemüsezwiebeln, Petersilie und Käse.

Die traditionelle englische Küche gilt im Allgemeinen als fettig, deftig und langweilig. Das war nicht immer so. Im 19. Jahrhundert genoss sie einen ausgezeichneten Ruf. Dies lag nicht zuletzt daran, dass während der Kolonialzeit bis dato unbekannte und sehr exotische Gewürze und Lebensmittel – zusammen mit dem teilweise ebenso exotischen Hauspersonal – ihren Weg ins Königreich fanden. Zum Ende der Kolonialzeit fehlten sowohl das Geld für die Beschaffung der Zutaten als auch der Nachwuchs an fachkundigem Personal. Und so ging die einst so gelobte Kochkunst der englischen Küche ein Stück weit verloren.
Mit der Zuwanderung von Migranten aus Indien, Pakistan und afrikanischen Ländern hat die moderne englische Küche wieder an Vielfalt gewonnen und die »typisch« englische Küche etwas verloren. Aber es gibt sie noch, teil-

weise auch neu interpretiert von populären Köchen, wie beispielsweise von Jamie Oliver.

Das traditionelle Sonntagsessen unterscheidet sich gar nicht so sehr von unserer gutbürgerlichen Küche. Am Sonntagmittag isst man gerne einen Braten mit Gemüse und Kartoffeln. Eine der wichtigsten Beilagen des »Sunday roast« ist der aus Nordengland stammende Yorkshire Pudding. Kein Pudding, wie wir ihn als Nachtisch genießen, sondern eine Art Kuchen aus Mehl, Eiern, Milch und Fett, gewürzt mit Salz, Pfeffer, Petersilie und Muskatnuss. Gebacken wird er in einer Pfanne oder in Muffinförmchen – am besten im gleichen Backvorgang mit dem Braten, dessen Saft ruhig auf den Yorkshire Pudding, der auf dem Rost unterhalb des Bratens backt, tropfen und ihn zusätzlich aromatisieren darf.

Auch Kartoffeln sind eine häufige Beilage. Mit Schale im Ganzen als Ofenkartoffel (jacket oder baked potatoes), geschält und geschnitten als Chips, den britischen Pommes frites, als Kartoffelbrei (mashed potatoes), in diversen Aufläufen und in den beliebten Pies, wie dem Cottage Pie, Cumberland Pie, Fisherman's Pie oder Shepherd's Pie. Hierzu wird Hackfleisch oder Fisch mit Gemüse in eine feuerfeste Form geschichtet, anschließend mit Kartoffelbrei bedeckt und im Ofen überbacken. Genau das Richtige bei nasskalter Witterung. So etwas musste natürlich unbedingt auf den Mittagstisch – und zwar der Shepherd's Pie in einer fleischfreien Variante.

Über die Herkunft des Shepherd's Pie herrscht Uneinigkeit. Verbreitet ist er im gesamten englischen Sprachraum. In Australien kennt man ihn als Potato Pie, in Neuseeland als Potato Top Pie, in Nordamerika als Cowboy Pie und in Kanada als Chinese Pie bzw. als Pâté Chinois. Während die einen erklären, er stamme aus Irland, sind andere sicher, dass er seinen Ursprung in Cornwall hat. Auf jeden Fall ist er typisch englisch.

Englisch? Genau genommen ist die englische Küche ein Teil der britischen Küche, ebenso wie die schottische, die walisische und die irische ... Doch egal, ob britisch oder englisch – diesen Shepherd's Pie muss man probiert haben! Ich habe ihn etwas abgewandelt und Kürbis mitverarbeitet.

Shepherd's Pie mit Kürbis-Kartoffel-Haube

Zutaten für 4 Personen (oder für eine halbe Kompanie)
150 g Linsen
100 g gelbe Schälerbsen
1 große Zwiebel, grob gehackt
2 Knoblauchzehen, fein gehackt
2 Stangensellerie, in feine Scheiben geschnitten
3-4 Möhren, in ca. 1 cm große Würfel geschnitten
1 Pastinake, geschält und gewürfelt
1 Butternut-Kürbis, geschält, entkernt und grob gewürfelt
2 große Kartoffeln, geschält und gewürfelt
etwas trockener Weißwein
Gemüsebrühe
Pflanzenöl

zum Abschmecken:
getrockneter Thymian, Muskatnuss, Pul Biber (alternativ: Cayennepfeffer oder Chiliflocken), Räucherpaprika, Salz, frisch gemahlener Pfeffer

optional:
Butter, 2 EL Milch, 150 g frisch geriebener Käse (z.B. Cheddar oder ein würziger Emmentaler)

Zubereitung
Die Linsen zusammen mit den Erbsen in etwa der dreifachen Menge Wasser ca. 40 bis 50 Minuten garen. Evtl. zwischendurch etwas Wasser nachfüllen. Erst am Ende Salz oder Gemüsebrühe hinzugeben, sonst werden die Hülsenfrüchte nicht weich.
Zwischenzeitlich in einem weiteren Topf die Zwiebeln, Knoblauch, Stangensellerie und Möhren in etwas Pflanzenöl anbraten, mit Weißwein ablöschen und mit getrocknetem Thymian etwa 10 Minuten garen.

→

Butternut-Kürbis, Pastinake und Kartoffeln in einen dritten Topf geben und in ausreichend Gemüsebrühe weichkochen. Anschließend abgießen, etwas ausdampfen lassen, zerstampfen und mit Muskatnuss, Pul Biber, Räucherpaprika, Salz und Pfeffer würzen.

Etwas Milch macht den Stampf cremiger. Bei Bedarf noch etwa 75 g geriebenen Käse hineinrühren.

Die Linsen-Erbsen-Mischung mit der Zwiebel-Knoblauch-Sellerie-Möhren-Mischung verrühren. Abschmecken nicht vergessen und bei Bedarf nachsalzen und pfeffern!

Einen Bräter mit Pflanzenfett einreiben. Zunächst die Linsen-Mischung hineingeben und darauf den Kürbis-Stampf schichten. Bei Bedarf die übrigen 75 Gramm Käse drüberstreuen.

Den Shepherd's Pie auf mittlerer Schiene im vorgeheizten Ofen bei 180° C (Umluft) ca. 20 Minuten backen.

Dazu passt ein knackiger Salat. Guten Appetit!

Tipp: Wer eine Kruste mag, vermischt den Käse mit Semmelbröseln, streut ihn dann auf den Kürbis-Stampf, verteilt noch ein paar Butterflöckchen darauf und schaltet für die letzten 5-10 Minuten Oberhitze hinzu. Aufpassen, dass nichts anbrennt! Wer eine vegane Variante vorzieht, verwendet für den cremigen Stampf etwas Mandelmilch und verzichtet auf den Käse und die Butterflöckchen. Schmeckt ebenfalls ausgezeichnet!

BACK TO THE ROOTS – DEUTSCHLAND

Etliche ferne und noch fernere Länder hatten wir nun kulinarisch erkundet. Zeit, einmal die nähere Umgebung etwas genauer unter die Lupe zu nehmen, frei nach dem Motto: Warum in die Ferne schweifen, das Gute liegt so nah. Den vorläufigen Schlusspunkt der kulinarischen Weltreise sollte ein Rundgang durch unsere Bundesländer setzen. Auf diese Weise ließ sich hervorragend das Saisonale mit dem Regionalen verknüpfen, eine meiner Vorlieben. Also die Wanderstiefel geschnürt, den Kochtopf eingepackt und los ging es mit der Suche nach dem Besonderen, dem Ungewöhnlichen, vielleicht auch dem Skurrilen.

Regionaltypische Spezialitäten entwickelten sich auch in Deutschland wie nahezu überall auf der Welt, entsprechend der Bodenbeschaffenheit, der Armut oder des Reichtums der Region und den Besonderheiten der angrenzenden Küchen. So fanden die skandinavische und englische Küche beispielsweise Zugang zu den Töpfen im Norden, oder böhmisch-österreichische Anregungen Gehör bei den bayerischen Köchinnen und Köchen.
Klimatisch betrachtet, gibt es in den deutschen Regionen keine allzu großen Unterschiede. Doch in der Zubereitung der heimischen Feldfrüchte entwickelte sich im Lauf der Jahre eine unglaubliche Vielfalt. Einen Teil dieser kreativen Ideen im Umgang mit einfachsten und überall verfügbaren Zutaten wollte ich auf dem Mittagstisch Ende Oktober 2015 vorstellen. Wie immer vegetarisch und teilweise vegan, was diesmal gar nicht so einfach war. Unfassbar, wie viel Fleisch in traditionellen deutschen Rezepten verarbeitet wird. Aber wer sucht, der findet, und so entdeckte ich beispielsweise Dibbelabbes, Winzeräpfel, Schnippelsuppe und Götterspeisen.

Wussten Sie, dass Thüringen auch als das grüne Herz Deutschlands bezeichnet wird? Jaja, hier steht die Wiege der Rostbratwurst, doch ist die Region auch ein großes Anbaugebiet für Gemüse. Besonders hervorzuheben ist übrigens die Speisezwiebel – man munkelt, dass Napoleons Truppen das Weimarer Zwiebelkuchenrezept mitgenommen hatten, woraus letztlich die weltberühmte »Quiche Lorraine« entstand.

Und was verbinden wir mit Sachsen, außer dem Dresdner Christstollen und dem Leipziger Allerlei? Letzteres stammt übrigens aus einem weiteren sehr traditionsreichen Gemüseanbaugebiet, dem fruchtbaren Elbtal. Viele kennen dieses ursprünglich recht kostspielige Frühsommergericht nur noch als trauriges Dosengemüse mit fader Mehlschwitze. Tatsächlich ist es aber eine Köstlichkeit aus getrockneten Morcheln, zartem Spargel, jungen Möhren, knackigem Blumenkohl, feinen Erbsen und gekochten Krebsschwänzen.

Ebenfalls in Sachsen, genauer gesagt, zwischen Spreewald und dem Lausitzer Bergland, sind die Sorben, das kleinste slawische Volk, beheimatet. Begegnet sind wir ihnen möglicherweise im Geschichtsunterricht im Zusammenhang mit Fürst Pückler, der nicht nur das Eis liebte, sondern mit ihrer Hilfe den Bau des wundervollen Landschaftsparks in Muskau realisiert hatte. Sie pflegen noch heute einige uralte Traditionen und Bräuche. Eine ihrer Spezialitäten ist ein besonderer Mohnkuchen, der bei keinem sorbischen Hochzeitsmahl fehlen darf.

Natürlich darf auch die Hauptstadt der Currywurst nicht unerwähnt bleiben, über die der Naturforscher Georg Forster berichtete, sie sei »gewiss eine der schönsten Städte Europas«. Über die Einwohner äußerte er sich weniger schmeichelhaft, ihnen unterstellte er »Üppigkeit, Prasserei, Gefräßigkeit«. Aber das war Ende des 18. Jahrhunderts, da hat sich zwischenzeitlich vieles verändert. Die Rede ist von Berlin.

Fleischesser schätzen die Berliner (Kalbs)Leber, Hoppelpoppel oder Königsberger Klopse. Naschkatzen hingegen schwärmen vermutlich von Berliner Luft mit Beerensoße, einer Creme aus Zucker, Zimt, Eiern und Weißwein. Oder von Berliner Pfannkuchen, die, einer Legende zufolge, von einem in die Heeresbäckerei abkommandierten Berliner Soldaten Mitte des 18. Jahrhunderts kreiert wurden – es handelte sich um süße Kanonenkugeln aus Hefeteig.

In der Küche Mecklenburg-Vorpommerns habe ich eine Götterspeise aus geriebenem Pumpernickel, Kakao, Weinbrand, Rum, Beerengelee und Sahne aufgestöbert. Kulinarisch gibt es natürlich noch viel mehr zu entdecken in dieser Landschaft der Seen, Flüsse, Ostseeküste und fast 1,4 Millionen Hektar Nutzfläche voller Getreide, Kartoffeln, Rüben und Ölfrüchte.

In der Küsten- und Inselküche überwiegen Gerichte, die sich seit jeher ohne großen Aufwand neben Feldarbeit oder Fischerei zubereiten ließen, zum Beispiel Fischklopse, gebratener grüner Hering oder Aalsuppe.

In den von Agrarwirtschaft geprägten Gegenden pflegte man hingegen das »Mangkokt-Äten«, das Zusammengekochte, sprich den Eintopf. Und so entstanden zum Beispiel die Pommersche Erbsensuppe (natürlich mit Speck, Schweineschwanz und -ohr) oder die Schweriner Sommersuppe mit Erbsen, Zuckerschoten, Gurke, Kopfsalatherzen, Pimpernell und Kerbel.

In Rheinland-Pfalz haben seit der Römerzeit unzählige Kriegshorden und Besatzungsmächte ihre kulinarischen Spuren hinterlassen. Eine der berühmtesten ist natürlich der Weinbau in der Pfalz und an der Mosel und seine damit verbundenen lukullischen Spezialitäten. Die sind zumeist ausgesprochen deftig. So lautet ein wohl derber, aber eben auch ehrlicher Sinnspruch zwischen Südpfalz und Westerwald: »Lieber schön und fett geschwabbelt als knochendürr herumgerappelt.« Gemeint sind nicht die Vertreter des weiblichen Geschlechts, sondern das im Sommer gemästete Vieh, das in den Winterwochen als Wellfleisch oder Hausmacher Wurst den Hauptbestandteil der täglichen Nahrung ausmachte und heute noch in Form von Saumagen oder Leberknödeln sehr beliebt ist.

Für den Mittagstisch hatte ich mir aber ein weniger deftiges Gericht ausgesucht und bin stattdessen dem Ruf der Reben gefolgt – mit Pfälzer Winzeräpfeln, die ich zusammen mit saarländischem Dibbelabbes servierte. Kurzentschlossen wurde bei dieser Kombination die seit Generationen bestehende Fehde zwischen Pfalz und Saarland ignoriert (über deren Ursprung es übrigens keine übereinstimmenden Erklärungen gibt).

Im Saarland heißen die Pfälzer Grumbeere (Kartoffeln) einfach Grombiere und spielen seit 1700 eine ebenso wichtige Rolle wie bei den Nachbarn. Einst Mitbringsel wallonischer Wanderarbeiter, erlebten sie im Lauf der Zeit ungeahnte Variationen und sorg(t)en für einen wohlgefüllten Magen in Form vom oben erwähnten Dibbelabbes (übersetzt: Topflappen), einem Kartoffel-Lauch-Auflauf, als Kerschdscher (Bratkartoffeln), Verheirate *[Verheierte]* (Kartoffeln und Mehlklöße), Gefillde Knepp (gefüllte Klöße) oder Hoorische (Klöße aus rohen Kartoffeln). Natürlich gibt es auch Gestempelte (gestampfte Kartoffeln).

Die findet man überall, auch in Bayern, der letzten Etappe unserer kulinarischen Deutschlandreise. Bayern ist der größte Flächenstaat Deutschlands und wartet mit zahlreichen Klischees zur Lebens- und Genussfreude auf wie Alpenromantik, Märchenschlösser, Lederhose, Dirndl, Bier und Weißwurst. Letztere wird seit ihrer Erfindung durch den Metzger Sepp Moser im Februar 1857 vor dem Mittagsläuten, das sie auf keinen Fall mehr hören darf, mit süßem Senf und Bier »gezuzelt«, wobei es laut »Weißwurst ABC« auch möglich ist, sie zu schneiden. In Bayern verläuft nicht nur der Weißwurstäquator, es ist auch das Land von Kraut und Rüben. Hier werden etliche Hektar Weißkraut und Rotkraut angebaut, hier liegt das Zentrum des Meerrettichanbaus, hier wachsen Spargel, Rettich und vieles mehr. Bei all dem Herzhaften und Deftigen braucht es aber auch etwas Süßes – und ich hatte einen besonders würdigen Vertreter der bayerischen Süßspeisen für den Mittagstisch auserkoren: die Bayerische Creme.

Dibbelabbes

Dibbelabbes ist eine Art großer Kartoffelpuffer, der entweder in einem Topf mit schwerem Boden auf dem Herd oder im Ofen gebraten wird. Das Grundrezept besteht nur aus Kartoffeln, Ei und Zwiebeln und muss mit viel Fingerspitzengefühl zubereitet werden, damit die Masse nicht anbrennt und dabei dennoch eine tolle Kruste bildet. Meine gelingsichere vegetarische Variante gart im Ofen und ist durch den Zusatz von Kräutern und Lauch auch aromatischer. Eines haben aber alle Rezepte gemeinsam: Serviert wird Dibbelabbes mit etwas Süßem – beispielsweise Apfelmus oder Bratäpfeln.

Zutaten für 6 Portionen
1,5 kg Kartoffeln
1 Stange Lauch, in feine Ringe geschnitten
3 Zwiebeln
1 Ei
Rauchsalz
Rapsöl
Salz, Pfeffer, Muskat
Petersilie und/oder Majoran, klein gehackt

Zubereitung

Kartoffeln schälen, reiben und gut ausdrücken. Die Zwiebeln hinzureiben. Reichlich Petersilie und/oder Majoran unterrühren. Lauch im Bräter kurz andünsten, dann die Kartoffelmasse hineingeben, das Ei hinzufügen und alles gut vermengen. Mit Salz, Rauchsalz, Pfeffer und Muskat kräftig abschmecken.

Den Dibbelabbes dann im Backofen bei 200°C (Ober-/Unterhitze) ca. 2 Stunden zugedeckt garen. 15 Minuten vor Ende der Garzeit den Deckel abnehmen, damit eine knusprige Oberfläche entsteht. Dazu grünen Salat und Apfelmus servieren.

Nachdem ich über Monate hinweg mit den unterschiedlichsten Gewürzen und Kräutern Bekanntschaft geschlossen hatte, erschien mir die traditionelle deutsche Küche im Vergleich zu all den anderen Küchenkulturen eher behäbig und sogar etwas langweilig. Aber die Kombination heimischer (Feld-)Früchte mit Gewürzen aus aller Welt – das war und ist ein absoluter Gewinn für den Gaumen. Gut, dass ich sie losgeschickt hatte, die Möhre auf ihre Weltreise.

DIE HUMMEL TAUMELT

Im Sommer, wenn sich Bienen und Hummeln im Akkord ums Nektar- und Vorratsammeln für den Nachwuchs kümmern, kann es durchaus geschehen, dass der eine oder andere flauschige Pflanzenbestäuber erschöpft zu Boden geht. Geschwächt und ausgehungert liegt er dann da, zu schwach zum Weiterfliegen, weil er sich verausgabt und anscheinend zu spät erst bemerkt hat, dass die Kräfte nicht mehr ausreichen. Mit etwas Zuckerlösung kann man helfen. Und hat sich die Hummel etwas ausgeruht und gestärkt, ist sie bald wieder startklar.

Im November 2015 war es bei mir so weit. Monatelang geschuftet (wie war das gleich mit geregelten Arbeitszeiten?), immer in Sorge, ob und wie es weitergehen kann, stets darum bemüht, am Puls der Zeit zu agieren. Sich täglich neu erfinden, positive Signale erkennen, Rückschläge verkraften. Schon vor einer Weile hatte ich festgestellt, dass das Wochenende (das eigentlich nur aus dem Sonntag bestand) zum Regenerieren nicht wirklich ausreichte. Ich schlief schlecht. Zwar fiel ich abends todmüde ins Bett, doch kaum war das Licht aus und die Schlafposition eingenommen, schaltete mein Hirn in den Wachmodus und begann zu rotieren anstatt zu pausieren. Trotz literweise abendlichem Kräutertee, der Elfenträume versprach, wollte Morpheus nicht zu mir kommen. Ich versuchte es sogar mit einer Baummeditation im Bett, die mir aber nur die simple Erkenntnis brachte, dass ich kein Baum bin. Dinge, die ich früher mit links erledigte, gingen mir nicht mehr so leicht von der Hand. Was mich entsetzlich aufregte, da ich ständig das Gefühl hatte, Bleigewichte mit mir herumzuschleppen, die mich in meiner gewohnt flotten Gangart behinderten. Aber Weihnachten war nicht mehr weit, dann wollte ich eine Pause einlegen. Noch ein kleines bisschen durchhalten. Knapp vier Wochen nur noch.

Tja, der Geist war willig, aber das interessierte den Rest nicht die Bohne. An einem Samstagmorgen wurde mir zuerst mulmig, dann sehr mulmig, dann erschreckend mulmig. Auf allen Vieren kroch ich aus dem Bad, rief mit schwächelnder Stimme meinen mit Frühstücksvorbereitungen beschäftigten Mann, der mich erstaunlicherweise auch hörte und sofort herbeieilte, um mich gerade noch rechtzeitig in seinen just parat stehenden Schreibtischsessel zu verfrachten, was mir sicherlich eine Beule und blaue Flecken

ersparte. Im Sessel niedergesunken gingen auch schon die Lichter aus. Die flackerten zwar kurz danach wieder auf, aber viel mehr war nicht drin. Also den Notarzt gerufen, mich aufs Sofa geschleppt und da lag ich dann, ein Häufchen Elend. Der Arzt kam schnell, diagnostizierte einen Kreislaufzusammenbruch aufgrund totaler Erschöpfung und empfahl Erholung. Die angebotene Krankmeldung lehnte ich freundlich ab – wem hätte ich sie denn geben sollen, außer mir selbst? Der Laden blieb geschlossen, zu mehr als ein paar Schritten vom Sofa zum Tisch oder vom Bad ins Bett war ich ohnehin nicht fähig. Jeglicher Gang strengte mich an, als hätte ich soeben für einen Marathonlauf trainiert. Immerhin schaltete mein Hirn nun endlich einmal von Dauerbetrieb auf Stillstand, und der gesamte Rest ordnete sich wie bei einem Reset häppchenweise in die vorgesehenen Funktionen. Nach etwa 24 Stunden konnte ich den Blick wieder für längere Zeit fokussieren, dann klappte allmählich die Koordination der Gliedmaßen, nach zwei oder drei Tagen schlief ich auch nicht mehr ständig ein, und irgendwann traute ich mich sogar aus dem Haus. Immer an der Wand entlang, stets die Angst im Nacken, wieder umzukippen. Nach einer Woche wagte ich mich wieder in meinen Laden, das Fahrrad jedoch blieb daheim. Die Knie waren noch weich und mein Reaktionsvermögen à la Slow Motion nichts für den Straßenverkehr, aber irgendwie musste es ja weitergehen. In dieser Zeit war mir meine Schulfreundin Pia eine große Hilfe.

Als Teenager hatten wir nur wenige Berührungspunkte. Sie schwärmte für Cliff Richard, ich stand auf die Neue Deutsche Welle. Ihre Zeichnungen honorierte unser Kunstlehrer stets mit Bestnoten, wohingegen ich für meine kläglichen Werke nur sein Mitleid erntete. Während sie Geige und Klavier die schönsten Klänge entlockte (was sie heute vehement bestreitet), reichte mein musikalisches Talent gerade so zum einen oder anderen Blockflötenstückchen aus. Nach unserer Schulzeit ging jeder seiner Wege, die sich erst nach rund 30 Jahren wieder kreuzten. Welch ein Glück! Irgendwann saßen wir uns in einem Café gegenüber. Pia, die angesehene Reisejournalistin, noch mit den gleichen strahlenden Augen und kaum einem grauen Härchen gestraft und ich, zwar früh ergraut, aber erfolgreich gefärbt und nicht minder strahlend vor Freude über unser Wiedersehen. Diese hat auch nicht nachgelassen, jedes Treffen und jeglichen Austausch mit ihr genieße ich von ganzem Herzen.

Stundenlang leistete sie mir in jenen Wochen Gesellschaft, dekorierte für Weihnachten, packte Präsentpäckchen und nahm mir vor allem die Angst

vor mir selbst, die in diesen Tagen stets in meinem Schatten lauerte. Da mir die Kräfte ohnehin dazu fehlten, stellte ich den Mittagstisch bis zur Weihnachtspause ein und nahm zähneknirschend die damit einhergehenden Umsatzeinbußen in Kauf. In diesen knapp vier Wochen verlor ich auch eine ganze Reihe Stammkunden, die sich nach einer Alternative fürs Mittagessen umschauten, diese fanden und im Januar dann nicht mehr zu mir zurückkamen. Kunden können wirklich gnadenlos sein.

Irgendwie überstand ich die Wochen bis Weihnachten und legte dann die geplante Pause bis 11. Januar 2016 ein. Zeit für die dringend benötigte Zuckerlösung.

HINFALLEN, AUFSTEHEN, KRONE RICHTEN, WEITERGEHEN

Während ich mich nach und nach aufpäppelte, dämmerte mir, dass es so nicht weitergehen konnte. In manch schwacher Stunde fühlte ich mich geradezu am Ende. Ich musste dringend meine Dauerbelastung rein körperlich besser in den Griff bekommen, außerdem ängstigte mich meine wirtschaftliche Situation. Aufgeben war mir schon immer fremd, also griff ich zu Stift und Papier und versuchte zu analysieren.

Da gab es eine hundertprozentige Kundenzufriedenheit sowohl beim Mittagstisch als auch bei den gelegentlichen Caterings und Veranstaltungen, aber eine viel zu geringe Kundenfrequenz. Stammkunden für das Verkaufssortiment konnte ich nicht hinzugewinnen, zudem war die Gewinnspanne bei den Bioprodukten sehr niedrig. Preiserhöhungen konnte ich vergessen, so lange die großen Handelsketten, die ja alle in durchaus erreichbarer Nähe lagen, die gleichen Produkte anboten – die hatten leider wesentlich bessere Einkaufskonditionen und konnten somit auch weiterhin mit niedrigen Preisen kalkulieren. Diese zu übersteigen, würde nur zu einer weiteren Kundenabwanderung führen.

Meine Gewürze liefen gut, mein Angebot, sie schon in Kleinmengen ab 10 Gramm abzuwiegen, animierte meine Kunden zum Ausprobieren. Aller-

dings hätte ich wohl tonnenweise Gewürze verkaufen müssen, um auch nur annähernd meine Miete davon zahlen zu können.

Öle und Essige wurden ebenfalls gut angenommen, liefen aber nicht stabil. Sie hatten ihren Preis und wurden entsprechend kleindosiert verbraucht. Es dauerte eine halbe Ewigkeit, bis meine Mindestabnahmemengen den Besitzer wechselten.

Kaffee verkaufte ich ganz gut, aber auch hier hatte ich nur eine Minimarge von gerade einmal 10 Prozent. Bei meiner Kundenfrequenz insgesamt betrachtet natürlich ein Witz, da blieben vielleicht 5 oder 10 Euro im Monat hängen.

Tee lief überhaupt nicht. Er wurde zwar gerne zum Mittagessen bei mir getrunken, aber feine Bioteesorten für daheim kaufen? Fehlanzeige.

Mein größtes Sorgenkind war der Mittagstisch. Ausnahmslos jeder, der ihn in Anspruch nahm, lobte ihn. Aber: Er war nicht kalkulierbar. Plante ich mit 10 bis 12 Portionen, kamen gerade 4-5 Leute. Dafür reichte dann das Essen am nächsten Tag nicht, da hatte ich dann zu wenig gekocht. Er wurde zu 90 Prozent durch Stammkunden genutzt, die zum überwiegenden Teil am Theater beschäftigt waren und die aufgrund auslaufender Verträge ab der nächsten Spielzeit wegfallen würden. Sollte ich ihn aufgeben? Dann entfielen aber auch ca. 50 Prozent meines Umsatzes. Kritisch.

Das Samstagsfrühstück hatte ich bereits eingestellt. Alleine war es nicht zu bewältigen, da ich mich nicht gleichzeitig um das Abwiegen von Gewürzen im Verkaufsraum und das Backen von Pancakes in der Küche kümmern konnte. Zudem war es auch nicht rentabel, wenn von zehn Reservierungen am Ende nur drei bis fünf Frühstückswillige tatsächlich kamen und ich regelmäßig Hummus und Brötchen verschenken musste. Dies war zwar eine Maßnahme, zu der ich zu hundert Prozent stand, weil ich nun mal keine Lebensmittel vernichtete, aber eben nicht wirtschaftlich. Außerdem blieb ich auf den Personalkosten eines Samstags sitzen, die bei einem einfachen Samstagsfrühstück bei 55 Euro lagen (zuzüglich Sozialversicherung und Lohnbuchhaltung beim Minijobber).

Beim Buffet war die Kalkulation noch schwieriger. Hier hatte ich mit Einkauf und Vorbereitungen teilweise bis Donnerstagnachmittag gewartet. Wenn dann anschließend die kurzfristigen Absagen eintrafen oder angemeldete Leute einfach nicht erschienen, wurde es noch teurer. Beim letzten angebotenen Frühstücksbuffet kam nur die Hälfte der Reservierungen, dafür hatten außer mir noch zwei Mitarbeiter bereits zwei Tage gearbeitet und am

Tag des Geschehens eine Person Dienst in der Küche. Von Gastronomen aus der Nachbarschaft wusste ich, dass das nicht ungewöhnlich war, es hatte nichts mit Qualität oder Attraktivität zu tun, sondern war der Spontaneität und Unzuverlässigkeit von Konsumenten geschuldet. Einerseits beruhigend, andererseits einfach zu teuer.

Ähnlich erging es mir mit den Veranstaltungen. Hier hatte ich mittlerweile auf Vorkasse umgestellt. Hatten sich nicht mindestens sechs Leute angemeldet, fand die Veranstaltung nicht statt. Das funktionierte im Prinzip, leider musste ich aber auch immer wieder Veranstaltungen absagen. Was also tun?

Nach einigem Überlegen reifte der Plan, einen Betreiber für den Bereich »vegetarischer Imbiss und Café« zu suchen. Dieser sollte eine Ablösesumme leisten, mit der er die gesamte Küchenausstattung samt Gastraum erwarb, und eine eigene Kasse führen. Meinen Fokus würde ich auf den Verkauf eigener Produkte, Catering und eventuell auch Online-Handel legen. Auf diese Weise konnte ich mir bei der Zahlung meiner monatlichen Kreditrate Luft verschaffen. Außerdem brauchte ich einen Handelsexperten, der mir sagen konnte, wie mein Geschäft besser wahrgenommen werden konnte – vom Schaufenster über die Warenpräsentation bis hin zur geeigneten Werbung. Vielleicht sollte ich auch erneute Änderungen am Sortiment vornehmen. Was mich absolut umtrieb war die Frage, wie ich einen vertretbaren monatlichen Umsatz erzielen konnte und welche Möglichkeiten der Kostensenkung ich noch nicht bedacht hatte.

Meine Überlegungen und Fragen teilte ich meiner Steuerberaterin mit. Während ich mich schon kurz vor der Insolvenz sah, machte sie mir neuen Mut. Zwar gab es Probleme mit meiner Liquidität, aber die Gewinn- und Verlustrechnung zeigte deutliche Tendenzen nach oben. Ich schöpfte Hoffnung und begann, neu zu planen. Den Mittagstisch wollte ich nach der Weihnachtspause etwas umstellen. Er sollte einfacher vorzubereiten sein, und es sollte auch nicht mehr jeden Tag ein anderes Gericht geben. Dennoch sollte er abwechslungsreich bleiben. Die nächste Herausforderung wartete auf mich.

TAPAS

Auch 2016 wollte ich kulinarisch mit köstlichen Kleinigkeiten aus aller Welt verwöhnen, diesmal unter dem Motto »Tapas«.

Natürlich sollte niemand mit einer einzelnen Olive zum Mittagessen abgespeist werden. »Tapas« ist zunächst einmal der spanische Sammelbegriff für herzhafte Häppchen, die man in der Regel zu einem Sherry, einem Glas Weißwein oder einem frisch gezapften Bier zwischen Mittag und Abend genießt. Denn in Spanien kann die Zeit zwischen diesen beiden Mahlzeiten ziemlich lange sein. Wer nicht gerade eine stramme Diät hält, wird unter dieser Leere ziemlich leiden.

Legenden zufolge ist dies übrigens auch eine mögliche Erklärung zum Ursprung dieser wundervollen Magenfüller. Das dem Weine nicht abgeneigte Volk Spaniens des 16. Jahrhunderts sollte – laut einem königlichen Dekret Philipp III. – vor Trunkenheit bewahrt werden. Daher durften alkoholische Getränke nur noch zusammen mit Häppchen serviert werden.
Eine andere Legende geht sogar bis ins 13. Jahrhundert zurück. Sie besagt, dass der kastilische König Alfonso X. mit Wein und kleinen Häppchen nach einer Krankheit schnell wieder gesund wurde. Diesen unerwarteten Genesungserfolg nahm er zum Anlass, den Wirten zu befehlen, gemeinsam mit dem Wein grundsätzlich kleine Speisen aufzutischen. Das Volk sollte schließlich fit und arbeitsfähig bleiben.
Auch sehr nett ist die Geschichte, die sich mit dem Wortstamm befasst. »Tapa« heißt nämlich auch Deckel, »tapar« bedeutet abdecken. Im Andalusien früherer Zeiten soll ein findiger Gastwirt auf die Idee gekommen sein, mit kostbarem Sherry gefüllte Gläser mit Brot- oder Käsescheiben abzudecken und so vor lästigen Fliegen zu schützen. Mit dem Sherry wurde auch das Deckelchen verzehrt und das Appetithäppchen war geboren.
Vermutlich verdanken wir die Tapaskultur aber dem Einfluss der Mauren, die bekanntlich über viele Jahre hinweg ihre Spuren in Spanien hinterließen. Denn auch in Nordafrika ist die Sitte, kleine Gerichte miteinander zu teilen, seit Jahrhunderten weit verbreitet.

Ein wunderbarer Anknüpfungspunkt zur kulinarischen Weltreise des Vorjahres, in deren Verlauf ich meinen Gästen mehr als zwanzig Länder vorgestellt und ebenso viele Kochkulturen erkundet hatte. Diesmal wollte ich den Fokus auf all die »Häppchen«, aus denen sich ganze Mahlzeiten zusammenstellen lassen, legen. Tapas, Fingerfood, Amuse-Gueule, Antipasti, Mezze …
All diese delikaten Verwandlungskünstler haben die ganze Welt erobert und sollten nun auch meinen Mittagstisch bereichern.

Ich legte los mit unterschiedlichsten Blätterteigpäckchen. Meine besonderen Füllungs-Favoriten waren Ziegenkäse mit in Honig und Balsamico karamellisierten Zwiebeln sowie Ziegenkäse mit Birnenwürfeln und meiner selbst zubereiteten Pfirsich-Rosmarin-Konfitüre. Außerdem gab es Mini-Tortillas mit Kartoffeln, Ei, Champignons, Erbsen und verschiedenen Käsesorten. Diese Häppchen entwickelten sich nach und nach übrigens auch zum Fingerfood-Renner meiner Caterings.

Dann waren da noch wundervoll gefüllte Datteln sowie diverse Köstlichkeiten, unter anderem mit Tomaten, Paprika, Auberginen, Artischocken und Feigen. An orientalischen Leckereien mussten Hummus und Falafel auf den Tisch, aus Italien hatte ich mir Tramezzini und leckere Antipasti-Salate ausgedacht. Und Freunde der französischen Küche sollten sich zum Beispiel auf Tartines salées, herzhaft belegte Brote, freuen oder bei Gougères, einem Käsegebäck mit Sesam und Kräutern, schwach werden. Auch Quiche Lorraine oder Pissaladière durften nicht fehlen.

Egal ob Winter oder Sommer – Tapas lassen sich aus etlichen saisonalen Produkten zubereiten. In der Aroma Station blieb ich natürlich vegetarisch und wollte auch weiterhin den Anhängern der veganen Küche Alternativen bieten, die weder Verzicht bedeuteten noch aus Fleischersatzprodukten bestanden. Eine Champignonpâté mit Portwein beispielsweise. Die müsste auch manches Fleischliebhaberherz schneller schlagen lassen.

Portwein-Champignonpâté (Vegan)

Zutaten

350 g braune oder weiße Champignons
1 Zwiebel
1 TL Bärlauchsalz
½ Bund Petersilie (am besten Blattpetersilie, keine krause)
Olivenöl
einige Zweige Thymian
60 ml veganer Sherry oder Portwein
2 EL ganze Mandeln, geschält
Salz und frisch gemahlener schwarzer Pfeffer

Zubereitung

Champignons säubern und in feine Streifen schneiden. Thymian waschen und zupfen. Zwiebel und Petersilienblätter möglichst fein hacken. Das Olivenöl in einer Pfanne erwärmen und die Zwiebel bei mittlerer Flamme goldgelb anbraten. Die Champignons und den Thymian hinzugeben. So lange garen, bis die Flüssigkeit der Pilze verdunstet ist, dann das Bärlauchsalz und die Petersilie hinzufügen. Mit dem Portwein ablöschen und alles bei schwacher Hitze köcheln lassen, bis die Flüssigkeit verdampft ist. Zwischenzeitlich Mandeln in einer Pfanne ohne Fett rösten, sie anschließend sehr fein hacken und mit etwas Olivenöl zu den Champignons geben. Alles gründlich vermischen und die Masse dann im Mixer cremig pürieren. Sollte die Masse zu flüssig sein, noch einige gemahlene Mandeln oder Semmelbrösel hinzugeben. Wirkt sie zu fest, hilft ein Schuss Olivenöl. Mit Salz und Pfeffer abschmecken und zu Baguette oder Sauerteigbrot servieren. Im Kühlschrank lässt sich die Pâté 3-4 Tage aufbewahren.

DIE SACHE MIT
DEN JAHRESZEITEN

Der Tapas-Start verlief zwar mit einer Kombination aus spanischen und mexikanischen Leckereien ausgesprochen schmackhaft, aber die Sache hatte gleich zwei Haken.

Zum einen war die Vorbereitung unglaublich aufwendig. Statt mir die Arbeit zu erleichtern, stand ich schon wieder in aller Herrgottsfrühe stundenlang in der Küche und pfriemelte Füllungen in Oliven, hackte Kräuter und schnippelte Zucchini in noch hübschere als nur hübsche Würfelchen, bevor sie ihren Weg in die Marinade aus Kräutern, Olivenöl und Sherry-Essig antreten konnten. Von der Zubereitung kleiner und ansehnlicher Chili-Kräcker und Käse-Oliven-Tomaten-Sticks einmal ganz abgesehen. Ein Augenschmaus, ganz ohne Zweifel. Lecker, und wie. Aber es dauerte elend lange. Der zweite Haken hakte sogar noch mehr. Es war Januar. Und es war bitterkalt. Während mein Tapas-Buffet also als Augenweide meine Gäste beeindruckte, fragten diese bibbernd nach heißen Suppen. Tja, der Kunde ist König … Also zurück auf Start, ich ließ mein Motto Motto sein und kümmerte mich fortan um Suppen, Currys, Tajinen und andere Eintöpfe statt um schicke Häppchen. Ich entwickelte mich zur Suppenqueen und Suppen-Topping-Expertin anstatt zur Tapas-Spezialistin. Die Temperaturen erlaubten eigentlich erst ab Mitte April einen Schwenk hin zu Tellergerichten, Tartes und Salaten. Und ab und zu Tapas.

ERFOLG IST EINE STÄNDIGE BAUSTELLE

Besagt irgendein Kalenderspruch. Mit Baustellen kannte ich mich ja bestens aus. Zwar gibt es Dauerbaustellen, wie die Sagrada Família in Barcelona oder den Berliner Flughafen, aber meistens finden auch die langwierigsten und kompliziertesten Bauarbeiten einmal ein Ende. Also in die Hände spucken und machen. Meine Dezember-Analyse hatte mir ja durchaus einige Hinweise gegeben. Priorität eins: höhere Kundenfrequenz oder höhere Gewinnmargen. Die Straßenführung verändern und auf diese Weise mehr Laufkundschaft gewinnen lag nicht in meinen Händen, da hätte ich mir auch gleich ein Pferd namens Rosinante anschaffen und gegen Windmühlen kämpfen können. Also den Fokus auf höhere Margen. Dazu feilte ich an meinem Veranstaltungsprogramm.

ESSEN IST EIN BEDÜRFNIS ...

... Genießen ist eine Kunst. Hat schon François VI. de La Rochefoucauld gewusst. Im 17. Jahrhundert! Und wie recht er hatte.

Gut essen, kochen mit Freunden oder Kollegen – das lag absolut im Trend. Mit meinem Leitgedanken »Möhre auf Weltreise« im Hinterkopf wollte ich mich von den klassischen Anbietern weiterhin absetzen, indem ich den Schwerpunkt auf saisonale Gemüse in Kombination mit exotischen Gewürzen legte. Und so arbeitete ich einen Veranstaltungskalender bis zu den Sommerferien aus. Diesmal würde ich die Termine nicht nur kurz vorher via Facebook ankündigen, sondern ich gestaltete auch eine Programmübersicht, die auf jedem Tisch und am Tresen auf interessierte Leser treffen sollte. Pia, die mir im November schon zur Seite gestanden hatte, las meine Texte mit journalistisch geprägtem Expertenblick und lobte sie. Hurra! Den Drucker anwerfen, falten und freuen.

Kochevents in der Aroma Station

1. Liebe geht durch den Magen

Sie wollen Ihre/n Liebste/n mit einem feinen Essen überraschen? Die Schwiegereltern mit einem selbst zubereiteten Essen beeindrucken? Hier bekommen Sie die Inspiration, die Sie suchen. Wir zeigen Ihnen, wie Sie ein leckeres Candlelight-Dinner zaubern mit verführerischen Zutaten und aphrodisierenden Gewürzen, wie beispielsweise Chili, Kardamom oder Schokolade. Schmeckt nicht nur Verliebten und Schwiegereltern und gelingt auch Kochlöffelabstinenzlern!

2. Wundervoller Tempeh

Unter professioneller Anleitung von Armin, Inhaber der Lindenhof Manufaktur, wird an diesem Abend Tempeh geköchelt, gebraten und geschlemmt. Tempeh hat von Indonesien aus mittlerweile die ganze Welt erobert und sich in die Herzen nicht nur von Veganern geschlichen. Ursprünglich ausschließlich aus fermentierten Sojabohnen hergestellt, produziert die Lindenhof Manufaktur Tempeh heute auch aus Kichererbsen und schwarzen Bohnen. Wir stellen Ihnen vielfältige Zubereitungsmöglichkeiten vor und spannen mit einem Tempeh-Salat über die Bolognese, den Burger hin zum feinen Tellergericht, karamellisiert und mit Ingwer und Orange verfeinert, einen kulinarischen Bogen von Fernost nach Europa, vom Streetfood zur gehobenen Küche.

3. Picknick-Küche

Picknickzeit! Was kommt in den Korb? An diesem Abend lernen Sie herrliche Alternativen zu den sonst üblichen Hühnerbeinchen kennen. Wie wäre es denn mit frisch gebackenem Olivenbrot? Sandwich mit Gemüsetartar? Ein bunter Schichtsalat im Glas? Ein amerikanischer Curry-Blumenkohl-Picknick-Salat? Hirsebällchen mit Räuchertofu und Himbeer-Ingwer-Mus? Dips und Salsas zu Nachos, für Nicht-Veganer übrigens eine perfekte Ergänzung zu Käse u.v.m. Natürlich dürfen die süßen Leckereien nicht fehlen. Wenn das Wetter mitspielt, packen wir am Ende unsere Leckereien zusammen und schlemmen sie im Luisenpark. Quasi die Generalprobe für Ihr nächstes Familien-Picknick.

4. Fingerfood

Mit diesen Fingerfood-Ideen bereichern Sie jedes kalt-warme Partybuffet! Ob Mini-Gurkensüppchen mit Wasabi und Maiscreme im Glas, Hummus mit geräuchertem Paprikapulver zu gerösteten Auberginen, Tomaten und Zucchini im Blätterteigpäckchen, Tomatentarte mit mariniertem Tofu (für Nicht-Veganer mit Ziegenkäse) und Oliven, vegane Hackbällchen oder knackige Streifen aus Kichererbsentempeh mit pikantem Relish-Häubchen, herzhafte Brothäppchen und -türmchen, garniert mit etwas Rohkost und Früchten. Wir zeigen Ihnen Hingucker und Gaumenschmaus. Ran ans Buffet!

5. Spießburger trifft Grillgemüse

An diesem Abend liefern wir schmackhafte Ideen, die jede Grillparty aufpeppen. Bratwurst und Steakbrötchen waren gestern. Wir grillen sagenhafte Auberginenspieße in geheimnisvoller asiatischer Marinade, Seitan-Schaschlik mit hausgemachtem Ketchup, Zucchini-Röllchen mit Tofu (für Nicht-Veganer mit Schafskäse), Tempeh-Burger, gefüllte Fladenbrote... Marinaden, Salsas und Dips sorgen für den besonderen Gaumenkick.

6. Eiszeit

Wir zeigen Ihnen, wie Sie köstliche vegane Eiscremes ohne Eismaschine herstellen können (z.B. ein Bananen-Zimt-Eis mit Rumrosinen und selbstgemachter Karamellsauce oder Erdbeer-Straciatella-Eis oder feines Nektarineneis mit Minze), gönnen uns aus der Dessertküche ein veganes Mousse au Chocolat, schlemmen Sommerbeeren mit Kokoscreme und löschen den Durst mit Virgin Caipirinha und Virgin Mojito, zwei alkoholfreien Sommercocktails. Sommerzeit!!!

Aroma Station	Öffnungszeiten:		Internet und soziale Medien:
Inh. Karin Lassen	Di - Fr	10.00 h – 19.00 h	info@aromastation.de
Lameystraße 17	Sa	10.00 h – 13.30 h	www.aromastation.de
68165 Mannheim	Telefon	0621 400 6 444	facebook.com/aromastation.ma

Die Veranstaltungen wurden, wie schon im Vorjahr, zu 39 Euro pro Person angeboten, Zweierkarten gab es für 60 Euro. Alle Rezepte waren vegan mit Alternativen für Fleischesser und Liebhaber von Milchprodukten. Ran an den Speck (bzw. den Räuchertofu)!

Mein Konzept ging zumindest in Teilen auf. Von den sechs angebotenen Veranstaltungen konnten drei stattfinden, und zwar »Liebe geht durch den Magen«, »Wundervoller Tempeh« und »Spießburger trifft Grillgemüse«. Diese Kochevents waren ein voller Erfolg – sowohl von der Teilnehmerzahl als auch aus kulinarischer Sicht. Dazu kamen noch ein ayurvedischer Genussabend und ein Mädelsbrunch, beides geschlossene Gesellschaften. Allerdings blieb nach wie vor nicht genug hängen. Frische Zutaten in relativ kleinen Mengen haben nun einmal ihren Preis.

Des Rätsels Lösung lieferte Andrea, die ich einige Jahre zuvor im Rahmen eines Coachings unterstützen konnte. Aus dieser beruflichen Begegnung entwickelte sich im Lauf der Zeit ein freundschaftliches Verhältnis, und nun stand sie mir mit Rat und Tat zur Seite. Sie hatte nicht nur selbst ein Faible fürs Kochen und Experimentieren, sie hatte auch Lust, Kochevents mit mir durchzuführen. Diese Abende, die wir nach getaner Arbeit mit einem gemeinsamen Glas Wein oder Prosecco ausklingen ließen, zählen zu meinen schönsten Erinnerungen.

Für die zweite Jahreshälfte planten wir eine Aufwertung der bisherigen Kochevents. Jeder Teilnehmer wurde mit einer ordentlichen Schürze ausgestattet und die Getränke waren nun im Preis inbegriffen – inklusive Begrüßungs-Prosecco und Wein zum Essen. Zum Mitnehmen gab es eine gebundene Rezeptmappe mit zusätzlichen Infos, Zubereitungsalternativen und der einen oder anderen kleinen Geschichte zum Gewürz, zur Rezeptherkunft oder zu einer besonderen Zutat. Dafür stieg der Preis auf 59 Euro, die Zweierkarte auf 50 Euro pro Person.

An Themen hatte ich mir einiges einfallen lassen, außerdem fiel mir eine Idee quasi in den Schoß: In Kooperation mit einer Yoga- und Pilates-Trainerin mit eigenem Studio in Heidelberg – sie war im Sommer auf mich zugekommen und wollte gerne etwas mit mir gemeinsam gestalten – sollte eine Mini-Veranstaltungsreihe stattfinden. Unter dem Motto »Im Gleichgewicht zum Leichtgewicht« wollten wir den Kundinnen ihres Yogastudios eine Kombination aus ayurvedischer Ernährungslehre und Yoga anbieten, geplagten Mamis und sonstigen Alltagsopfern also den Weg zur Wohlfühlfigur mit trendigem Ayurveda und hippem Stressabbauyoga aufzeigen. Kei-

ne Ahnung, ob die Yoga-Chefin diese Veranstaltungen überhaupt in ihrem Studio beworben hatte. Nachdem ich ihr das Programm wunschgemäß zusammengestellt und in meinen Veranstaltungskalender aufgenommen hatte, hörte ich nie wieder von ihr. Von meinen eigenen Kunden interessierte sich ebenfalls niemand für Abnehm-Yoga und einen ayurvedischen Ernährungsplan. Mag sein, dass gerade alle Welt ins Yogastudio rannte; in diesem Fall sind jedenfalls alle stressbewältigungs- und figurverschönerungswilligen Verrenkungskünstler(innen) an mir vorbeigesaust.

Im Grunde war das auch gut so. Denn Sieglinde, die mir in den vergangenen Monaten regelmäßig Kuchen und Torten gebracht hatte und die aufgrund ihrer Ausbildung als ayurvedische Ernährungsberaterin für die Durchführung der Veranstaltung unverzichtbar gewesen wäre, kränkelte seit einiger Zeit und hätte den Termin ohnehin nicht wahrnehmen können. Und ich selbst stand Yoga eher argwöhnisch gegenüber. Die einzige Probierstunde, zu der ich mich ein paar Jahre zuvor überreden ließ, war mir als einziges Desaster in Erinnerung geblieben. Die Trainerin bestand damals in Feldwebelmanier darauf, dass sämtliche Yogamatten wie die Zinnsoldaten ordentlich vor ihr ausgerichtet wurden. Sitzen und gucken war nicht erlaubt, man musste ihren (leider genuschelten) Anweisungen Folge leisten und konnte höchstens versuchen, am Vordermann vorbeizuschielen, um wenigstens halbwegs zu verstehen, was eigentlich zu tun war. Zum Schluss der Stunde platzierte sie dann auch noch ein kleines Väschen vor ihrer Matte und erschreckte mich mit einem schrillen Shanti-Gesang.

Die übrigen der geplanten Themen hingegen waren voll und ganz nach meinem Geschmack. Mit einer »Lunchbox für Herbst und Winter« sollten tolle und gut vorzubereitende Gerichte zum Mitnehmen vorgestellt werden. Die »Resteküche« bot jede Menge Ideen für ein schnelles Kochen aus dem Vorratsschrank und wie man übrig gebliebene Kartoffeln, Nudeln, Gemüsereste oder Reis köstlich weiterverwerten konnte. »Müsliriegel und Energiebällchen«, Andreas Spezialgebiet, boten Anregungen für die eigenen Powerriegel, kleine Snacks zwischendurch und gesunde Alternativen für Heißhungerattacken nach Süßigkeiten. Die zuvor nicht zustande gekommene Fingerfood-Veranstaltung erhielt unter dem Namen »Partybuffet« eine neue Chance, gefolgt von der »Dessertküche«, die bestimmt in der Weihnachtszeit gut angenommen werden würde, wenn sich die Frage stellte, wie ein Festessen seinen verdienten Abschluss bekommen sollte. Außerdem standen »Spekulatius backen«, wovon ich zwar keine Ahnung hatte, Andrea

aber schon lange eine Meisterin dieses Fachs war, und »Gewürze mörsern, rösten, mischen und verschenken« auf dem Plan. Auf diese Weise ließ sich die Frage nach dem alljährlichen »Was schenke ich wem?« elegant beantworten.

Am Ende konnten die »Müsliriegel und Energiebällchen« zubereitet werden, auch die »Resteküche« war gut besucht. Der Rest floppte. Spekulatius haben wir dennoch gebacken – mit zwei Teilnehmern, die ihren Spaß und anschließend ein schönes Mitbringsel für eine Adventseinladung hatten. Von Fingerfood und Partybuffet verabschiedete ich mich endgültig, auch die Lunchbox, die ich schon einmal als Picknick-Küche im Sommer geplant hatte, legte ich ad acta. Die Gewürze wollte ich im nächsten Jahr noch einmal aufnehmen. Es konnte doch nicht sein, dass das niemanden ansprach! Immerhin konnte ich auch in der zweiten Jahreshälfte noch zwei individuelle Gruppen beglücken und außerdem zwei Weihnachtsessen gestalten. Diesmal stimmte dank Andreas Input die Marge, aber es mussten deutlich mehr Veranstaltungen werden. Da war noch jede Menge Luft nach oben!

VOLLER BAUCH STUDIERT NICHT GERN

Und ein knurrender Bauch stört beim Denken. Denken ist aber essentiell bei Ausbildung und Studium. Sagte sich wohl auch die Bundeswehr im Februar 2016 und suchte mittels einer Minianzeige unserer Tageszeitung einen neuen Betreiber ihrer Kleinkantine auf dem Campus ihrer Hochschule. Die Anzeige gab nicht viel her, enthielt lediglich einen Hinweis auf die Möglichkeit, die Ausschreibungsunterlagen anzufordern.

Mit Ausschreibungen hatte ich in der Vergangenheit schon bei Bildungsträgern zu tun. Meist erwartete einen ein irrer Papierwust inklusive wahnwitziger Anforderungen; den Zuschlag bekam dann der billigste Anbieter. Erwartet wurde quasi ein Ferrari zum Preis eines Polo. Aber meine Güte, einmal schauen, was die Bundeswehr sich vorstellte, kostete ja nix, also bat ich mutig um Zusendung der Ausschreibung.

Die kam per Mail und war so umfangreich wie befürchtet. Nachdem ich mich durch den digitalen Stapel gekämpft hatte und herauslas, was eigentlich gefragt war, schien mir das Unterfangen einer Bewerbung nicht mehr gänzlich unmöglich. Auf dem Campus gab es eine Kantine (Truppenküche), die die Verpflegung vom Frühstück bis zum Abendessen abdeckte. Die Kleinkantine sollte, gemäß Ausschreibung, vor allem die Zeiten zwischen den Öffnungszeiten der Truppenküche abdecken, eine Alternative darstellen für verschmähtes Kantinenessen, Kleinigkeiten für den täglichen Bedarf an einem Kiosk bereithalten, eine abendliche »Pilsstube« betreiben und möglichst auch bei Meetings höherer Ränge und formeller Veranstaltungen mit einem professionellen Catering aufwarten. Um sich einen Eindruck verschaffen zu können, bestand die Möglichkeit, sich vor Abgabe der Bewerbung die Räumlichkeiten und Küchen anzuschauen. Nix wie hin!

Zu dem Termin vor Ort begleitete mich Konrad, ein erfahrener Koch aus dem Restaurant nebenan, der schon einige Küchen gesehen und entsprechend Ahnung von professioneller Küchenausstattung hatte. Gott sei Dank – mich hätte die absolute Verwirrung gepackt angesichts der verschiedenen Öfen, monströsen Fritteusen und dem Herd gigantischen Ausmaßes.
Abgesehen davon, dass die aktuelle Kleinkantine recht schmuddelig wirkte, machte sie auch einen ausgesprochen traurigen und ungeliebten Eindruck. Man merkte sofort, dass der derzeitige Pächter nur noch unlustig auf Sparflamme werkelte. Dabei bot die Kleinkantine so viele Möglichkeiten! In Gedanken war ich schon am Anordnen und Gestalten.
Die Kantine – bei der Bundeswehr als Truppenküche bezeichnet – befand sich eine Etage höher. Jeder, der seinen Teller dort füllen lassen wollte, passierte zunächst die Kleinkantine. Logisch, dass man im Vorbeigehen einen Blick auf das dortige Angebot warf. Was lag näher als zu checken, ob sich dort eine Alternative bot, sollte das tagesaktuelle Kantinenessen nicht den Geschmack hungriger Studenten und Verwaltungsmitarbeiter treffen?
Dies schien dem momentanen Betreiber entweder nicht bewusst oder einfach egal zu sein. Lieblose Wurstbrötchen, mit müdem Salatblatt verziert, oder angetrocknete Fleischkäsescheiben warteten vergeblich auf Abnehmer. Ansonsten hielt eine warme Theke, wie von mir befürchtet, Jägerschnitzel mit Fertigsoße oder Currywurst mit Ketchup aus Massenproduktion und Currypulver in Großpackungen bereit. Lichtleisten oberhalb der Ausgabe warteten vergeblich auf Ankündigung eines Tagesangebots, auf den Tischen

erblickte man Krümel und Gläserspuren statt einer kleinen Karte oder eines einladenden Arrangements.

Ebenfalls von der Kleinkantine bewirtschaftet gab es einen sonnigen Nebenraum, der anstatt auf Gäste anscheinend nur darauf wartete, gestapelte Stühle und beiseitegeräumten Krimskrams irgendwann einmal wieder dem eigentlichen Gebrauch zuzuführen. Wie schade.

Der sichtlich enttäuschte Pächter gab bereitwillig auf alle Fragen Auskunft. Im Grunde nutzte kaum jemand sein Jägerschnitzel-Currywurst-Fleischkäse-Angebot. Achtlos hastete die Kundschaft vorbei und die Treppe empor zum Convenience-Mittagessen, das aus zwei Tagesgerichten und individuell zusammenstellbaren Komponenten bestand. Wie in nahezu allen größeren Kantinen konnten sich die Gäste entweder ein klassisches Fleischgericht oder ein vegetarisches Essen zu unschlagbar niedrigen Preisen auf ihr Tablett geben lassen.

Bei der großen Menge an Mittagsgästen handelte es sich hierbei, wie üblich, größtenteils um Fertigerzeugnisse. Unwahrscheinlich, dass sich enthusiastische Küchenmitarbeiter zu nachtschlafender Zeit hinstellten und eigenhändig hunderte vegetarische Bratlinge ohne industrielle Helferlein zubereiteten. Auch der Kuchen konnte seine Tiefkühlherkunft nicht verbergen. Dutzendware ohne Überraschungen. Nachvollziehbar. Aber genau hier lag doch die Chance, für mehr Abwechslung zu sorgen. Vor meinem inneren Auge zogen bereits knackige Salate im Gläschen, aromatisch duftende Currys in bunten Schalen, handgerollte Wraps mit überraschenden Füllungen und frisch gebackene Quiches die Ausgabetheke entlang.

WIDER JÄGERSCHNITZEL
UND CURRYWURST

Jeder, dem ich von meiner Idee einer Bewerbung auf die Ausschreibung erzählte, hatte nur entweder ein müdes Lächeln oder ein ungläubiges Augenbrauenlupfen übrig. Naja, fast jeder. Es gab durchaus Zeitgenossen, die mir glaubten, dass Menschen auch ohne Jägerschnitzel und Currywurst leben konnten. Aber ob die Bundeswehr das auch so sah? Abwarten.

Voller Elan reichte ich ein Grobkonzept ein, das ein ausschließlich vegetarisches Angebot vorsah. Meine Begründung war einleuchtend – für Fleischgerichte war in der Truppenküche ausreichend gesorgt. Klar, es gab auch ein vegetarisches Alternativgericht, aber das Pfiffige, das Besondere, das konnte bei der Vielzahl der zu Versorgenden nicht geleistet werden. In diese Nische sollte die Kleinkantine stoßen und somit eine wirkliche Alternative bieten. Für diejenigen, die keine Massenverpflegung mochten, die aufgrund von Unverträglichkeiten auf Fertigprodukte verzichten wollten oder mussten, die Appetit auf ausgefallene Kleinigkeiten hatten, die per Hand zubereitete Spezialitäten zu schätzen wussten, die eine echte Abwechslung und natürliche Aromenvielfalt liebten und denen hausgemachtes Backwerk besser schmeckte.

Warum musste ein To-Go-Angebot denn immer aus den üblichen Verdächtigen wie Fleischkäse- oder Schinkenbrötchen bestehen? Ein Sandwich mit hausgemachtem Aufstrich, geröstetem und mariniertem Gemüse, darauf frische Sprossen und knackiger Salat oder ein Glas mit frischem Couscous, das man auch noch ganz unterschiedlich verfeinern konnte, schmeckte doch wesentlich besser, sättigte nachhaltiger und war noch dazu gesund.

Etwas Warmes für den Bauch? Ein aromatisches Gemüse-Kichererbsen-Curry machte nicht nur satt, es enthielt jede Menge an Vitaminen und Proteinen und dafür kaum Fett. Schmeckte, aber belastete nicht, schonte die Umwelt und die Tiere. Wozu sich ein frittiertes Billigschnitzel mit Fertigsoße und Dosenpilzen zwischen die Zähne schieben?

Meine Ideen waren voll ausgerichtet auf den schmackhaften Genuss unter Berücksichtigung ernährungsphysiologischer Erkenntnisse. Genauso, wie in der Ausschreibung gefordert. Ähnlich aufgebaut war das Angebot für die Veranstaltungsbewirtung.

Entweder war mein Konzept überzeugend oder es gab ohnehin kaum Bewerber. Wie auch immer, ich wurde zur Präsentation vor dem Entscheidergremium eingeladen. Das hatte schon etwas von einem Tribunal – elf kritische Augenpaare waren auf mich gerichtet, die sich aus Vertretern des Personalrats, einer Frauenbeauftragten und diversen Offizieren zusammensetzten. Unterstützt wurde ich von Gerhard, einem Freund und Hobbykoch, der die Mienen der Zuhörer einzuschätzen, meine vegetarische Euphorie bei manchen männlich-kritischen Blicken mit einigen Fleisch-Specials zu ergänzen und vor allem Beamer und Laptop bei obskuren Windows-Meldungen zu beschwichtigen wusste.

Die kritischen Augenpaare wandelten sich im Laufe meiner Ausführungen in interessierte, gelegentlich überraschte, größtenteils wohlwollende. Leider war es mir nicht gestattet gewesen, einige Kostproben zu reichen. Ob man das als Korruptionsversuch gewertet hätte oder aus Angst vor (Vergiftungs-) Anschlägen das Mitbringen von Häppchen ablehnte, wurde mir nicht mitgeteilt, doch meine diesbezügliche Anfrage im Vorfeld hatte eine abschlägige Antwort erhalten. Gut, dass ich ständig meine Küchenergebnisse fotografierte. Nun konnte ich aus meinem Fundus schöpfen und mit Bildern den Appetit auf vegetarische Kost wecken. Was durchaus funktionierte, zumindest bei den anwesenden weiblichen Ausschussmitgliedern. Manchen Herren hingegen stand die Sorge hinsichtlich eines etwaigen Currywurstdefizits gelegentlich ins Gesicht geschrieben. Diese konnte aber dank Gerhards Einwürfen (zum Beispiel in Form von Angeboten für Grill-Specials oder Pasta-Wochen) gemindert werden. An die rund einstündige Präsentation, in deren Verlauf ich auch etliche Zwischenfragen beantwortete, schloss sich eine Art Hearing an. Eine weitere Stunde wurde ich nun mit allen möglichen Fragen und Wünschen konfrontiert, die teilweise recht irritierend, wenn nicht gar widersprüchlich, auf mich wirkten. Zwischendurch hatte ich ein paar Mal den Eindruck, dass es sich um vorformulierte Fragen handelte, die nun auch unbedingt gestellt werden mussten, egal, ob ich sie schon im Verlauf meiner Ausführungen erläutert hatte.
So fragte zum Beispiel einer der Teilnehmer: »Wie können Sie denn sicherstellen, dass die Kleinkantine während der Öffnungszeiten besetzt ist?«
›Schlaft ihr? Das hatte ich doch gerade lang und breit mittels eines an die Leinwand projizierten Personal-Einsatz-Planes vorgestellt …‹ Natürlich erläuterte ich das ganz freundlich noch einmal.

Eine andere Frage: »Wie können Sie denn Ihren Laden weiterhin führen, wenn Sie die Kleinkantine übernehmen?«

›Wieso zum Kuckuck muss ich das denn erklären? Ihr sucht jemanden für die Kleinkantine, dafür habe ich ein Konzept vorgestellt; was ich mit meinem Laden mache, ist doch eigentlich meine Sache ...‹ Habe ich nur gedacht, nicht ausgesprochen und stattdessen darauf hingewiesen, dass ich selbstverständlich meine Personalplanung für die Aroma Station im Griff hatte und – mit Verweis auf den Einsatzplan – ja durchaus auch im Wechsel mit den aufgeführten Aushilfen im Laden tätig sein würde.

Reichte aber nicht, der Mensch war hartnäckig: »Ja, aber wie wollen Sie das handhaben, wenn die Kleinkantine umfangreicher wird?«

›Ihr redet doch die ganze Zeit davon, dass es sich um eine im Nebenerwerb zu betreibende Kleinkantine handelt, und zwar für circa anderthalb Jahre. Vorher ist nicht mit Wachstum zu rechnen. Was soll denn diese Frage jetzt?‹ Auch nicht ausgesprochen, klar. Ich sprach stattdessen von der Notwendigkeit, flexibel auf wechselnde Anforderungen zu reagieren, wie das überall im Handel und der Gastronomie erforderlich war.

Reichte immer noch nicht: »Und wenn Sie nicht genügend Personal für beides haben? Was machen Sie dann mit Ihrem Laden?«

›Willst du jetzt allen Ernstes wissen, wie ich Kleinkantine und Aroma Station in etwa anderthalb Jahren gemeinsam betreibe, falls die Kleinkantine dann tatsächlich einen Gewinn abwirft, von dem man leben kann, der Campus auf die von euch geplante Personenstärke gewachsen ist, sämtliche Bauarbeiten hierfür abgeschlossen sind, es keine politischen oder verwaltungstechnischen Änderungen gegeben hat, also alles so kommt, wie ihr euch das heute so überlegt habt und die Aroma Station ebenfalls allen Widrigkeiten getrotzt hat und nun derart brummt, dass sie nicht mehr von mir alleine, beziehungsweise mithilfe von einem Mitarbeiter betrieben werden kann?‹ Nein, habe ich nicht gefragt. Ich erklärte, dass ich, sollte es mir tatsächlich nicht gelingen, bei einem nicht mehr zu bewältigenden Arbeitspensum die erforderlichen Mitarbeiter zu finden – wobei ich es angesichts des Arbeitsmarktes für eher unwahrscheinlich hielt, dass sich eine Personalsuche als gänzlich erfolglos herausstellen würde –, die Aroma Station abgeben und mich voll auf den Betrieb der Kleinkantine konzentrieren wollte.

»Sie wollen Ihren Laden aufgeben?!?!«

›Menschenskind, hör doch mal zu! Ich sprach vom unwahrscheinlichen Fall der Fälle. Außerdem habt ihr gefühlte hundertmal darauf hingewiesen, dass

ihr an einem langfristigen Geschäftsverhältnis interessiert seid und nicht in einem oder zwei Jahren den nächsten Pächter suchen wollt. Wenn also beides nicht mehr geht, dann kann ich doch wohl nur so entscheiden, wie ich es eben beschrieben habe. Was zum Kuckuck wollt ihr denn jetzt?‹ Nein, nein, kein Wort davon, ich blieb freundlich. Erklärte mit Engelsgeduld, dass ich den Laden nicht aufgeben wollte, dass ich mir Mitarbeiter suchen würde, träfe der Umstand ein, dass das Arbeitspensum mit dem aktuellen bzw. im Plan aufgeführten Personal nicht zu bewältigen sei und würde nur dann, wenn sich absolut keine geeignete Unterstützung finden ließe – und ganz bestimmt nur dann – eine Entscheidung zugunsten der Kleinkantine treffen und einen Nachfolger für die Aroma Station suchen.

Beim nächsten Punkt entgleisten mir dann aber doch fast meine Gesichtszüge. Die mit der Pächtersuche beauftragte Koordinatorin, die extra aus München angereist war, erklärte mir, dass sie zur Ausübung ihrer Funktion extra Fortbildungen absolviert hätte, die sie nun unter anderem dazu befähigten, einen Businessplan zu erstellen:

»Sollten wir uns für Sie entscheiden, möchten wir mit Ihnen gemeinsam einen Businessplan ausarbeiten, damit Sie lernen, wie man Ausgaben plant, Preise kalkuliert, einen Überblick über seine Rentabilität hat. Wir beide würden uns dann zusammensetzen. Sie würden mir Ihre bisherigen Unterlagen wie Steuerbescheid, Kontoauszüge etc. zur Verfügung stellen, damit ich mir einen ersten Überblick verschaffen und Sie entsprechend beraten kann.«

›Habe ich richtig gehört? Du hast gerade an einem Buchhaltungs- oder Existenzgründer-Kurs teilgenommen und willst mir jetzt erklären, wie man einen Businessplan erstellt? Ich bin seit über zehn Jahren selbstständig, habe bis vor zwei Jahren selbst Existenzgründerseminare geleitet, habe knapp 70.000 Euro in die Aroma Station investiert, wozu ich einen umfangreichen Businessplan für die Bank erstellt habe, bekomme regelmäßig betriebswirtschaftliche Auswertungen von meiner Steuerberaterin und das schon seit Beginn meiner Selbstständigkeit. Wie komme ich denn dazu, meine komplette Vermögenslage vor dir auszubreiten? Sucht ihr jetzt einen Pächter für eine umsatzschwache, im Nebenerwerb zu betreibende Kleinkantine oder nicht? Sagt mir, welche Nachweise ich zu bringen habe, die liefere ich, der Rest ist meine Angelegenheit! Und was sollte das mit der Preiskalkulation? Eine halbe Stunde vorher habe ich euch mein Kalkulationsschema vorgestellt und musste mir anhören, dass der aktuelle Pächter (dessen Umsätze

in den Keller gesunken waren, der die Niedrigpreispolitik der Bundeswehr bejammerte und mangels Gewinnaussichten den Betrieb einstellen wollte) den Kaffee für nur 0,30 Euro ausschenken würde (kein Wunder, bei der Brühe), was ja eigentlich ausreichend sein müsste.‹ Kein Wort drang über meine Lippen. Ich dankte freundlich für das Angebot und erklärte mich zu einem entsprechenden Gespräch bereit, an dem sicherlich auch meine langjährige Steuerberaterin, die meinen vorherigen Businessplan geprüft hatte, gerne unterstützend teilnehmen würde.

»Und Sie wollen wirklich keine Currywurst oder Fleischkäse für den Hunger zwischendurch anbieten?«

»Ich möchte Ihnen lieber sowohl qualitative als auch geschmacklich sehr wertvolle Alternativen anbieten.«

Knapp vier Wochen später kam die Entscheidung. Man dankte mir für mein Angebot, hätte aber nach eingehender Beratung einem anderen Interessenten den Vorzug gegeben. Wie ich später in Erfahrung bringen konnte, hatten sich die Unkenrufe bestätigt. Jägerschnitzel und Fertigprodukte aus der Tiefkühltruhe hatten gewonnen. So viel zum ausdrücklichen Wunsch der Bundeswehr nach einem ausgewogenen Angebot unter Berücksichtigung ernährungsphysiologischer Erkenntnisse. Es lebe die Currywurst.

DIE MOBILE KAFFEEBAR

Die anfängliche Enttäuschung wich recht schnell der Erleichterung. Durch den geplanten Campusausbau sollte die Standortstärke nach und nach auf 500 Personen steigen. Nüchtern betrachtet hätte ich mich früher oder später entweder von meiner Idee der stets frischen (und zeitintensiven) Zubereitung ohne industrielle Helferlein wie Fertigprodukte und Tiefkühlware verabschieden müssen, um diese Mengen zu bewältigen oder aber zusätzliches motiviertes und zeitlich flexibles Personal engagieren. Beides hätte mir Bauchschmerzen bereitet. Denn bislang war es mir ja nicht wirklich geglückt, Mitarbeiter zu finden, die meine Begeisterung dauerhaft teilen wollten. Beim ersten Müdigkeitsanfall, Zwicken in den Gelenken oder einem Anflug von Kopfschmerz einst biobegeisterter Hobbyküchenenthusiasten verabschiedeten diese sich zumeist mit schwacher Stimme aufs Krankenlager oder suchten sich umgehend weniger arbeitsintensive Beschäftigungen. Da hätte es schon einen Teilhaber gebraucht, der sich, ebenso wie ich, eher für eine Idee begeistern konnte, anstatt einen kontinuierlich wachsenden Goldtalerberg vor Augen zu haben. Aber Idealisten sind nun einmal nicht leicht zu finden. Also weitermachen. Genug zu tun gab es ja, auch die Kreativität ging mir nicht aus. Der Frühlings-Saisonkalender bescherte mir jede Menge toller Früchtchen, so dass ich mich wieder ausgiebig der Marmeladen- und Chutney-Produktion widmete. Immer neue Aromaspiele erfreuten auch meine Stammkunden.

Inmitten meines Frühlingselans begegnete mir ein weiterer Aromaidealist; mit mobiler Kaffeebar und dem Wunsch nach einem eigenen Café. Kaum zu glauben, endlich hatte ich meinen Wunsch-Untermieter gefunden. Schnell einigten wir uns auf einen fairen Mietbeitrag. Niklas konnte im vorderen Ladenbereich seine Kaffeebar aufbauen, den kompletten Gastraum inklusive der Außenbestuhlung (für die ich eine jährliche Gebühr an die Stadtverwaltung abführen musste) zur Bewirtung seiner Gäste nutzen, eines meiner Regale mit seinen selbstgerösteten Kaffeesorten befüllen und diesen Verkaufsumsatz, sowie den durch den Kaffeeausschank erzielten, alleine einnehmen. Backwaren, Mittagstisch, kalte Getränke und mein übriges Ladensortiment blieben bei mir. Bei etwaigen Kaffee-Veranstaltungen sollte er mir lediglich noch einen kleinen Obolus für meinen eigenen Zeitaufwand

(Umbau, Aufräumen, Reinigen) abtreten. Den zusätzlichen Energie- und Wasserverbrauch durch den Betrieb der Kaffeebar sowie das Spülen übernahm ich. Insgesamt hatte Niklas etwa ein Drittel meiner Miete zu zahlen. Die ersten 14 Tage konnte er den Laden mietfrei nutzen und auch ein Eröffnungsevent durchführen. Mit null Investitionskosten konnte er sich vollständig auf seinen geliebten Kaffee konzentrieren, musste sich lediglich um die eigene Werbung und den Aufbau seines Kundenkreises kümmern. Der fällt einem allerdings nicht in den Schoß.

Was er nicht bedacht und wozu er anscheinend auch überhaupt keine Lust hatte. Nach dem stark besuchten Eröffnungsevent war es auch schon vorbei mit dem Kundenstrom. Und nach den ersten zwei mietfreien Wochen auch mit der Begeisterung des Kaffeebarbetreibers. Er kam und ging wie es ihm gerade einfiel. Fragte der erste morgendliche Kaffeeliebhaber nach einem schmackhaften Koffein-Booster, passierte es mit zunehmender Regelmäßigkeit, dass ich diesem entweder nur einen Kaffee aus meinem Reserve-Vollautomaten anstatt aus Niklas' italienischem Luxus-Siebträger (den ich nicht anfassen durfte) anbieten konnte oder auf später vertrösten musste, wenn der Kaffee-Maestro geruhte, seinen Arbeitstag zu beginnen. Überflüssig zu erwähnen, dass diese Kunden es vorzogen, das Café ein paar Häuser weiter aufzusuchen, wo sie garantiert mit Beginn der Öffnungszeiten ihren Kaffeedurst stillen konnten. War Niklas dann anwesend, wartete er tatenlos auf Kunden. Beim immer schöner werdenden Wetter saß er vorzugsweise draußen und belagerte den einen der beiden Tische. Wollten mehr als zwei Gäste dann in der Sonne sitzen, hatten sie Pech und mussten sich mit den Plätzen im Innenraum begnügen. Manchmal ging er auch einfach spazieren. Kam dann jemand mit Kaffeewünschen, scannte ich mit Adlerblick die Straße nach ihm ab und versuchte, ihn mit Winksignalen zurückzuordern. Es kam vor, dass ich mich gleichzeitig um Kundenberatung und die Mittagsgäste an den zu meiner großen Freude voll besetzten Tischen kümmern musste, während er, so lange niemand Kaffee bestellte, ungerührt seine Facebook-Freundschaften pflegte. Was ging ihn der Rest des Ladensortiments oder die Kundschaft an? Möglicherweise war er Teamarbeit ja auch nicht gewohnt …

An einem wetterunbeständigen Tag saß er, ins Gespräch mit seiner Mutter vertieft, im Laden, während ich in der Küche vor mich hin werkelte. Plötzlich stellte ich fest, dass es begonnen hatte, in Strömen zu regnen. Während Niklas keinerlei Anstalten unternahm, sein Gespräch kurz zu unterbrechen

und die Polster draußen vor der Regenflut zu retten, ließ ich wütend Küche Küche sein und stürzte an den beiden vorbei, um alles zusammenzuräumen und auch die Markise einzuziehen. Natürlich kann man während einer Unterhaltung seine Umwelt kurzzeitig vergessen. Aber meine Rettungsaktion war nicht zu übersehen – einfach mal mit anpacken? Fehlanzeige. Herrje, wie kann man so phlegmatisch sein?

Der Wonnemonat Mai hatte begonnen, Niklas' erste Miete war fällig. War sie auch immer noch nach Ablauf der ersten Woche. Und der zweiten. Mit beginnender Zahlungsverpflichtung war Niklas' Laune endgültig dahin, ebenso näherte sich meine Geduld dem Nullpunkt. Ich machte ihm unmissverständlich deutlich, dass ich nicht bereit war, weiterhin auf seinen Anteil zu warten. Schließlich kam die Miete und kurz darauf auch seine Mutter.

Die erklärte mir mit tränenerstickter Stimme, dass es ihrem achtundzwanzigjährigen Sohn gar nicht gut ginge, dass er unglücklich und sie deshalb in großer Sorge um ihn sei. Es ginge ihm genauso schlecht wie nach seinem ersten und zweiten abgebrochenen Studium. Kurz und gut, ich sollte bitte akzeptieren, dass er keine weiteren Mieten zahlen würde. Die Straßenlage für sein Kaffeeangebot sei schlecht, das würde er ohnehin nicht schaffen.

»Sie wissen aber schon, dass wir einen Mietvertrag abgeschlossen haben? Die Kündigungsfrist beträgt drei Monate. Wenn er aufhören will, was er mir bislang nicht mitgeteilt hat, steht es ihm frei, zum nächsten Termin zu kündigen.«

»Er hat nichts zu Ihnen gesagt, weil er sich nicht traut. Aber Sie dürfen ihm auf keinen Fall sagen, dass ich jetzt mit Ihnen spreche.«

Das wurde ja immer besser. Ungläubiges Staunen meinerseits: »Wieso traut er sich denn nicht?«

»Er ist so. So war er schon immer. Schon als Kind. Er hat Probleme.«

Aha.

»Die haben ihn aber nicht davon abgehalten, schon Monate vor unserer Zusammenarbeit nach Räumen für ein Café zu suchen, darüber hinaus ein Gewerbe als Kaffeeröster zu gründen und sich eine mobile Kaffeebar anzuschaffen, mit der er auch bereits auf etlichen Veranstaltungen in der Region seinen Kaffee zubereitete. Oder?«

»Jaja, das stimmt, aber er kann das eben nicht. Er ist zu sensibel.«

War das jetzt die Meinung der besorgten Mutter oder ihres unglücklichen Sohnes eigene Erkenntnis?

»Hat er Ihnen das so gesagt?«

»Nein! Das würde er nie sagen. Aber als Mutter weiß ich das. Sie haben wohl keine Kinder? Und das Geld für die Miete musste ich ihm geben, er kann das ja gar nicht bezahlen. Außerdem ist die Miete ohnehin viel zu hoch. Und das sind ja auch nicht die Kunden, die er braucht.«

So langsam wurde ich ungehalten.

»Wie kommen Sie denn darauf, dass die Miete viel zu hoch ist? Die war ihm doch lange vorher bekannt und wurde zu keinem Zeitpunkt beanstandet. Und was stimmt nicht mit den Kunden hier? Sind doch alles angenehme Leute!?«

Mit leichter Empörung eröffnete sie mir: »Das ist doch insgesamt viel zu viel für einen so jungen Menschen. Wie soll er denn da jemals auf einen grünen Zweig kommen? Sie können doch nicht allen Ernstes verlangen, dass er 500 Euro für seine kleine Ecke bezahlt? Und was soll er denn mit all diesen Steuerberatern und Hausfrauen, die hier vorbeikommen? Er sucht doch ein wesentlich jüngeres Publikum, Studenten und so. Das müssen Sie doch einsehen!«

Wieso sollte ich das einsehen? Vor Abschluss des Mietvertrags hatte Niklas sich über mehrere Wochen hinweg immer wieder in der Aroma Station getummelt, sich einen Eindruck über das Geschehen verschafft, sogar einen Termin mit mir bei der Steuerberaterin wahrgenommen, bei dem alle Kosten offengelegt wurden. Und was sollte das Gerede von einer kleinen Ecke, wenn er doch den gesamten Laden nutzte, keine zusätzlichen Energiekosten zahlte und sogar noch sein Geschirr gespült wurde?

»Ich glaube nicht, dass wir das jetzt weiter diskutieren müssen. Wie gesagt, es gibt einen Mietvertrag, zu dem Niklas niemals gezwungen wurde. Wenn er aufhören will, nachdem er nun gerade mal vier Wochen hier ist, von denen er noch dazu zwei Wochen kostenfrei nutzen konnte, und sich ansonsten nicht gerade überarbeitet hat, dann soll er eben kündigen. Die Kündigungsfrist beträgt drei Monate, wie er sehr wohl weiß. Seine Entscheidung. Mit Ihnen kann und will ich das nicht besprechen. Schon gar nicht in aller Heimlichkeit, weil er ja nichts davon wissen darf.«

Damit war das Gespräch für mich beendet. Ich drehte mich um und verschwand in der Küche, wo ich erst einmal versuchte, meinen mühsam beherrschten Zorn in den Griff zu bekommen, hierfür wild irgendwelches Geschirr herumräumte und vor mich hin murmelte. Die besorgte Mutter trocknete ihre Tränen und gesellte sich wieder zu ihrem Sohn, der so tat, als hätte er nichts bemerkt.

DIE KAFFEEBAR ZIEHT WEITER

Natürlich hatte Niklas unser Gespräch mitbekommen, doch ich unternahm zunächst nichts. Warum auch? Allerdings war die Stimmung nun wirklich schlecht. Man konnte die Anspannung förmlich knistern hören und ein Gewitter braute sich zusammen. Das entlud sich einige Tage später. Jeder ging seinen eigenen Aktivitäten nach, kramte schweigend vor sich hin. In gewohnter Manier kümmerte sich Niklas ausschließlich um seine eigenen Gäste und ignorierte andere kaufwillige oder hungrige Kunden gekonnt, hatte er erst festgestellt, dass diese keine speziellen Kaffeewünsche hegten. An einem Freitagnachmittag saßen Bekannte von ihm bei schönstem Wetter in Fensternähe, unterhielten sich angeregt und genossen ihren Espresso, Latte und Cappuccino. Irgendwann war Niklas verschwunden. Als die Tassen geleert und der Gesprächsstoff ausgegangen war, wollten auch seine Bekannten gehen und riefen mich zwecks Begleichung ihrer Zeche. Niklas konnte ich nicht finden, sein Wechselgeld auch nicht, also rechnete ich über meine Kasse ab und zählte dann seinen Umsatz wieder heraus. Da er auch eine halbe Stunde später noch nicht wieder aufgetaucht war, beäugte ich misstrauisch seine Kaffeebar und fand sie aufgeräumt und für den nächsten Tag gesäubert vor. Ich war platt – er schien einfach gegangen zu sein! Oder doch nicht? Spazieren? Ich sandte ihm eine SMS: »Bist du gegangen?«

Kurze Antwort: »Bin mit Sergej beim Schlossfest, wir haben dort einen Kaffeestand. Bin am Dienstag wieder da.«

»Und wieso haust du einfach ohne ein Wort ab? Kann ich doch nicht ahnen.«

»Seit wann muss ich mich bei dir abmelden? Geht's noch?«

Jetzt hatte ich genug. Ich schrieb am Wochenende die fristgerechte Kündigung und überreichte sie ihm dienstags.

»Klar kannst du mir eine Kündigung schreiben, aber das ist mir egal. Ich höre sowieso am Monatsende auf«, reagierte er schnippisch darauf.

»Am Ende dieses Monats?«

»Logisch. Meine Mutter hat dir doch schon gesagt, dass ich keine Miete mehr zahle.«

»Was mir deine Mutter erzählte oder auch nicht, ist doch völlig egal. Wir haben einen Mietvertrag und darin unter anderem die Kündigungsfrist festgelegt. Den haben wir beide unterschrieben.«

»Mir egal.«

»Mir aber nicht. Das heißt, es ist mir egal, ob du über diesen Monat hinaus noch kommst oder nicht, aber die Miete musst du zahlen. Muss ich schließlich auch.«

»Mir egal. Ich höre zum Monatsende auf, habe andere Pläne.«

Ich spürte, wie sich mein Inneres der Kernschmelze näherte, beherrschte mich aber.

»Ich sage es dir noch einmal. Wir haben einen Mietvertrag. Eine Kündigung von deiner Seite liegt mir nicht vor.«

»Du willst eine Kündigung? Kein Problem, schicke ich dir. Und es bleibt dabei, Monatsende und keinen Tag länger.«

Am nächsten Tag fand ich seine Kündigung zum Monatsende im Briefkasten. Die hatte er anscheinend abends noch eingeworfen. Ich hatte keine Lust mehr auf weitere Auseinandersetzungen, zudem ging er zu einem pampigen Umgang mit Kunden über. Eine junge Frau, die sich etwas ratlos im Laden umschaute, fragte er beispielsweise, ob sie einen Kaffeewunsch habe. Als sie dies verneinte und erklärte, sie suche nach einem Geschenk, ließ er sie stehen mit den Worten, damit habe er nichts zu tun, sie könne ja gucken. Bis ich zu ihr eilen konnte – ich war gerade dabei, Gewürze für einen anderen Kunden abzuwiegen –, war sie auch schon auf Nimmerwiedersehen verschwunden. Also sagte ich mir, dass eine möglichst schnelle Trennung wohl sinnvoller sei, bevor er noch weitere Kunden vergraulte. Ich bot ihm an, seine kurzfristige Kündigung anzunehmen, unter der Bedingung, dass er sofort seinen Kram zusammenpackte und verschwand. Der Monat hatte noch zwei Wochen, aber so lange wollte ich diesen Kindergarten nicht mehr ertragen. Niklas war sofort einverstanden, schaltete seine Kaffeemaschine aus und zog von dannen. Sein Equipment holte er einige Tage später ab.

Etwa drei Wochen später erhielt ich Post von ihm mit der Aufforderung, die Hälfte der Miete (die ja ohnehin verspätet bei mir eingegangen war) an ihn zurückzuzahlen. Schließlich hätte er die Aroma Station ja nicht die komplette Zeit genutzt. In welcher Welt lebte er eigentlich? Natürlich bin ich der Forderung nicht nachgekommen, machte ihn stattdessen höflich da-

rauf aufmerksam, dass es ihm frei stünde, bis zum Ablauf der dreimonati-
gen Kündigungsfrist die Kaffeebar weiter zu betreiben. Es war sein eigener
Wunsch, vor deren Ablauf auszuscheiden, der finanzielle Verlust lag demnach ausschließlich bei mir. Danach ließ er mich in Ruhe und betrieb fortan
seine Kaffeebar auf dem Bahnhofsvorplatz. Endlich hatte er einen stark fre-
quentierten Standort. Ob ihm die Arbeit dann zu viel wurde oder etwas anderes nicht gefiel, weiß ich nicht. Jedenfalls gab er dieses Unterfangen nach
kurzer Zeit wieder auf und flog auch in hohem Bogen aus einem Café, in
dem er als Barista seine Kaffeekreationen anbot. Danach tourte er mit seiner
Kaffeebar unter wechselnden Namensgebungen zu Streetfood-Events und
ähnlichen Veranstaltungen. Vermutlich nach wie vor sponsored by Mama.

WASSER LÄUFT
DOCH NICHT BERGAUF

Am 14.06.2016 war es mal wieder so weit. Zwei Jahre Ruhe, dann meldeten sich die kleinen Monster, die Handwerkerbesuche unerlässlich machten. Diesmal betroffen: der Siphon in der Küche. Genauer gesagt, das Ding, das dafür sorgt, dass das Abwasser aus Waschbecken und Spülmaschine in den Abwasserkanal gelangt und nicht auf den Küchenboden. So geschehen bei mir, natürlich abends, kurz vor 19 Uhr. Fettiges Spülmaschinenwasser. Gut, dass die Sanitärfirma, die sich um alle Sanitärangelegenheiten im Haus kümmerte, einen telefonischen Notdienst hatte. Ich bekam einen Termin am nächsten Morgen um 8 Uhr. Wenn etwas dazwischenkommen sollte, zum Beispiel ein Rohrbruch mit ungeahnten Ausmaßen, dann sollte eine telefonische Info erfolgen. Selbstverständlich! Prima. Boden gewischt, am nächsten Morgen würde repariert werden. Und zwar so früh, dass der Laden pünktlich geöffnet und alle Vorbereitungen bis 10 Uhr abgeschlossen werden konnten.

Wer nicht um 8.30 Uhr hier war, bzw. um 9 Uhr oder gar um 9.15 Uhr, war … der Herr Installateur. Anruf? Bekam ich natürlich nicht. Also habe ich selbst bei der Sanitärfirma angerufen, dem angeschlossenen Anrufbeantworter die Problematik nochmals erklärt und höflich um Rückruf gebeten. Der kam auch eine halbe Stunde später vom netten Chef persönlich: »Ich habe gehört, Sie haben ein Problem mit dem Wasseranschluss?« »Nun, genauer gesagt habe ich ein Problem mit dem Abwasser. Und zwar in meiner gewerblichen Küche. Ich kann nämlich gar kein Wasser laufen lassen, ohne, dass ich es anschließend vom Boden aufwischen darf. Das komplette Wasser! Also das dreckige. Und da das Waschbecken im Bad mit an der Leitung hängt, betrifft es demnach nicht nur Küche mit drei Waschbecken und Spülmaschine, sondern auch das Waschbecken im Bad.« »Ach so?« Raschel, raschel, räusper. »Die Monteure kommen gleich, fahren gerade aus Käfertal weg und sind in 20 Minuten da.« Also um ca. 10 Uhr, pünktlich zur Ladenöffnung. »Ich habe doch gestern Abend extra mit Ihrem Notdienstmonteur einen Termin für 8.30 Uhr vereinbart, warum kam denn niemand?!«

»Das ging doch gar nicht, der hatte um 8.30 Uhr schon einen anderen Termin im Kalender.«

»Und warum hat er mich dann nicht informiert? Er hat doch extra noch die Mobilnummer notiert?«

»Ääääh.«

»20 Minuten?«

»Spätestens!«

Wer war nicht um 10 Uhr da? Dafür dann um 10.30 Uhr.

Vor Ort meinte der Monteur mit nachsichtigem Grinsen: »Bei Ihnen funktioniert der Abfluss nicht?«

»Das ist die vereinfachte Version. Schauen Sie sich die Bescherung bitte selbst an.« Wir krabbelten gemeinsam unter den Spültisch, ich zeigte ihm den Übeltäter-Siphon. Zwischen diesem und dem Abwasserplastikrohr klaffte eine Riesenlücke.

Der Monteur mit Kennerblick: »Der Siphon ist ab.«

»Ja, das habe ich auch festgestellt.«

»Ist die Leitung denn verstopft, dass das passiert ist?«

»Keine Ahnung. Ich habe lediglich mehrere Liter Abwasser aufgewischt und mich der Wasserspur entlang zur Ursache hin gearbeitet. Ich sehe nur, das Ding ist ab und das Wasser läuft in den Raum.«

»Schon länger?«

Ich konnte mir gerade noch eine unpassende Antwort verkneifen. »Nein, erst seit gestern Abend. Deshalb habe ich auch Ihren Notdienst angerufen, der ja eigentlich schon vor zwei Stunden da sein wollte …«

Unverständliches Brummen, genaue Prüfung der Leitungsverhältnisse und dann stieß er ein geschocktes »Ach Gott, was haben Sie denn da gemacht? Wasser läuft doch nicht bergauf!« aus und zeigte auf das Rohrgeflecht.

Nun wurde ich doch ein bisschen sauer: »Ich habe hier gar nichts gemacht. Sie selbst haben doch vor zwei Jahren die gesamte Installation durchgeführt.«

»Wer?«

»Na Sie! Ihre Firma! Konkret, Ihr Chef.« Schweigen.

Eine halbe Stunde und einige lautstarke Schimpfworte später war der Schaden behoben, ich darüber aufgeklärt, dass man eigentlich die Wand hätte öffnen und die Wasserleitung komplett anders hätte verlegen müssen, weil das ja viel zu viel Gewicht sei und deswegen die Schläuche durchhingen

bzw. abfielen, aber da der Chef das ja nun mal so gemacht hatte, habe er, der Monteur vor Ort, nun mit Kabelbindern alles wieder befestigt.

»Das hält jetzt erst mal, wird aber irgendwann wieder Probleme verursachen.«

»Was für Probleme?«

»Verstopfung.«

»Wie bitte!?«

»Ja, da wird Ihnen irgendwann halt das ganze Abwasser aus dem Waschbecken hochlaufen.«

Gut, dass es sich um ein wirklich großes und tiefes Becken handelte. Aber da soll noch einmal jemand behaupten, dass Wasser nicht bergauf laufen kann …

UND NOCH EINE KAFFEEBAR

Der Sommer dümpelte vor sich hin, ich begann, den Immobilienmarkt zu inspizieren. Womöglich konnte ein Umzug in eine stärker frequentierte Gegend oder in ein kleineres, dafür deutlich billigeres Ladenlokal meine kränkliche Finanzsituation verbessern. Angebote gab es en masse. Und alle mit Häkchen und Haken. Entweder war Gastronomie ausgeschlossen oder die Räume ausschließlich für Gastronomie, nicht aber für den Einzelhandel geeignet, dann wieder zu weit abgelegen oder zu teuer. Nachdem ich sämtliche von ihren Besitzern aufgegebenen Räumlichkeiten für Abholpizza, Spelunken mit Spielautomaten, Friseur- und Tattoostudios, Lokalitäten in Gewerbegebieten mit LKW-Stellplätzen und unbezahlbare Geschäfte in 1A-Lage gründlich studiert hatte, blieb nichts mehr übrig. Also den Radius erweitern? Immerhin mussten auch Wegzeiten bei meinen langen Arbeitstagen und der logistische Aufwand für Einkäufe einkalkuliert werden. Dennoch schaute ich ins benachbarte Ludwigshafen, wo die Mieten deutlich niedriger waren (nicht verwunderlich, da die Stadt immer armseliger wurde). Tatsächlich entdeckte ich ein wunderbar geeignetes Objekt inmitten eines niveauvollen Stadtteils, den überwiegend junge Familien und Besserverdienende bevölkerten, gegenüber einem nagelneuen Bürogebäude eines namhaften chemischen Unternehmens gelegen. Mit überdachtem Vorplatz

und großen Fensterfronten. Neubau, keine zugigen Fenster und Türen. Perfekt für mich. Dachte auch der Immobilienmakler, nicht aber die Eigentümer. Die wären mit Einzelhandel eventuell noch unter Bauchschmerzen einverstanden gewesen, erlaubten aber keine Bestuhlung oder Werbeschilder vor der Ladentür. Gastronomische Angebote, und seien es nur Kaffee und Kuchen, Sandwiches oder Eis, lehnten sie ebenfalls ab. Am besten komplett unsichtbar, völlig geräuschlos und natürlich frei von etwaigen Zubereitungsduftwölkchen bleiben. Eigentlich wollten sie nur an ein Büro vermieten. Kein Geschirrklappern, keine Kaffee- oder Essensdüfte und schon gar keine störenden Kunden. Vermutlich war dies der Grund, warum die Räume bereits seit Monaten leer standen, trotz der begehrten Lage. Standen sie übrigens auch noch Monate nach meinen erfolglosen Überredungsversuchen. Ein anderes Objekt lag inmitten der Fußgängerzone und wurde zu einem Spottpreis angeboten. Als Ortskundige musste ich nicht lange darüber nachdenken. So groß konnte meine Verzweiflung gar nicht sein, dass ich mich darauf eingelassen hätte. Die Innenstadt war schon lange wie leer gefegt, die ehemals fröhlich plätschernden Brunnen aus Kostengründen außer Betrieb, die Hälfte aller Geschäfte stand entweder leer oder beherbergte wechselnde Ein-Euro-Shops. Der früher einmal sandsteinrote Belag des Bürgerhofs war mittlerweile kostengünstigem Betonpflaster in tristem Grau gewichen, die Bäumchen entsorgt und ein einsames, fest montiertes Metall-Schaukelpferd leistete der ebenfalls einsamen, diebstahlgesicherten Parkbank ohne Komfort Gesellschaft in ihrer grauen Tristesse. Von Umbau und Abriss war die Rede. Auch die Stadtreinigung schien ihrer Aufgabe kaum nachzukommen. An windigen Tagen fühlte man sich an deprimierende Western erinnert. Nur, dass hier keine Büsche durch die Gegend kullerten, sondern Plastiktüten und Fast-Food-Verpackungen. Wer sollte sich hier für exklusive Feinkost aus kleinen Manufakturen und handgefertigte vegetarische Köstlichkeiten interessieren? Weit und breit kein Mensch zu sehen.

Blieb noch eine Art Kiosk in einem anderen Ludwigshafener Stadtteil, das sich in unmittelbarer Nähe zu einem Krankenhaus befand. Pia wohnte nicht sehr weit davon entfernt und nahm es in Augenschein. Ihre nüchterne Beschreibung einer Abrissbude, vor der sich gehfähige Patienten in Nylon-Jogginghosen, Kompressionsstrümpfen und Badelatschen tummelten, um eine Flasche Bier und eine heimliche Zigarette zu konsumieren, schien mir auch recht weit von meiner Zielgruppe und meinem Sortiment zu liegen. Wollte ich mich nicht auf Klatschzeitschriften, Lotto und Würstchen

mit Senf fokussieren, war das nicht der passende Ort für mich, niedrige Miete hin oder her.

Eines Tages traf ich mich mit Martin, der in einem anderen Stadtteil in einem ehemaligen, ziemlich heruntergekommenen Imbisslokal, das er in mühevoller Eigenleistung für seine Zwecke umgebaut hatte, Tempeh herstellte. Seine Kreationen aus Soja, Kichererbsen und schwarzen Bohnen verkaufte er auf einem Heidelberger Wochenmarkt, bei Streetfood-Festivals und an kleine Bioläden wie die Aroma Station. Es lief nicht gut für ihn. Zwar hatte er sich in der veganen Szene einen hervorragenden Ruf erarbeitet, doch kämpfte er mit ähnlichen Problemen wie ich: Zu viel Arbeit im Verhältnis zu seiner kleinen Zielgruppe, und der Umsatz war einfach nicht ausreichend, um die nötigen Gewinne zum Erhalt seiner Manufaktur oder gar deren Ausbau zu erwirtschaften. Wir hatten schon einmal überlegt, ob er seine Herstellung zu mir verlegen könnte, aber meine Räume entsprachen nicht den notwendigen Produktionsanforderungen und ließen sich auch nicht dahingehend anpassen. Nun nahmen wir also seine Räumlichkeiten genauer unter die Lupe. Waren sie vielleicht geeignet, um die Tempeh-Manufaktur mit meinem Angebot zu verbinden? Der Gedanke war verlockend. Beide hätten wir nur noch einen Bruchteil unserer aktuellen Kosten aufbringen müssen, auch eine Arbeitsteilung schien in greifbarer Nähe. Aber man konnte es drehen und wenden wie man wollte, das konnte einfach nichts werden. Es handelte sich nun einmal um ein auf Schnellimbiss ausgelegtes Ladenlokal. Minimale Fläche für den Kundenverkehr, gerade ausreichend für eine Abholtheke. Wo sollte man hier noch Regale mit einem Verkaufssortiment unterbringen? Im hinteren Bereich befand sich eine große Küche samt Lagerraum, in der man nach einigen atmosphärischen Veränderungen sogar Kochevents durchführen könnte – leider jedoch nur in der Theorie. Wegen der strengen hygienischen Produktionsvorschriften war dies schlicht und ergreifend nicht zu realisieren.

Das Ganze inmitten eines riesigen Baustellenareals, denn hier wurde ein ganzes Stadtviertel neu hochgezogen. Aktuell bestand das Schmuckstück in spe aus Bauzäunen, Häusergerippen, Brachflächen und Baustellencontainern so weit das Auge reichte. Es würde sicherlich noch etwa zwei Jahre dauern, bis sich überhaupt eine Menschenseele, abgesehen von den Bauarbeitern, die aber garantiert kein Interesse an hochwertiger vegetarischer Küche und ausgesuchter Feinkost hatten, hierhin verirren würde. Auch die Überlegung, gemeinsam etwas anderes zu suchen, brachte uns nicht weiter.

Martin hatte viel Zeit und Geld in den Umbau der Küche zu einem Produktionsraum gesteckt. Ein Neuanfang an anderer Stelle wäre viel zu teuer geworden. Schade.

Sollte ich selbst eine Anzeige aufgeben? Aber was wollte ich suchen – einen Untermieter mit Kaffeebar? Einen Untermieter mit eigenem Ladensortiment, während ich mich auf Mittagstisch, Catering und Kochevents konzentrierte? Oder einen Koch, der das gastronomische Angebot in Eigenregie verantwortete und ich nur noch die Ladenregale mit eigenen Produkten füllte?

In diese Überlegungen flatterte eines schönen Tages Britta hinein. Sie dachte eigentlich, Niklas mit seiner nicht mehr vorhandenen Kaffeebar anzutreffen und überreden zu können, sie in das Barista-Handwerk hineinschnuppern zu lassen. Denn Britta hatte vor gut zwei Jahren ihren Job als Krankenschwester an den Nagel gehängt und lebte seither vom Erbe ihrer Eltern. Dieses hatte es ihr ermöglicht, eine Weile in einer Kommunität zu verbringen, vier Wochen lang den Jakobsweg mit dem Ziel der Selbstfindung entlang zu pilgern und sich in verschiedenen Berufen auszuprobieren. Nachdem sie erkannt hatte, dass das Handwerk einer Floristin nicht das Richtige für sie war, entdeckte sie ihre Leidenschaft für Kaffee. Sie hatte diverse Messen und Schulungen besucht und träumte davon, eine eigene Kaffeebar zu eröffnen. Ihr Ziel war eigentlich ein Unterfangen im Starbucks-Stil, jedoch mit Kaffee aus besonderen Röstungen. Sie hatte eine Weile in einem Heidelberger Café gearbeitet, sah sich jedoch nicht mehr in einem Arbeitsverhältnis mit einem Chef, der die Richtung vorgab. Sie wollte jetzt, mit 58 Jahren, endlich etwas Eigenes kreieren.

Ich bot ihr an, ihren Traumberuf in meinen Räumen auszuüben. Eine Wiederauflage von Niklas' Kaffeebar, wobei ich das gleiche Dilemma nicht noch einmal erleben wollte. Ich beschrieb ihr also haarklein, welche Geschäftslage sie hier erwartete und verschwieg auch nicht, dass sie hart daran arbeiten müsste, einen eigenen Kundenkreis aufzubauen. Um mit ihrer Selbstständigkeit Gewinne erzielen zu können, wäre eine mindestens einjährige Anlaufzeit realistisch, zudem würde der Kaffeeausschank hierfür sicherlich nicht ausreichen. Sinnvoll wären der zusätzliche Verkauf von Kaffeebohnen, Kaffeezubehör sowie die Durchführung von Kaffee-Events und Aktionen, für die ich meine Mitarbeit anbot. Zwei solcher Aktionen hatte ich ohnehin bereits mit Isabella, meiner Kaffeelieferantin, in Planung. Kaffee für den Ausschank und den Verkauf konnte Britta von dieser als Kom-

missionsware beziehen, ebenso verschiedenes Kaffeezubehör, für das noch Umsatzprovisionen gezahlt würden. Da ich ja wusste, dass sie eigentlich über eine Kaffeebar größeren Umfangs nachdachte und ihr diesen Wunsch nicht durch eine längerfristige Vertragsbindung zunichtemachen wollte, bot ich ihr eine Kündigungsfrist von nur einem Monat an. Würde sie urplötzlich die Räume ihrer geheimen Sehnsüchte entdecken, müsste sie diese Träume nicht wegen mir begraben, sondern könnte recht flott mit ihrer Kaffeebar umziehen und diese entsprechend erweitern. Bis dahin hätte sie Erfahrungen gesammelt, ohne sofort allzu große Investitionen tätigen zu müssen. Mir schien das Risiko dieser kurzfristigen Kündigungsmöglichkeit relativ gering, wusste ich doch, wie schwer es war, passende Räume überhaupt zu finden. Hätte ich nur geahnt, was auf mich zukam …

DAS CAFÉ, DAS ES NICHT GIBT

Zunächst erwarteten mich jede Menge Wirbel und hektische Aktivität. Britta hatte das Geschehen vor Ort ausgiebig betrachtet und sich dann recht bald für ihr Abenteuer Kaffeebar in der Aroma Station entschieden. Starten wollte sie Mitte September. Ich plante zwei Wochen Betriebsferien im August – meine ersten freien Tage seit Weihnachten –, bot ihr aber an, bei Bedarf einmal einen Tag zu kommen, sollte etwas auszumessen sein, was nicht auf September verschoben werden konnte. Mittlerweile habe ich hoffentlich dazugelernt und werde auf derartige Offerten künftig verzichten. Denn letzten Endes verbrachte ich nahezu eine Woche mit Britta vor Ort, Zollstock schwingend oder diverse Möbelteile entgegennehmend, Pläne begutachtend und mich wundernd, was eigentlich so kompliziert war an einer knapp zwei Meter langen Theke an einem fest definierten Platz. Schon war sie dahin, die so dringend benötigte Erholung und Freizeit.

Ab dem ersten September hatte ich wieder geöffnet und prompt musste ich ein weiteres Wochenende im Laden anstatt auf der heimischen Dachterrasse verbringen, da nun Brittas Schreiner die Theke zusammenbaute. Als ich dann auch noch ihre Kaffeemaschine und -mühle nach Ladenschluss entgegennehmen und den Testlauf abwarten sollte, streikte ich. Ich machte ihr

klar, dass zwischen 10 Uhr und 19 Uhr für jeden Lieferanten und Monteur ausreichend Zeit war, sich um das Equipment und seine Funktionsfähigkeit zu kümmern. Außerdem wollte sie doch ohnehin erst Mitte September starten. Wozu also mir schon vorher wochenlang mein Programm durcheinanderbringen?

Doch es half alles nichts. Der Monteur ihres Vertrauens erschien an einem Termin seines und nicht meines Wunsches, und zwar nach Erledigung seiner hauptsächlichen Tätigkeit (also nach meinem Ladenschluss) – sie hatte sich ausgerechnet jemanden ausgesucht, der Kaffeemaschinen & Co nur nebenbei vertrieb und zum Laufen brachte. Nachdem alles aufgebaut und meine Geduld arg strapaziert war, lebte sich die unbemannte Kaffeebar in aller Ruhe an ihrem Plätzchen ein und wurde von meinen Kunden ausgiebig bestaunt. Kaffee gab es dort die nächsten zwei Wochen nicht, Britta startete ja erst am 15. und nutzte die Zeit davor für einen Messebesuch in Hamburg und zur Erholung von der ersten Selbstständigkeitsaufregung. Diese Nervenbesänftigung hatte sie auch dringend nötig, plante sie doch – ohne mein Wissen – eine große Einweihungsparty mit Freunden, Familie und dem Filmteam einer Werbeagentur, das der Meinung war, sie hätte ein neues Café eröffnet. Einigermaßen erstaunt nahmen die Werbeyoungster zur Kenntnis, dass es sich um meinen Laden handelte und Britta lediglich den Kaffeeausschank darin betrieb. Mittlerweile waren in der gesamten Nachbarschaft Flyer zur Neueröffnung des »Kleinen Café Aroma« verteilt, auf dessen Suche sich daraufhin einige Leute begaben, allerdings vergeblich. Wie denn auch? Es existierte ja nicht. Begriffen hat Britta das übrigens zu keinem Zeitpunkt. Ich konnte ihr hundertfach erklären, dass ihre Druckerzeugnisse in dieser Darstellungsweise genauso wenig hilfreich waren wie ihre Homepage (die sie nie pflegte) – überall war die Rede vom »Kleinen Café Aroma« mit Adresse der Aroma Station, die ihrerseits natürlich mit Ladenschild genau dort zu finden war. Aber wo befand sich das »Kleine Café Aroma«? Fragte jemand im Laden, verwies ich auf die darin befindliche Kaffeebar (beziehungsweise Kaffeetheke), was großes Erstaunen bei jedem Café-Suchenden auslöste.

Eine vernünftige Antwort auf Fragen wie »Warum schreiben Sie denn nicht gleich, dass Sie die Aroma Station meinen? Die kenne ich. Ah, Sie haben wieder eine Kaffeebar darin!« konnte ich nicht geben, ohne Brittas merkwürdiges Verständnis von einer mobilen Kaffeebar in einem bestehenden Laden offenzulegen. Eine absurde Situation.

VON NICHTS KOMMT NICHTS

Man könnte auch sagen, »Ohne Fleiß kein Preis«. Wer eine andere Perspektive einnimmt, kontert eher mit einem »in der Ruhe liegt die Kraft« oder »Eile mit Weile«. Die Wahrheit liegt vermutlich in der Mitte.

Britta befand sich in einer Zwickmühle. Einerseits war sie voller Euphorie für ihr Unterfangen »Kaffee im Café«, andererseits hatte sie Angst vor ihrer eigenen Courage. Einerseits wollte sie Erfolg und Bestätigung, andererseits wollte sie sich dabei nicht überanstrengen. Ihre Idealformel: maximaler Gewinn bei minimalem (Arbeits-)Aufwand, finanzielle Sicherheit in der neuen Selbstständigkeit ohne Verzicht auf Freizeit. Tipps und Hilfestellungen ihrer Mitmenschen lehnte sie ab, sie wollte ihre eigenen Erfahrungen sammeln. Vernetzung und gegenseitige Unterstützung, auch durch Empfehlungen in sozialen Medien, waren ihr fremd. So lieferte ihr beispielsweise die Kaffeelieferantin Isabella den Kaffee und wies auf ihrer Webseite und bei Facebook auf Brittas Kaffeebar hin, was jene erfreute. Sie nahm auch gerne die zur Verfügung gestellten Informationen zu den Kaffeebohnen und deren Röstung entgegen und postete sie auf ihrer spärlich betriebenen Facebook-Seite, nannte aber prinzipiell nicht den Namen ihrer Lieferantin, was diese nun wiederum wenig begeisterte. Ich wies bei meiner Online-Wochenkarte regelmäßig auf Brittas Kaffeeangebote hin, machte auf Aktionen aufmerksam und postete diese auch kontinuierlich bei Facebook. Natürlich mit Hashtag und Link zu ihrer Facebook-Seite. Schließlich sollte eine Win-win-Situation entstehen. Britta hingegen tat nichts dergleichen. Kein Like, kein Link, kein gar nix. Machte man sie auf für sie getätigte Werbung aufmerksam, dankte sie freundlich. Sie war vor allem damit beschäftigt, den optimalen Mahlgrad ihres Kaffees zu eruieren. Okay, das brauchte seine Zeit. Aber ein bisschen flotter in die Puschen konnte sie ja schon mal kommen …

Bereits vor den Sommerferien hatten Isabella und ich ein kleines Kaffee-Event für den Herbst geplant. Wir kannten uns seit meinen Anfangstagen. Kurz nach der Ladeneröffnung spazierte sie herein, schaute sich um und bot mir ihren Kaffee zum Verkauf an. Isabella wohnte um die Ecke, schätzte kurze Wege, Pragmatismus, Fairness, meinen Kuchen und guten Kaffee. Sie bezog ihre Bohnen ausschließlich pestizidfrei und aus direktem

Handel. Es war ihr wichtig, dass die Kaffee-Erlöse den Kleinbauern direkt zukamen und nicht in die Taschen preisdrückender Kaffeemogule wanderten. Sie importierte nur geringe Mengen, die sie bei einem Kaffeeröster ihres Vertrauens in kleinen Chargen und auf schonende Weise verarbeiten ließ. Beide waren wir Einzelkämpferinnen, die sich stets auf dem schmalen Grad zwischen Rentabilität und wirtschaftlichem Desaster bewegten, und wir verstanden uns prächtig. Sie war sich nie zu schade, Kunden nach ihren Wünschen zu fragen, ein Stück Kuchen zu servieren oder dabei zu helfen, einen Kinderwagen die Ladentreppe heraufzumanövrieren, wenn ich mich gerade einmal nicht im vorderen Teil des Ladens befand. Sie packte einfach an. Schon alleine wegen ihrer Uneigennützigkeit und Hilfsbereitschaft ärgerte mich Brittas aufs Nehmen beschränkter Phlegmatismus.

Der Tag des geplanten Events nahte, und wir begannen, den Ablauf und die Arbeitsverteilung festzulegen. Ich würde mich um Kuchen und Gebäck sowie einige Frühstückskleinigkeiten kümmern. Isabella wollte in einem Sandofen Mokka kochen und die Kaffeebohnen hierfür zum Aktionspreis anbieten. Britta lehnte eine Beteiligung ab, ihr war das zu diesem frühen Zeitpunkt ihrer Selbstständigkeit zu anstrengend. Sie wollte sich ausschließlich auf die Zubereitung ihres Kaffees im Super-Siebträger konzentrieren und sich nicht durch eine möglicherweise stark frequentierte Veranstaltung ablenken oder gar zusätzliche Arbeit mit deren Planung aufhalsen lassen. Kein Argument konnte sie überzeugen. Also planten wir ohne sie, sorgten für Werbung, luden Kunden ein, stapelten Kaffee und Dekorationsmaterial in meinem Büro. Ich räumte am Vorabend im Ladenbereich etwas um und kümmerte mich um die Kuchenbäckerei und Frühstücksgestaltung.

Als Isabella dann am Veranstaltungssamstag ihren Ofen aufbaute, mit Sand füllte, die Cezve-Kännchen platzierte, Kaffeegewürz richtete und die Kaffeepäckchen drapierte, bahnte sich Ärger an. Urplötzlich erklärte Britta, dass der Kaffee-Umsatz ja eigentlich ihr zustehe. Isabella sollte gerne kleine Mokka-Kostproben ausschenken, aber den Verkaufserlös der Kaffeebohnen nebst regulärem Kaffee-Ausschank (der durch Isabella keiner Konkurrenz ausgesetzt werden sollte) beanspruchte sie für sich. Das führte natürlich zu hitzigen Diskussionen, schließlich hatte sie sich im Vorfeld ja elegant jeglicher Vorbereitungsarbeit entzogen – jetzt einfach kassieren? Das widersprach jedem Fairness-Gedanken. Isabella gab nach, sie wollte ihren Kaffee verkaufen. Dann eben zähneknirschend auch mit Provisionsabzug

für Britta. Und so geschah es. Isabella machte die Arbeit, informierte und verköstigte die Kunden und Britta kassierte, ohne einen Finger zu rühren. Ich war bitter enttäuscht.

Jedoch hatte ich noch Hoffnung auf Besserung, denn das nächste Event sollte im November folgen. Eine zweitägige Genussmesse im Mannheimer Schloss stand an. Ich wollte die Gelegenheit nutzen und bei dieser Veranstaltung in schönen Barockräumen, die garantiert zahlreiche Besucher anlocken würde, die Aroma Station repräsentieren. Die Option auf einen Stand mit Kaffeespezialitäten, Kuchen und Gebäck hatte ich mir schon vor längerer Zeit gesichert. Und nun gab es sogar eine richtig professionelle und noch dazu mobile Kaffeebar. Zwar ausgesprochen gewichtig, aber das ließe sich doch bestimmt organisieren.

Doch Britta wollte nicht. Keinen Transport, keine zwei Tage Messestand (schon gar nicht am heiligen Wochenende), keinen Trubel, keinen Stress. Es war ihr (wieder einmal bzw. immer noch) schlicht und ergreifend zu viel Arbeit. Den Laden in meiner Abwesenheit alleine führen, wollte sie auch nicht. Und ich wollte nicht auf diese Gelegenheit verzichten. Gut, dass sich Luise Zeit nehmen konnte – sie würde den Laden übernehmen und ich mich mit Isabella ins Messeabenteuer stürzen. Isabella würde ihren Kaffee vermarkten und ich die Aroma Station bekannter machen. Wehe, Britta klagte nun über fehlende Kunden oder zu geringen Umsatz – erste leise Andeutungen hatte ich bereits von ihr gehört. Von nichts kommt nichts, also bitte nicht jammern.

DIEBSTAHL

Die Vorfreude auf das Messe-Ereignis erlitt vorerst einen deutlichen Dämpfer.

Wie üblich erledigte ich mit dem besten Ehemann der Welt an einem Freitagabend, genauer am 28.10.2016, einem Tag, der auf besonders unangenehme Weise in meinem Gedächtnis haften bleiben sollte, den Wocheneinkauf. Ich benötigte neben diversem Putz- und Vorratskram die Zutaten für den Mittagstisch der ersten Novemberwoche, für den ich mir eine mexikanische Tomaten-Bohnen-Suppe, einen chilenischen Kürbiseintopf, Apfel-Crostata

nach einem amerikanischen Rezept und vegane Schokoladenkekse überlegt hatte.

Zunächst lief alles wie geplant. Der Ehemann erschien mit den Transportkisten pünktlich zum Ladenschluss, die Fahrt zum Metro-Markt verlief ohne Probleme, alle Zutaten waren erhältlich, die Schlange an der Kasse überschaubar, die Rückfahrt blieb staufrei. Geparkt wurde in zweiter Reihe, schnell hinein ins Haus – die Haustür stand für Partygäste der Mieter über meinem Laden offen –, durch den unscheinbaren Zugang durchs Treppenhaus in den Laden, Kisten in die Küche, alles aus- und wegräumen. Ein leises Rascheln hörte ich zwar, aber ich ignorierte es, vermutete statisches Knistern oder einen Luftzug. Egal. Raus aus der Küche, vor in den Gastraum, den dort abgestellten Rucksack schnappen und schnell zur Tür hinaus und nach Hause. Hunger.

Doch – wo war der Rucksack? Der RUCKSACK!? Mit Laptop, privatem Geldbeutel (samt der üblichen Ausweise und Papiere) und der Ladenkasse?! In der Küche? Fehlanzeige. Im Büro? Natürlich nicht. Im Auto? Konnte er nicht sein, ich hatte ihn nicht zum Einkauf mitgenommen, hatte lediglich etwas Geld und die Kundenkarte eingesteckt. Der Rest meiner Barschaft befand sich in einem Kassenbeutel im Rucksack, den ich, da war ich sicher, vorne im Gastraum auf meinen Stuhl direkt an der verschlossenen Terrassentür abgestellt hatte. Vor dem Einkauf. Nicht von außen zu sehen, der Rollladen an der Ladentür war herabgelassen. Wir suchten alles vergeblich ab. Es blieb nur eine Möglichkeit: Jemand war nach uns durch den Treppenhauszugang in den Laden gehuscht und hatte, während wir in der Küche fünf Meter dahinter die Einkäufe ausräumten, den Rucksack genommen und sich damit aus dem Staub gemacht. Inklusive der Ladenkasse mit den Einnahmen des Monats, die ich eigentlich am kommenden Morgen aufs Konto einzahlen wollte. Das zuvor vernommene Rascheln fiel mir schlagartig wieder ein. Kein statisches Knistern, kein Luftzug. Ein hundsgemeiner Dieb.

Ich fragte im Restaurant nebenan, ob einer der Mitarbeiter, die oft durch das Treppenhaus zu ihrem Lagerraum eilten, eventuell jemanden gesehen hatte. Bedauerndes Kopfschütteln. Wir fragten die Partygäste vor der Haustür, die aber auch nichts bemerkt haben wollten. Angeblich hatte niemand das Haus betreten oder verlassen. Ich schenkte ihnen keinen Glauben, vermutete den Übeltäter unter ihnen. Wir suchten die Straße ab, in der vagen Hoffnung, der Dieb hätte den Rucksack als unbrauchbar eingestuft und einfach abgelegt

oder sich lediglich einen Scherz erlaubt. Der Rucksack war weg, und auf das zunächst ungläubige Überlegen und Schauen folgten Schaudern, die Erkenntnis über den Verlust und damit auch die Verzweiflung.

Seit Monaten kämpfte ich gegen ein finanzielles Desaster und nun das noch. Ein kompletter Monat weg. Und auch der Geldbeutel, den meine Mutter immer bei sich trug und den ich seit ihrem Tod zwei Jahre zuvor für meine private Barschaft benutzte. Klappte man ihn auf, blickte einem ihr Konterfei entgegen, platziert neben einem Bild meines Ehemannes. Mein Laptop mit sämtlichen Bildern, die ich im Lauf der letzten vier oder fünf Jahre aufgenommen hatte (und die ich, ebenso wie sämtliche anderen Daten darauf, entweder gar nicht oder nur bruchstückhaft – und alles andere als konsequent – anderweitig gesichert hatte). Nicht zu ersetzen ... Nun kamen sie, die Tränen. Eine wahre Sturzflut begleitete uns auf dem Weg zum Polizeipräsidium, wo ich zuvor angerufen und um Rat gebeten hatte. Die EC-Karte ließ ich während der kurzen Autofahrt telefonisch über eine Notrufnummer sperren. Eine sehr einfühlsame und verständnisvolle Beamtin nahm meine Anzeige auf, zählte die Verluste (bestehend aus Ladenkasse und privatem Geldbeutel) zusammen, notierte akribisch den Rucksackinhalt und ließ sich sein Äußeres und die innere Einteilung genau beschreiben. Meinen Verdacht, es könnte sich bei dem Dieb um einen der Partygäste handeln, nahm sie ernst und versprach, sich mit einem Kollegen vor Ort noch einmal umzuschauen. Mehr konnten wir nicht tun und fuhren nach Hause. Der Appetit war mir gründlich vergangen.

Gegen 23 Uhr erreichte mich die telefonische Nachricht der Beamtin, dass mein Rucksack gefunden worden sei und zur Abholung im Polizeipräsidium bereitlag. Eine Dame, die eine Querstraße weiter zur Aroma Station wohnte, hatte ihn an ihrem Hauseingang gefunden und persönlich zur Polizei gebracht. Zwanzig Minuten später presste ich ihn erleichtert an mich, samt Laptop und privatem Geldbeutel. Ausweis und EC-Karten waren darin, auch die beiden Bilder. Das Bargeld fehlte, ebenso der Kassenbeutel mit meinen Ladeneinnahmen. Der Dieb hatte es auf schnelles Geld abgesehen, der Rest interessierte ihn nicht. Die Befragung der Partygäste war (natürlich) ergebnislos verlaufen. Die Beamten hatten die Leute vor der Haustür angesprochen, aber nicht die Feiernden in der Wohnung aufgesucht. Dazu bestand kein hinreichender Verdacht.

Das Geld sah ich nie wieder. Auch die Betriebshaftpflichtversicherung konnte den Schaden nur bedauern, nicht aber regulieren. Es handelte sich schließlich nicht um einen Einbruch. Der Zugang zum Laden durch das Treppenhaus war nicht verschlossen gewesen, auch hatte niemand gewaltsam die Kasse geöffnet. Dafür informierte mich meine Steuerberaterin, dass das Finanzamt den Verlust nicht anerkennen würde. Das Geld war wohl weg, aber die Summe unterlag voll und ganz der Steuerpflicht. Konnte ja jeder kommen und behaupten, er hätte seine Einnahmen verloren. Und so beschlich mich das Gefühl, doppelt geschädigt worden zu sein.

Isabella

DIE ERSTE MESSETEILNAHME

Am 12. und 13.11.2016 fand die Genussmesse »Genuss & Art« im Gartensaal des Mannheimer Schlosses statt, einem der exklusivsten und schönsten Veranstaltungsorte in Mannheim überhaupt. Und die Aroma Station sollte gemeinsam mit Isabella und ihrem tollen Kaffeesortiment vertreten sein. Ein weiteres Ereignis für den stetig wachsenden Erfahrungsschatz, verbunden mit der großen Hoffnung auf zusätzliche Kundengewinnung und einem Umsatzausgleich für den Diebstahl. Tage- und wochenlang hatte ich geplant, verworfen, neu geplant, anders geplant, umgeplant, vorbereitet. Neben unzähligen Plätzchen, für die ich kandierten Ingwer würfelte und getrockneten Lavendel rebelte, diese nach gelungenem Backen dann anschließend abwog, in Tütchen verpackte und mit Etiketten und Schleifchen versah, mussten etliche Kuchen und Torten kreiert werden. Denn an einem Stand für Kaffee und Kuchen spielt Letzterer eine nicht unerhebliche Rolle. Gut zu transportieren musste er sein, von repräsentativem Äußeren, geschmacklich eine Wucht, preislich bitte recht günstig. Hingucker, die man sonst nicht findet.

Die Wahl fiel auf eine Pistazientorte mit Rosen-Mascarpone und Marzipan, verziert mit kleinen getrockneten Röschen und einem Rand aus gehackten Pistazien. Bedenkt man, dass für diese Torte 200 g Pistazien benötigt werden, relativierte sich die Idee »preislich bitte recht günstig« allerdings sehr schnell. 250 g Pistazien kosten über 20 Euro. Rechnet man die anderen Zutaten hinzu, wird schnell klar, dass diese Torte bei einem Preis von 3,20 Euro pro Kuchenstück keinesfalls zum Gewinn beitragen würde. Aber beeindrucken, das konnte sie.

Als nächstes kam ein Pistazienkuchen mit Granatapfelkernen auf die Liste. Den Preis der Pistazien kennen wir ja bereits. Und wer schon einmal versucht hat, dem Granatapfel möglichst klecksfrei seine Kerne zu entreißen, der weiß, wie viel Mühe in diesem Kuchen steckt. Reden wir also auch hier besser nicht über Kosten. Dafür verlieh der Granatapfelkernerand dem Kuchen einen rubinroten Zauber. Unbezahlbar.

Und natürlich durfte auch die französische Himbeertorte mit den unvergleichlichen »Biscuits Rose de Reims« nicht fehlen. Diese zarten Kekse gibt es nur in Frankreich. Sie stammen aus dem Hause Fossier und wurden 1690 erfunden. Bestimmt gab es auch irgendwelche Plagiate, aber nicht bei

mir! Die letzte Packung meiner Einkaufsfahrt nach Frankreich sollte diese prächtige Torte schmücken, was sie auch tat und wofür sie ausgiebig bewundert und genossen wurde. Die Himbeertorte war die zweite, die weg war. Als erstes war die Pistazientorte aufgegessen, wie zu erwarten.

Das nächste Tortenwunder, eine Rum-Charlotte, kam ihrer Repräsentationspflicht leider nur unzureichend nach. Lediglich ein paar Stückchen konnten in angemessener Form von der Platte auf den Kuchenteller umziehen. Dann sank Charlotte in sich zusammen wie ein Soufflé nach zu früh geöffneter Ofentür. Sehr traurig.

Als Unfall musste auch die Lemon & Lime Tarte verbucht werden. Dieses sonst so teuflisch leckere Teil ließ sich aus unerfindlichen Gründen nicht aus der Form lösen, zumindest nicht in einem Stück. In vielen matschigen Häufchen schon. Aber die konnte man ja nun wirklich nicht präsentieren.

Der Mandel-Baiser-Kuchen (aus Dinkelmehl) mit Äpfeln schmeckte dafür umso feiner. Alles andere hätte mich auch gewundert, schließlich hatte ich die Äpfel dafür bei einem Sonntagsspaziergang eigenhändig auf einer Streuobstwiese gesammelt!

Auch die beiden veganen Kuchen, ein Käsekuchen mit Bratapfelfüllung und die sündhaft reichhaltigen und entsprechend köstlichen Erdnuss-Karamell-Schnitten mit Pflanzensahne – beide von Luise gebacken –, überzeugten nach ein paar Anlaufschwierigkeiten auch Besucher, die mit »vegan« eigentlich nichts anfangen konnten.

Die Messe bedeutete aber nicht nur schöne Kuchen, Torten und Plätzchen zum Kaffee, sie bedeutete auch stehen bis zum Umfallen, lächeln bis zum Backenmuskelkater, einen steifen Nacken durch die Belüftung, die einen von früh bis spät von der immer gleichen Seite belüftete, endloses Aufräumen hinterher und die Erkenntnis, dass man zwar viele nette Leute getroffen hatte, nach einem arbeitsreichen Wochenende aber ohne Arbeitslohn nach Hause gegangen war. Denn um alle Kosten zu decken bzw. sogar Gewinn zu erzielen, hätten auch noch sämtliche Kekse und Zimtschnecken verkauft werden müssen. Dem war leider nicht so. Rechnete ich meine regulären Wochenausgaben, die Torten-Zutaten sowie die Messegebühren zusammen, legte ich am Ende 30 Euro drauf anstatt ein Wochenplus zu verzeichnen. Dafür ging es dann am Montag ungebremst weiter mit den Vorbereitungen für die folgende Woche.

BAUSTELLEN-BLUES

November 2016 – Baustellen wohin man schaut. In der Innenstadt wurde ein neues »Stadtquartier« gebaut, ein moderner Gebäudekomplex mit Handelsflächen, Gastronomie, Hotel, Büros und Wohnungen. Eine andere Hauptverkehrsstraße mutierte zum Nadelöhr, hier entstanden neue Abbiegespuren und Radwege (und natürlich wurden die alten Platanen, die im Weg standen, gefällt). Gegenüber wurde ein Haus seit nunmehr zwei Jahren saniert, aufgestockt, weiß der Himmel. Dauergerüst, Bauzaun und Schuttcontainer. An der Ecke ein Neubau unter Beibehaltung eines denkmalgeschützten Gebäudeteils. Stand gerade kein Kran im Weg, dann eben ein Baufahrzeug. Und jetzt, pünktlich zum Beginn des Weihnachtsgeschäfts? Genau jetzt, wo jeder seine Schaufenster hübsch gestaltete? Na, da wurde die Straße um die Ecke zur Fahrradstraße umgebaut. Hierfür musste eine Baustelle eingerichtet werden, natürlich mit großen Containern für das Baupersonal. Und wo standen die Container eines schönen Morgens? Genau. In dem Teil der Straße, der von kleinen Einzelhändlern und Gastronomen besiedelt ist. Für Passanten hieß das »Baucontainer gucken« statt »Schaufensterbummel«. Der andere Teil der Straße, in dem sich ausschließlich Wohnhäuser befanden, der blieb verschont. Klar. Aber man konnte ja einmal bei der Stadt nachfragen, warum denn schon wieder die Gastronomen und Einzelhändler die Leidtragenden sein sollten.

Der Verantwortliche war schnell ermittelt, ein Mitarbeiter der Baufirma hatte geplaudert. Es handelte sich um Herrn G., der allerdings den ganzen Tag nicht ans Telefon ging und auch noch nichts von der segensreichen Erfindung eines Anrufbeantworters gehört hatte. Aber es existierte im gleichen Fachbereich auch eine andere Telefonnummer. Dort meldete sich ein nicht zuständiger Mitarbeiter, der auf das Sekretariat verwies. Das Sekretariat jedoch wirkte etwas irritiert, weil es sich nicht um das Sekretariat des Herrn G. handelte, dem ohnehin kein Sekretariat zur Verfügung stand, wie zu erfahren war. Und eigentlich war er auch gar nicht zuständig, so das ebenfalls nicht zuständige Sekretariat, das müsste Herr B. sein. Die nächste Telefonnummer. Auch hier Fehlanzeige, der Angerufene war ebenfalls nicht verantwortlich, verwies auf Herrn G., der ja nicht erreichbar war. Ein Versuch, sich von der Zentrale zu Herrn G. verbinden zu lassen, scheiterte, da

man zu Herrn G. nicht verbinden konnte; ja, man konnte ihn ohnehin nicht direkt anrufen, die Kommunikation lief ausschließlich über das nicht existente Sekretariat. Aber immerhin ließ sich herausfinden, dass Herr G. das Haus mittlerweile verlassen hatte. Ja, lebten wir denn in Schilda!?

Blieb nur eins, nämlich Trostkekse backen.

Kaffeeplätzchen

Zutaten

3 Eiweiß
250 g Zucker
Saft einer halben Zitrone
120 g gemahlene Haselnüsse
120 g gemahlene Mandeln
2 EL gemahlener Kaffee
zum Bestreuen: 2 EL frisch gemahlener Kaffee

Zubereitung

Backofen auf 160°C (Ober-/Unterhitze) vorheizen.
Eiweiß in der Küchenmaschine oder mit dem Handmixer steif rühren und den Zucker abwechselnd mit dem Zitronensaft nach und nach dazugeben. Die Masse so lange rühren, bis sich der Zucker vollständig aufgelöst hat.
In einer anderen Schüssel die Haselnüsse mit den Mandeln und dem Kaffee mischen und dies dann unter den Eischnee heben.
Ein Backblech mit Backpapier belegen und den Teig teelöffelweise oder mit einem Spritzbeutel draufgeben, dabei auf ausreichend Abstand zwischen den Teigportionen achten.
Die Teighäufchen mit etwas gemahlenem Kaffee bestäuben (am besten hierfür ein kleines Sieb nutzen).
15 Minuten backen, vollständig auskühlen lassen und genießen. Die Kaffeeplätzchen lassen sich gut in einer Vorratsdose aufbewahren.

Übrigens: Nachdem sich (fast) alle Einzelhändler des betroffenen Straßenabschnittes per E-Mail an den Oberbürgermeister, den Bau-Bürgermeister und diverse Gemeinderäte gewandt hatten, wurden die Container binnen eines Tages in einen anderen Straßenabschnitt versetzt, wo sie dann wochenlang auf den Beginn der Baumaßnahme warteten. Die war dann irgendwann im Mai des folgenden Jahres beendet. Ja, eine Kreuzung mit neuen Schildern und Asphaltfarbe zu versehen, dauert schon seine Zeit …

BRITTAS WEG DER KUNDENGEWINNUNG

Etwa zeitgleich zur Baucontaineraufregung stürzten wir uns voller Elan ins Weihnachtsgeschäft. Genauer gesagt, ich stürzte mich ins Weihnachtsgeschäft. Plätzchen backen, Plätzchentüten packen (natürlich mit vollständiger Etikettierung inklusive Angabe der in stundenlanger Kleinarbeit recherchierten Nährwerte), weihnachtlich dekorieren, Geschenkpackungen zusammenstellen. Tatkräftige Unterstützung erfuhr ich durch Isabella, die eifrig ihre Kaffeetüten mit einpackte und verzierte, meine Freundinnen Pia (mit ihrem unglaublichen Händchen für stilvolle Dekorationen), Brigitte (ohne die mich sicherlich die Verzweiflung beim Verpackungsmarathon gepackt hätte) und Snježana, die Meisterin der Schleifen. Britta ließ sich kurzfristig von unserem Aktionismus anstecken, blühte sichtlich in Gesellschaft dieser fröhlichen Menschen auf und dekorierte ihr Kaffeeregal entsprechend mit. Sogar weihnachtliche Verpackungsfolie stiftete sie, wobei sie sehr genau darauf achtete, dass diese auch zumindest zum überwiegenden Teil für ihre Produkte verwendet wurde und nicht versehentlich für Marmeladengläschen. Ordnung muss sein.

Die Passanten freuten sich über die Tannenzweigdekorationen mit Watteschnee im Schaufenster, die kleinen Laternen und Windlichter vor der Eingangstür, die Kerzen und Tannenzapfen auf den Tischen und die stimmungsvollen Mini-Lichterketten im Regal und an der Theke. Das bisschen realen Schnee vor der Ladentür kehrten Britta und ich einträchtig oder im gerechten Wechsel beiseite, und der Duft von heißer Schokolade erfüllte unsere Räume.

Es kamen wieder mehr Kunden als üblich, wenn wir auch auf den in den Innenstädten zu beobachtenden Weihnachtseinkaufshype noch warteten. Vielleicht um sich die Wartezeit zu verkürzen oder sich für eine etwaige Einkaufswut der (noch) vorbeieilenden Passanten zu wappnen, widmete sich Britta einem Onlinekurs zur Kundengewinnung. Stundenlang saß sie am Laptop, die Ohren mit Kopfhörerstöpseln verstöpselt und lauschte den Tipps eines selbsternannten Werbegurus, auf dessen Facebook-Werbung sie aufmerksam geworden war und dessen vermeintlichem Expertenwissen sie nun Folge leistete. Ihr Stift raste übers bereitgelegte Notizpapier, konzen-

triert arbeitete sie sich von Modul zu Modul und überlegte, wie sich sein Marketing-Know-How aus dem Beratungs- und Dienstleistungssegment auf eine Kaffeebar übertragen ließ. Sie grübelte über einem Kundenratgeber und startete Downloads seiner diversen Softwarehelferlein, gelegentlich aufgeschreckt vom Wunsch eines Kunden nach einem heißen Koffeinschub. Meinen Vorschlag, doch ein weihnachtliches Kaffee-Event zu organisieren oder Adventsaktionen mit Kaffee und Schokolade anzubieten, wischte sie beiseite. Was auch sonst? Sie wollte sich auf ihren Onlinekurs konzentrieren, fundiertes Wissen sammeln und danach richtig durchstarten. Derweil hasteten die Kunden ohne Kaffee vorbei.

Das Superweihnachtsgeschäft, von dem alle Einzelhändler träumen, erlebte ich auch in diesem Jahr nicht. Allerdings konnte ich ein paar Weihnachtsessen und ein Mini-Kochevent verbuchen, was mich etwas beruhigter in die Weihnachtspause ziehen ließ. Am Dienstag nach dem Dreikönigstag ging es wieder los, 2017 wartete auf mich.

Von links nach rechts: Snježana, Pia und Karin, Weihnachtsdeko 2015

DOCH KEINE KAFFEEBAR

Wie jedes Jahr begann auch dieser Januar kalt, behäbig und eher ereignislos. Die Menschen waren satt von Weihnachten und setzten den sich auf den Hüften abzeichnenden Plätzchen, Festessen und gehaltvollen Getränken der letzten Wochen nun die alljährliche weg-mit-dem-Weihnachtsspeck-Diät entgegen, starteten in den Skiurlaub oder stopften ihr shoppingdurchlöchertes Budget durch eiserne Sparmaßnahmen. In den Innenstädten wurden die Gutscheine eingelöst und Fehlkäufe umgetauscht. Bei uns verliefen die Tage eher gemächlich. Britta gab ihren Onlinekurs auf, nachdem sie zu der Erkenntnis gelangte, dass das Verfassen eines Kundenratgebers nicht wirklich zur Steigerung des Kaffeeumsatzes beitragen konnte. Nun bedauerte sie es, sich sämtlichen Advents- und Weihnachtsaktionen mehr oder weniger entzogen zu haben. Ich tröstete sie mit der Aussicht auf den Valentinstag. Und tatsächlich, diesmal wollte sie sich an der Planung für ein Valentinstagsfrühstück mit Pralinenpräsenten und Kaffeespezialitäten beteiligen. Außerdem eröffnete sie mir, dass sie neue Flyer für ihr Angebot drucken lassen und diese in der Nachbarschaft verteilen wollte. Mit Feuereifer stürzte sie sich ins neue Jahr. Wunder gibt es immer wieder!

Anfang Februar kümmerten wir uns gerade mit Isabella um die Details unseres Valentinstagsfrühstücks – wer rechnet was ab, wer erstellt eine Facebook-Veranstaltung, wer bietet was an –, als der Weinhändler von gegenüber hereinstürmte. Britta hatte bereits vor einiger Zeit einmal für ein Weilchen seinen Laden gehütet, als er dringend etwas ausliefern musste. Das gleiche Problem beschäftigte ihn auch diesmal:
»Könnten Sie am Mittwoch noch einmal für mich den Laden übernehmen? Ich muss für eine Stunde weg. Ich kann Ihnen die Zeit vergüten oder Sie suchen sich einen schönen Wein aus.«
Britta schien mit sich zu kämpfen: »Am Mittwoch … hm, also, naja, eigentlich eher nicht.«
Der Weinhändler war ein sehr netter Mensch, der bei mir regelmäßig seinen Appetit auf Süßigkeiten stillte und beinahe täglich ein Stück Kuchen kaufte. Als ich seinen enttäuschten Blick sah, wollte ich helfen.
»Britta, das ist kein Problem. Wenn in der Zeit jemand wegen Kaffee kommt, kann ich schnell rüberlaufen und dich ablösen.«

Britta schien mit sich zu ringen. »Ich gebe Ihnen morgen Bescheid. Ist das in Ordnung? Ich bin unsicher, ob ich Sie unterstützen kann, ich habe am Mittwoch eventuell noch einen anderen Termin. Aber morgen weiß ich es. Versprochen.«

Der Weinhändler dankte und eilte wieder zurück in sein Geschäft. Isabella und ich schoben unsere Verwunderung beiseite und kümmerten uns wieder um die Planung. Croissants? Oder doch etwas Herzhaftes zum Frühstück? Vielleicht beides?

Nach wenigen Minuten schnaufte Britta tief durch und meinte: »Na gut, dann kann ich es auch gleich sagen. Ich habe am Mittwoch ein Probearbeiten.«

Ich blickte entgeistert von meinem Einkaufszettel hoch.

»Wie jetzt, Probearbeiten?«

»Ja, ich höre zum Monatsende auf.«

Wie bitte? Ich hatte mich verhört. Bestimmt. »Du hörst zum Monatsende auf? Also in weniger als drei Wochen?«

»Ja. Und deshalb gehe ich am Mittwoch zu einem Probearbeiten.«

Ich war fassungslos. »Und das sagst du jetzt so ganz beiläufig? Nur weil gerade der Weinhändler hereinkam? Ja, wann hattest du denn eigentlich vor, das zu sagen?«

Isabella bekam immer größere Augen und schaltete sich ein: »Und wieso sitzen wir dann hier zu dritt und planen Valentinstag?«

Britta wurde zunehmend nervöser. »Am Valentinstag bin ich ja noch da. Ich hätte es dir schon noch rechtzeitig gesagt, ich wollte erst mal das Probearbeiten abwarten.«

»Was hat denn das Probearbeiten damit zu tun? Hörst du hier auf oder nicht?«

»Ich höre auf. Definitiv zum Monatsende. Die Kaffeebar lohnt sich nicht. Ich habe mir das genau überlegt und beschlossen, wieder als Krankenschwester zu arbeiten. Am Mittwoch arbeite ich in einem Hospiz zur Probe.«

»Wenn du dir das so gründlich überlegt hast, verstehe ich nicht, warum du gerade noch Flyer für deine Kaffeebar beauftragt hast und jetzt mit uns hier eine Veranstaltung planst. Was macht das denn für einen Sinn?«

»Ist aber so. Das musst du doch verstehen.«

Wieso musste ich das jetzt verstehen? Wieso erwartete eigentlich jeder, dass ich immer und grundsätzlich alles verstand?

»Ich verstehe gar nichts. Was hat dich denn so plötzlich dazu bewogen? Du steckst doch seit Tagen schon voller Pläne?«

»Das kam gar nicht plötzlich. Ich habe mir alles über Weihnachten noch einmal durchgerechnet. Die Miete, die Fahrtkosten und überhaupt die lange Fahrtzeit. Das ist mir alles zu viel. Und es sind ja auch zu wenige Kunden für mich. Außerdem wollte ich nicht mehr so viele Stunden arbeiten. Das strengt mich zu sehr an. Ich will das jetzt beenden und deshalb höre ich zum Monatsende auf.«

Ich befand mich mitten in einem Wechselbad der Gefühle. Fassungslosigkeit, Ärger und die Sorge hinsichtlich meiner bestehenden finanziellen Verpflichtungen wogten in mir hin und her. Gerade erst hatte ich etwas neue Ware bestellt, wobei ich Brittas monatliche Mietbeteiligungen natürlich in mein Budget eingerechnet hatte. Und jetzt so etwas. Isabella schwieg ebenso ungläubig.

»Also Britta, bei allem, was recht ist. Du wusstest sehr gut, worauf du dich mit deiner Kaffeebar einlässt. Es war dir klar, dass deine Anlaufzeit bis zu einem Jahr betragen würde. Das hast du selbst noch vor deinem Start hier gesagt. Ich habe dir auch von Niklas' Erfahrungen berichtet. Dass du hier keine Laufkundschaft hast, dass du deinen Umsatz mit dem Kaffeezubehör unterstützen müsstest. Dass du dich an Werbung und Aktionen beteiligen solltest. All das haben wir lang und breit besprochen, damit du dich eben NICHT auf ein zu großes Wagnis einlässt. Und weil ich keine Lust hatte, nach kurzer Zeit schon wieder alles neu planen zu müssen. Wir sprachen über Durchhaltevermögen und Beständigkeit. Und entsprechend hast du deine Kalkulation aufgestellt. VOR deinem Einstieg. Von Beginn an hast du kaum Aktivität gezeigt, wolltest alles langsam angehen lassen. Anstatt dich um ein Weihnachtsgeschäft zu kümmern, hast du hier mit Ohrstöpseln herumgesessen und irgendwelche Onlinekurse absolviert. Gerade eben bist du voller Elan und stürzt dich mit uns in Planungen. Und jetzt erzählst du mir, du hättest dir das alles ganz genau überlegt. Das passt doch nicht zusammen.«

Britta erwiderte nun mürrisch: »So bin ich halt.«

Ja, so war sie anscheinend. Ihr Entschluss schien festzustehen. Aber mich praktisch von heute auf morgen sitzen zu lassen, das ging einfach nicht.

»Also, wenn du aufhören willst, kann ich es nicht ändern. Aber zum Monatsende? Das funktioniert nicht.«

Britta entgegnete entgeistert: »Und wieso nicht?«

»Weil wir einen Mietvertrag haben. Schon vergessen? Du kannst mir doch nicht einfach mal eben so erzählen, dass du in weniger als drei Wochen hier die Segel streichst. Ich habe mich schon auf eine extrem kurze und absolut unübliche Kündigungsfrist eingelassen. Das Mindeste ist doch, dass du die wenigstens einhältst.«

Mit großen Kulleraugen, die verdächtig kurz vor dem Überlaufen schienen, rief Britta nun ihrerseits ungläubig aus: »Aber ich habe doch eben gesagt, dass ich nicht länger weitermachen will. Das musst du doch verstehen! Ich zahle doch keine Miete, wenn ich nicht mehr hier bin! Und ich bin dann nicht mehr hier!«

In welcher Welt lebte ich eigentlich?

»Tut mir leid, aber so geht das nicht. Wenn du beschließt, ab Monatsende nicht mehr hier zu sein, ist das deine Sache. Ich finde es nicht gut, aber ich kann es nicht ändern. Dennoch, die Miete für März musst du zahlen. Vertrag ist Vertrag. Ich habe schließlich auch Verpflichtungen und du bringst mich gerade in größte Schwierigkeiten. Wenn ich mir überlege, dass du deine Entscheidung bereits vor einer ganzen Weile getroffen hast, ohne auch nur ein Sterbenswörtchen zu verraten, dann macht mich das ganz schön wütend. Du gaukelst hier die Motivierte und Energiegeladene vor und erwartest nun Verständnis dafür, dass du mich Knall auf Fall sitzen lässt? Und dann soll ich dir auch noch die Miete erlassen? Hast du dir eigentlich überlegt, dass dies auch für mich Konsequenzen hat? Wo bleibt eigentlich dein Verständnis?«

Darauf erhielt ich nur Schweigen und ein gelegentliches Schniefen von Britta.

Schließlich meinte Isabella: »Wir sollten mit dem Valentinstag fertig werden. Den Rest besprecht ihr am besten in Ruhe.«

Recht hatte sie. Ich fuhr meine Kerntemperatur langsam hinunter, Isabella und ich klärten die letzten Details, Britta schwieg und schniefte weiter und machte sich kurz darauf mit einem tränenerstickten »Das nimmt mich jetzt zu sehr mit. Ich fahre heim. Wir sehen uns morgen«, auf den Heimweg.

Ich bezwang meine brodelnde Wut und Sorge und konzentrierte mich auf das, was zu tun war: Einkaufsliste vervollständigen, Veranstaltungsankündigung formulieren, Tafeln beschriften, den Geschäftsalltag bewältigen. Am Abend jedoch gab es nur noch einen einzigen Gedanken: Wie sollte es weitergehen? Das Weihnachtsgeschäft hatte mir keine Reserven verschafft,

es standen einige mehr oder weniger tote winterliche Wochen ins Haus, die den bisherigen Erfahrungen nach kaum Umsatz versprachen, die dringend notwendige Mietbeteiligung würde in nächster Zeit entfallen, sämtliche Planungen hatte Britta mir gerade über den Haufen geworfen. Ich brauchte Ideen, doch mein Kopf war leer bis auf diesen tintenschwarzen wachsenden Fleck namens Panik, der drohte, immer mehr Raum einzunehmen.

Einen Ideenflash erlebte ich auch in den folgenden Tagen nicht, der Ärger über Britta und die Art und Weise, wie sie ihre einsame Entscheidung getroffen und kommuniziert hatte, überlagerte jegliche gedankliche Kreativität. In diese Ideenleere mischte sich eine Portion Mutlosigkeit. Ein äußerst ungesunder Cocktail, das war mir durchaus bewusst. Da ich nicht in Selbstmitleid versinken wollte, zwang ich mich täglich aufs Neue mit eiserner Selbstdisziplin zu einem »Weitermachen!« Während sich Britta um eine aufgesetzte Fröhlichkeit bemühte, vergrub ich mich beharrlich in mein Tagesgeschäft. Das Valentinstagsfrühstück brachte zwar nicht gerade die Kassen zum Überlaufen, mich dafür aber wieder auf andere Gedanken und in bessere Stimmung.

Diese erreichte jedoch einen neuen Tiefpunkt, als Britta in der Woche danach ganz beiläufig erwähnte, dies sei ihr letzter Tag gewesen.

»Ich fange morgen meine neue Stelle an.«

»Wie jetzt? Es war doch die Rede davon, dass du noch bis Monatsende bleibst.« Zumindest hatten wir das Thema Miete geklärt. Britta würde den März noch zahlen, egal, ob sie nun so lange bliebe oder nicht.

»Ja, hatte ich vor. Aber ich kann jetzt schon anfangen.«

»Und was ist mit deinem ganzen Kram hier? Nimmst du das alles heute mit?«

Britta erwiderte ganz erstaunt: »Nein, wieso denn? Ich zahle ja sowieso noch den März. Ich dachte mir, so lange kann ich mir damit Zeit lassen.«

»Aber Britta, das ist doch kein Lager hier. Wie soll ich denn den Leuten während der nächsten sechs Wochen erklären, dass hier zwar die Kaffeebar steht, ich dort aber keinen Kaffee ausschenke?«

»Ja, aber ich kann das jetzt nicht mitnehmen. Ich muss doch die Maschine erst einmal verkaufen. Oder willst du sie übernehmen?«

»Ich werde sie ganz bestimmt nicht übernehmen. Ausgeschlossen. Und was hast du eigentlich mit Isabella vereinbart? Ihr müsst doch eine Übergabe machen.«

»Du kannst doch die Kommissionsware einfach weiterhin verkaufen und am Ende gibst du mir dann die Provision.«

Ich dachte, ich höre nicht recht. »Ich soll den Verkauf über meine Kasse laufen lassen, Isabella dann am Ende die Verkaufsware bezahlen und dir die Provision geben? Das kann nicht dein Ernst sein. Du musst mit Isabella Inventur machen, danach kann ich die Ware in Kommission übernehmen.«

»Aber dann verdiene ich ja nichts daran.«

»Du arbeitest ja auch nicht dafür.«

»Aber ich muss die Miete zahlen.«

»Du kannst gerne hierbleiben. Niemand zwingt dich zu gehen.«

»Aber ich fange doch eine neue Stelle an.«

»Das ist nicht mein Problem. Du kannst nicht einfach sang- und klanglos verschwinden, schließlich musst du auch dein Gewerbe ordentlich abschließen. Also kläre das jetzt bitte mit Isabella.«

»Und die Miete?«

»Dazu gibt es nichts mehr zu sagen. Aber nochmal, wie dachtest du dir das mit deiner Maschine, der Mühle und der Theke?«

»Ich will das alles verkaufen und so lange hier stehen lassen.«

»Okay, wir machen es so: Du kannst bis Ende Februar die Theke mit Maschine und Mühle stehen lassen. Wenn du die Sachen bis dahin nicht verkauft hast, baust du sie ab und räumst alles in den Keller. Dort können die Sachen noch bis Ende März bleiben. Aber hier im Laden ungenutzt, das geht einfach nicht. Was ist mit den Tassen, dem Kleinkram und der Trinkschokolade im Regal?«

»Das Geschirr hole ich irgendwann zwischendurch ab.«

»Nein, das packst du jetzt ein und nimmst es mit, wenn du morgen nicht mehr kommst.«

»Aber du könntest es auch benutzen, wenn ich es stehen lasse.«

»Ich brauche es aber nicht, ich habe hier genügend Tassen. Und jetzt ruf' bitte Isabella an und kümmere dich um die Inventur der Kommissionsware.«

»Ich wollte eigentlich gleich gehen.«

»Dann hättest du das halt früher sagen sollen. Ich bin es wirklich leid, dass du so grundlegende Dinge immer nur ganz beiläufig erwähnst. Okay, du willst mich vor vollendete Tatsachen stellen. Meinetwegen. Aber einen korrekten Abschluss kann ich dir nicht ersparen.«

»Ich komme zu spät zum Sport.«

»Mir egal. Je länger du jetzt hier noch herumdiskutierst, desto später wird es.«

Am Ende zählte Britta ihre Kommissionsware durch, erstellte eine Liste, die ich zwecks Übernahme unterschrieb und schickte sie an Isabella. Die Trinkschokolade im Regal nahm ich ihr zum Einkaufspreis ab, den Warenwert sollte sie von der letzten Miete abziehen. Das Geschirr blieb stehen, sie hatte natürlich nichts zum Einpacken dabei. Und schwupps, war sie weg.

Etwa zwei Wochen später schneite Britta fröhlich herein, um ihr Geschirr abzuholen. Dabei ging sie sehr gründlich vor, selbst den Kreidestift für die Tafel, die sie zwar nicht wieder beschriften würde, den sie aber schließlich einmal gekauft hatte, vergaß sie nicht. Ordnung muss sein. Kaffeemaschine und -mühle wollte ihr Lieferant gelegentlich bei mir zwecks Weiterverkaufs abholen. Die Theke hatte sie inseriert und hoffte auf einen Kunden. Den fand sie endlich Anfang Mai, so lange stand das Teil im Laden mehr oder weniger ungenutzt im Weg. Zeit zum Abbau fand ihr Abnehmer nur an einem Sonntag, Britta allerdings nicht, und so durfte stattdessen ich bei der Demontage helfen, Arbeitsplatte, Unterschränke und Rückwände mit ihm zum Auto schleppen, hinterher den Laden schrubben und meinen Ärger über Brittas gekonntes Ausweichen vor mühseliger Arbeit und knapp zweistündiger Freizeiteinbuße, inklusive knirschender Knochen, im Putzeimer ertränken.

So sehr mich Brittas Tatenlosigkeit beim Thekenabbau sowie die Selbstverständlichkeit, mit der sie davon ausgegangen war, dass sie einen Teil der Ladenfläche einfach weiterhin in Anspruch nehmen konnte und ich dann auch noch meine knappe Freizeit für ihre Angelegenheiten einsetzte, auch empörte – kurze Zeit dachte ich ernsthaft darüber nach, ihr eine Rechnung für den wochenlangen Verbleib der Theke und meine Schufterei bei deren Abbau zu schicken –, war ich letztlich einfach nur froh, als das Ding weg war und ich dieses leidige Kapitel damit endgültig geschlossen hatte. Ende einer Kaffeebar. Ich schwor mir, das war die letzte.

TÜREN, TÜRCHEN UND
DIE UNTERMIETERSUCHE

Britta hatte mir mit ihrer plötzlichen Entscheidung unbeabsichtigt die Pistole auf die Brust gesetzt. Die Pleite stand ohne ihren Mietanteil kurz bevor, ein Kollateralschaden sozusagen. Meinen Dispokredit hatte ich bis nahe ans absolute Überziehungslimit ausgereizt, der Warenbestand näherte sich einer kritischen Mindestmenge, einen plötzlichen Umsatzsegen konnte ich nicht erwarten. Ich brauchte eine Lösung, und zwar sofort.

Als Berufsoptimist glaubte (und glaube) ich fest daran, dass immer, wenn eine Tür zufällt, sich eine andere öffnet. Möglicherweise nur um einen winzigen Spalt, manchmal ist es nur ein klitzekleines Türchen. Aber es öffnet sich. Garantiert.

Mein Türchen hieß Esra, die mit ihrem Bruder gerade einen Onlineshop für überwiegend italienische Feinkostprodukte aufbaute, voller großer Ideen steckte und just zu diesem Zeitpunkt plante, zusätzlich ein Ladengeschäft zu eröffnen. Und wenn das gut lief, sollte ein bundesweites Franchise-Unternehmen folgen. Think big! Der Zufall wollte es, dass wir uns unmittelbar nach Brittas Weggang und mitten in ihrer Gründer-Euphorie begegneten.

Die Erfahrungen der letzten Jahre hatten mich gelehrt, einem prallen Sack voller Ideen mit einer gewissen Skepsis zu begegnen. Gewiss wollte ich Esra nicht ausbremsen, doch beabsichtigte ich auch nicht, meine Erwartungen allzu hoch zu schrauben. Esra kümmerte sich als alleinerziehende Mutter um zwei Söhne, die gerade dem Grundschulalter entwachsen waren. In ihrem Geburtsland Marokko von den Eltern zum Prinzesschen erzogen und vom großen Bruder stets behütet, absolvierte sie später in Deutschland ihr Studium der Elektrotechnik und genoss es, frei und fern von der Familie ihr eigenes Leben zu entdecken. Die früh geschlossene Ehe scheiterte und sie stand zunächst alleine mit ihren beiden Jungs vor der großen Aufgabe, die Zukunft zu meistern. Allen widrigen Rahmenbedingungen zum Trotz promovierte sie und war dann eine Weile wissenschaftlich tätig, bevor sie sich zu neuen Ufern aufmachte. Forschung und Lehre befriedigten sie nicht dauerhaft, für eine Managementposition in der Industrie schätzte sie ihre

Chancen als Frau in ihrem Fachgebiet als zu gering ein. Zudem liebte sie die Abwechslung und suchte stets neue Herausforderungen. Also ein Branchenwechsel, neue Welten erobern, selbstständig sein. Während für sie der Feinkost-Onlineshop eine echte Herzensangelegenheit darstellte, bedeutete dieser für ihren Bruder, einen erfolgreichen Salesmanager eines weltweit tätigen Technologiekonzerns, der Budgets im fünf- und sechsstelligen Umsatzbereich bewegte, eher eine Nebenbeschäftigung, mit der er seine kleine Schwester unterstützte. Um den Shop jedoch auch mit der nötigen Professionalität zu betreiben, hatten sie eine Gesellschaft gegründet, mit der sie schleunigst Gewinne erzeugen mussten, sollten die mit der gewählten Rechtsform verbundenen, regelmäßig anfallenden Gebühren und Steuern auch finanziert werden können. Was beide unterschätzt hatten, war der irre Aufwand für die Webpräsenz, das Marketing, die Logistik. Und der Preiskampf. Um in den Genuss halbwegs günstiger Einkaufspreise zu kommen, mussten sie auch entsprechend große Mengen ordern und natürlich anschließend an den Kunden bringen – was sich bei der Vielfalt an Bezugsmöglichkeiten für Onlineshopper als nicht ganz einfach erwies.

Nun beginnen auch die größten Projekte mit einem ersten kleinen Schritt. Da es für Esra egal war, ob sie die Ware, die auf Besteller wartete, in den Tiefen ihrer heimischen Schränke und Regale verstaute oder sie in meinem Laden präsentierte, wo ihre ansprechenden Produkte nun auch das Interesse von Kunden in der realen statt nur der virtuellen Welt wecken konnten, einigten wir uns zunächst auf ein Kommissionsgeschäft. Esra füllte meine Regale mit ihrer Ware – Öle, Balsamicos, Tomatenprodukte, Honig, Pistazienaufstriche, Gebäck und schöne Accessoires aus Olivenholz – und ich erhielt für den Verkauf eine Provision von 30 Prozent. Somit erschlugen wir gleich mehrere Fliegen mit nur einer Klappe. Meine Regale waren gefüllt, ich musste beim Wareneinkauf nicht in Vorleistung treten und Esra hatte zusätzlich zum Onlineshop einen weiteren Absatzweg gefunden. Sollte sie für den Versand dringend Nachschub benötigen, könnte sie das entsprechende Produkt problemlos bei mir abholen und die Entnahme in meiner Bestandsliste vermerken. Somit bliebe der Überblick über von mir verkaufte und entsprechend provisionsberechtigte Ware stets gewahrt.

Nun klingen 30 Prozent nach einer ordentlichen Marge. Doch wenn man bedenkt, dass diese bei einem Produkt mit einem Verkaufspreis von 5,90 Euro gerade mal 1,36 Euro ausmacht, wovon außerdem noch sieben oder

19 Prozent Mehrwertsteuer an das Finanzamt abzuführen sind, wird schnell klar, dass der Absatz bei der recht geringen Anzahl an Laufkundschaft nur einen kleinen Teil der Miete ausmachen kann. Trotzdem, Für den Anfang war das schon eine Hilfe, denn nichts ist schlimmer als ein Laden mit leeren Regalen. Auch die Kunden freuten sich über das erweiterte Sortiment und fanden schnell ihre neuen Lieblingsprodukte.

Nachdem die Regale zu einem Großteil mit Esras Produkten bestückt waren, suchten wir nach weiteren Kooperationsmöglichkeiten. Für mich stand fest, ich brauchte eine Mietbeteiligung. Nur mit solch einem regelmäßigen monatlichen Beitrag konnte ich den Laden stabilisieren. In einem Dreiergespräch mit Esra und ihrem Geschäftspartner, Finanzgeber, Bruder legte ich meine Zahlen offen. Wir berechneten mehrere Modelle, konnten uns aber letztlich nicht einigen. So blieb es beim Kommissionsgeschäft und ich begab mich auf Untermietersuche.

Ein wahrlich ernüchterndes Unterfangen. Dabei begann es zunächst vielversprechend. Ich entdeckte die Anzeige einer Frau auf der Suche nach einem kleinen Café, um dort selbstgebackene Kuchen zu servieren. Zwar in einem anderen Stadtteil, aber gar nicht weit weg von meinem Standort. Nach einem Telefonat wollte sie sich meinen Laden anschauen, ein Termin war schnell vereinbart. Und das war es dann bereits. Die Dame erschien nicht und meldete sich auch nie wieder.

Eine weitere Möglichkeit bot sich in Gestalt der Schwägerin einer Nachbarin von mir. Die produzierte nämlich Motivtorten für Hochzeiten und andere festliche Anlässe, kümmerte sich dabei noch um die dekorative Ausstattung der Festräume und interessierte sich aktuell für einen Showroom, der sich auch für Kundenberatung und den Verkauf von köstlichem und praktischem Backzubehör eignete. Ihre Kunden fand sie auf Hochzeitsmessen und ähnlichen Veranstaltungen, der momentane Showroom befand sich in der Pfalz, nahe der französischen Grenze – zu weit und zu unpraktisch für potenzielle Interessenten aus dem Raum Rhein-Neckar und Rhein-Main. Eigentlich suchte sie einen Laden in Mannheim, allerdings hatte die Sache einen Haken. Sie betrieb das Geschäft mit ihren beiden Schwestern, die in der Pfälzer Idylle lebten und sich nicht räumlich verändern wollten. Backstube in der Pfalz und Laden in Mannheim erschien ihnen zu aufwen-

dig, und so scheiterte das Geschäftsmodell bedauerlicherweise an den familiären Prioritäten. Weitersuchen.

Über einen anderen Kontakt fand ein selbsternannter Vital-Coach zu mir. Der hätte es allerdings vorgezogen, für mich Brot zu backen und in meinen Räumen Vorträge und Workshops anzubieten (für die ich die Kunden hätte suchen müssen), nicht jedoch eine finanzielle Verpflichtung einzugehen. Die hätte er vermutlich ohnehin nicht bedienen können, da er sich in Privatinsolvenz befand, wie sich herausstellte, und gerade seinen Antrag auf Hartz IV-Bezug vorbereitete. Weitersuchen.

Ich dachte noch einmal darüber nach, Martin, mit dem ich ja schon früher über Kooperationsplänen gebrütet hatte, zu kontaktieren, verwarf den Gedanken aber fast sofort wieder. Martin hatte im November 2016 seine Tempeh-Manufaktur eingestellt. Es war zu traurig, hatte er doch so lange gekämpft. Am Ende waren es nicht einmal die fehlenden Perspektiven, die ihn zum Aufgeben zwangen (er hatte sogar einen stark expandierenden Produzenten veganer Fast-Food-Gerichte gefunden, den er mit seinen Tempeh-Burgern und »hot dogs« beliefern sollte), sondern seine Gesundheit. Er hatte keine Kraft mehr. Burnout.

Mittlerweile hatte ich fast das gesamte Sortiment auf Kommissionsware umgestellt. Mein eigener Bestand umfasste lediglich noch die Gewürze sowie selbst zubereitete Marmeladen (Fruchtaufstriche!) und Chutneys. Das minderte durchaus mein Absatzrisiko und den finanziellen Aufwand für Warenbestellungen, schmälerte aber auch den ohnehin zu kleinen Gewinn. Als die ersten Rückbelastungen der Bank wegen nicht ausgeführter Abbuchungen eintrudelten, kündigte ich sämtliche kündbaren Verträge wie Zeitungsabonnements, vereinbarte die Ruhendstellung meiner Lebensversicherung und ließ mir eine ohnehin seit Jahren ruhende Mini-Lebensversicherung auszahlen. Die reichte zumindest aus, um die nicht erfolgten Abbuchungen (unter anderem eine Monatsmiete und eine Kreditrate) zu zahlen, das überzogene Konto auszugleichen und einen Schwung Flyer drucken zu lassen. Ich wollte unbedingt mein Catering-Angebot bekannter machen, denn hierin sah ich meine letzte Chance. Namhafte Referenzen hatte ich mir nach und nach erarbeitet, unter anderem das Nationaltheater, den Stadtpark und einige bekannte und weniger bekannte Unternehmen aus der Region.

Was fehlte, war die Regelmäßigkeit der Bestellungen und ein kontinuierlich wachsender Kundenstamm. Würde ich durchhalten, bis sich diese Werbemaßnahme bemerkbar machte?

Mich alleine darauf zu verlassen schien mir unklug. Also fasste ich nun auch den Verkauf meines Ladens ins Auge, der sicherlich auch nicht gerade von heute auf morgen erfolgen könnte. Die Suche nach einem Untermieter verlief ja bislang reichlich ernüchternd. Doch wie gelangt man an einen potenziellen Interessenten, wenn man die Möglichkeit eines Verkaufs nicht öffentlich machen will?

LADEN ZU VERKAUFEN

Natürlich hätte ich die Aroma Station auf regionalen Immobilienseiten inserieren können. Aber da in einem solchen Fall sofort die Nachbarschafts-Buschtrommeln ein bevorstehendes Scheitern verkündet hätten, wollte ich inoffizieller vorgehen. In unserem »Lindenstraße«-Mikrokosmos hätte sich garantiert die Kundschaft des Nagelstudios, deren Inhaberin über alles und jeden Bescheid wusste, bei der Blumenhändlerin an der Ecke, die sämtliche Gerüchte umgehend kommentierte und für deren Weiterverbreitung sorgte, sensationsheischend nach dem Stand der Dinge erkundigt. Auf diese Weise hätten sich in Windeseile die Hausfrauen, Marketingstrateginnen und Direktorengattinnen des halben Stadtteils über eine bevorstehende Schließung vermeintlichen Insiderwissens gerühmt, dieses um spannende Details erweitert und mit größtem Bedauern die begangenen Managementfehler diskutiert. Natürlich hätte mindestens jede Zweite schon vor zwei Jahren geahnt, dass der Laden selbstverständlich nicht laufen konnte und fachkundig analysiert, wie man es hätte besser machen müssen. Dieses durchaus menschliche Kennerphänomen erleben wir ja allwöchentlich bei der Fußball-Bundesliga und in größerem Umfang bei Weltmeisterschaften, wenn sich rund 80 Millionen Trainer über die Spielstrategien ihrer Nationalelf austauschen, die sie zweifellos besser beherrschten als der jeweils Verantwortliche auf dem Platz. Nein, das wollte ich mir ersparen. Einerseits hätte das garantiert die Verhandlungen über die Ablösesumme erschwert, andererseits konnte ich auch nicht wissen, ob ich überhaupt einen Interessenten fand. Würde der ausbleiben, müsste ich schließlich weitermachen. Und mit dem Sensationsstempel »kurz vor der Pleite« wäre dies noch schwieriger gewesen. Also kein Inserat, sondern subtiler vorgehen.

TASCHEN, MODE ODER ...

Und wieder einmal kam mir der Zufall zu Hilfe. Es war April, die Sonne verwöhnte uns, und die Freundin einer Kundin suchte nach einem Laden an exakt meinem Standort. Ob ich zufällig über Veränderungen nachdachte? Nur eine Frage! Klar dachte ich darüber nach. Die Kundin vermittelte den Kontakt, die Freundin kam und wir beschnupperten uns. Sie hatte sich schon vor meinem Einzug für die Räume interessiert, konnte sich damals jedoch nicht zu einer Entscheidung durchringen. Die Kinder waren noch zu klein, die Pläne zu vage, der Zeitpunkt nicht der richtige. Sie war noch immer unschlüssig, hatte keine konkreten Vorstellungen. Frau Kleinschmidt kam aus der Welt der Mode. Nachdem sie längere Zeit für einige namhafte Labels sowie als PR-Beraterin im Luxussegment international tätig gewesen war, beschränkte sie sich seit Geburt der Kinder im Homeoffice auf Marketingkonzeptionen für Unternehmen der Region, vertrieb in ihrem Onlineshop selbst entworfene Handtaschen und strebte nun nach Veränderung. Recht schnell wurde uns klar, dass eine Mietbeteiligung nicht infrage kam. Taschen aus Schlangenleder in Kombination mit Bioprodukten und veganer Küche, das ging nun beim besten Willen nicht. Oder flotte T-Shirts neben Gewürzgläsern platziert? Auch nicht gut. Sollten wir also unser Gespräch vertiefen wollen, dann verhandelten wir über eine Übernahme meines Ladens.

Wir trafen uns ein weiteres Mal. Ich nannte ihr die erforderliche Ablösesumme, sie wollte rechnen. Sie brauchte einen Businessplan, hatte noch immer keine Ahnung, welches Konzept sie mit dem Laden eigentlich verfolgte (Taschen? Mode? Etwas anderes?), wusste nur, dass sie ihn wollte, ihr der Boden aber nicht gefiel. Ich war der Ansicht, dass der Boden das geringste Problem darstellte, als vorrangig betrachtete ich eher ihre Geschäftsidee und einen Plan zu deren Umsetzung, behielt diesen Gedanken aber für mich. Sie wollte in sich gehen und sich anschließend wieder melden. Ich beschloss, auf Nummer sicher zu gehen und unabhängig von unseren Gesprächen weiterzusuchen.

DAS RESTAURANT NEBENAN

Petra, meine Vermieterin, mit der ich mich bereits unmittelbar nach der Eröffnung schnell angefreundet und die trotz aller Nöte und immer wieder verspäteter Mietzahlungen stets zu mir gehalten und mich niemals unter Druck gesetzt hatte, gab mir eines Tages den Tipp, dass der Inhaber des benachbarten Restaurants eventuell auch an meinen Räumen interessiert sei. Ich hatte mich Petra vor längerer Zeit anvertraut und sie über meine Suche informiert.

Das Restaurant und mein Laden befanden sich im gleichen Haus und waren nur durch das Treppenhaus, zu dem jeder von uns Zugang durch seine Seitentür hatte, getrennt. Zu meinen Nachbarn pflegte ich einen sehr freundschaftlichen Kontakt. Wir tauschten manchmal Mittagessen aus, wenn einer der Köche von nebenan Appetit auf ein veganes Gericht und ich auf eine Lasagne hatte. Fehlte beim einen ein Ei oder gingen beim anderen die Kartoffeln aus, so halfen wir uns gegenseitig. Manchmal benutzten sie meinen Ofen mit, wenn ihr eigener nicht ausreichte. Wurde während ihrer Ruhezeiten Ware fürs Restaurant geliefert, nahm ich diese an oder öffnete dem Getränkelieferanten die Kellertür. Carlo, der Nachfolger von Konrad, der mich damals zur Bundeswehr begleitet hatte und zu diesem Zeitpunkt als Küchenchef in einem anderen Restaurant arbeitete (Ende des Jahres 2017 eröffnete er sein eigenes Restaurant), weihte mich in die kunstvolle Zubereitung köstlicher Arancini (gefüllte und frittierte Reisbällchen) ein und Adonis, der für sich selbst die vegane Ernährung entdeckt hatte, kaufte bei mir gelegentlich die hierfür benötigten Zutaten oder stöberte in meinen Rezepten. Der Inhaber, Jean-Louis, kam in meinen Anfangszeiten gelegentlich auf einen Kaffee vorbei. Als ich jedoch zu Beginn 2015 die Öffnungszeiten änderte, fehlte ihm anschließend dazu die Gelegenheit. Umso mehr hatte ich mich gefreut, dass er an meinem Geburtstag im vergangenen Dezember Zeit fand und mit seiner Lebensgefährtin Claire zu meiner Party kam. Jean-Louis hatte das Restaurant nebenan etwa ein halbes Jahr nach der Aroma Station eröffnet. Es war die Dependance seines Sternerestaurants am Hafen, in dem er täglich am Herd stand.

Ein paar Tage später ergab sich eine Möglichkeit. Claire kümmerte sich gerade um den Weinbestand und kam mit meiner Freundin auf vier Pfoten,

der Chihuahua-Dame Pompon, kurz auf ein »Hallo« vorbei. Ich erzählte ihr, dass ich mich mit dem Gedanken trug, den Laden aufzugeben und fragte sie, ob ihrerseits Interesse an der Übernahme meiner Räume bestehe. Sie selbst war von der Idee, ein weiteres Geschäft zu bewirtschaften und sich somit noch mehr Arbeit aufzubürden, weniger begeistert, versprach aber, meine Frage an Jean-Louis weiterzuleiten. Schließlich war es ihr nicht gleichgültig, wer sich in den benachbarten Räumen tummelte.

Claire hielt ihr Versprechen und besuchte mich kurz darauf gemeinsam mit Jean-Louis. Im Gegensatz zu ihr gefiel ihm der Gedanke einer Erweiterung seines Geschäfts. Schon lange hegte er den Wunsch, zusätzlich zum gastronomischen Angebot auch ausgewählte französische Spezialitäten wie bretonische Sardinen, Salz, Öl und Weine zu verkaufen. Meine Räume waren hierfür perfekt geeignet, lag für ein solches Konzept – die Kombination aus Einzelhandel und Gastronomie – doch bereits eine Genehmigung der Stadt samt Gestattung zur Außenbewirtschaftung vor. Ein Behördenmarathon wäre demnach auszuschließen, Synergien mit seinem benachbarten Lokal, zum Beispiel hinsichtlich des Einkaufs oder der Zubereitung kleinerer Gerichte, waren denkbar. Claire gab zu bedenken, dass sie seit Monaten mit Personalproblemen zu kämpfen hatten. Wer sollte sich um den Laden kümmern? Und wie wollte man den Gastronomiebetrieb, ohne den sich der Laden nicht tragen würde, bewältigen, ohne eine Konkurrenz zum Restaurant nebenan zu riskieren? Und ganz davon abgesehen, hatten sie nicht ohnehin schon zu viel Arbeit und zu wenig freie Zeit? Die beiden hatten eine Menge miteinander zu klären, versprachen mir aber, möglichst bald wieder auf mich zuzukommen.

FEINE ITALIENISCHE KÜCHE

Mit Carlo, meinem Arancini-Instruktor von nebenan, verabredete ich in dieser Zeit ein gemeinsames Essen mit unseren Partnern beim Italiener um die Ecke. Wir planten schon lange einen Abend zu viert, um unsere fröhlichen Treppenhaus- und Küchenplaudereien auch einmal ohne mahnende Türglocke oder Backofenuhr zu führen. Mein Ehemann Christian und ich waren der Überzeugung, dass »unser Italiener« die beste Pizza weit und breit zubereitete, wenn sie für mein Empfinden auch etwas zu teuer war. Nun war ich gespannt auf Carlos und Sophias Urteil, den Experten am Tisch, aufgewachsen mit italienischer Küche, einer von beiden ein versierter Koch, der die gesamte Bandbreite der mediterranen Kochkunst beherrschte, und allesamt waren wir Anhänger aromatischer und unverfälschter leiblicher Genüsse. Unsere Diskussion verlief vermutlich wie die aller Pizzafreunde weltweit. Wir lobten den appetitlichen Duft, den ausgewogenen Belag (nicht zu viel und nicht zu wenig), die frischen Kräuter, den würzigen Käse und den knusprigen Teig. Bei letzterem erreichten wir zwar keine völlige Übereinstimmung, da Sophia einen dickeren Boden und Carlo einen weniger gleichmäßigen – nicht ausgerollt und in die Form gepresst, sondern mit fliegenden Händen gebildet und auf das Blech geschoben – bevorzugte, geschmeckt hat es uns jedoch allen. Am Ende unserer vergnüglichen Analyse favorisierten wir, wie konnte es anders sein, auch weiterhin alle unsere »Lieblingsitaliener« und beschlossen, diese fortan gemeinsam im Wechsel zu besuchen. Nachdem dies geklärt war, wendeten wir uns bei Pellegrino und sizilianischem Nero d'Avola dem Geschehen des täglichen Lebens zu. Beim abschließenden Espresso gab ich mir einen Ruck und berichtete von meinen Verkaufsplänen.

Plötzlich rief Carlo aus: »Dass wir daran noch nicht gedacht haben, mein Bruder sucht doch auch nach einem Lokal! Er will sich endlich selbstständig machen!«

Ich wusste, dass Ricardo, ebenso wie Carlo, seit etlichen Jahren in der Gastronomie tätig war, unter anderem bis vor kurzer Zeit in einem Sternerestaurant und aktuell in leitender Position in einem recht noblen Lokal im badischen Raum.

»Ist er nicht Sommelier? Was hat er denn vor?«, erkundigte ich mich.

»Er möchte ein Restaurant mit feiner italienischer Küche eröffnen. Ganz klassisch mit kleinen Gerichten und Menüs und den dazu passenden Weinen. Wein ist ja sein Fachgebiet. Ich frage ihn!«

»Unbedingt! Er kann ja einmal zu mir kommen und sich alles anschauen. Wenn wir uns einigen, spreche ich Petra an. Sie muss damit einverstanden sein. Ich weiß nicht, wie sie dazu steht, wenn direkt neben euch ein weiteres Restaurant eröffnet. Die Aroma Station ist ja von ihrer Ausrichtung her keine Konkurrenz für euch. Aber mit Ricardos Plänen sähe es da schon etwas anders aus.«

Geradezu euphorisch ging ich mit Christian nach Hause. Eine weitere Chance tat sich auf. Wie schön es doch wäre, würde aus der Aroma Station ein feines italienisches Restaurant werden. Vielleicht könnte ich sogar ab und zu in der Küche mitarbeiten. Das würde mir schon gefallen …

Carlo hielt sein Wort und sprach mit seinem Bruder. Überredungskunst war hierfür nicht nötig. Ricardo kannte mein Geschäft, die Lage und die Nachbarschaft und war begeistert von Carlos Vorschlag. Er schaute sich alles an, plante in Gedanken bereits die Umsetzung und war auch mit der Ablösesumme einverstanden. Allerdings wären für seinen Restaurantbetrieb noch bauliche Veränderungen notwendig, da meine Küche nicht über einen eigenen Kamin verfügte – unabdingbar für sein Vorhaben. Meine genehmigte Zubereitungsküche würde nicht ausreichen. Und natürlich musste Petra, die Vermieterin, überzeugt werden. Er machte einen Termin mit ihr, ich drückte uns allen die Daumen und hoffte inständig, meine finanziellen Sorgen bald überstanden zu haben.

Leider war mein Daumendrücken vergeblich. Petra war strikt gegen ein weiteres Restaurant, sie befürchtete Probleme im nachbarschaftlichen Miteinander zu bekommen, insbesondere auch mit den übrigen Hausbewohnern, die ohnehin der Meinung waren, dass Gastronomie nur Lärm, offene Haus- und Hoftüren, zu viel Müll und Geruchsbelästigungen verursachte. Da auch noch ein teurer Kamin gebaut werden müsste, für dessen Kosten weder sie noch Ricardo aufkommen wollten, scheiterte diese Möglichkeit des Verkaufs der Aroma Station schlagartig. Ich begrub schweren Herzens die gerade aufgekeimten Träume einer Mitarbeit in der italienischen Küche (und meines Verbleibs im Laden), schluckte die Enttäuschung hinunter und wandte mich den Tatsachen zu. Es war ja noch nichts verloren, die Rückmeldungen von Jean-Louis und Frau Kleinschmidt standen noch aus.

LICHT AM ENDE DES TUNNELS?

Tatenloses Abwarten war noch nie mein Ding. Ich konnte nicht wissen, ob und wann ein Verkauf erfolgte und kümmerte mich daher unvermindert energisch um mein Tagesgeschäft, tüftelte an weiteren Möglichkeiten der Kundengewinnung, führte eine genaue wöchentliche Liste über die erfolgreichen und weniger erfolgreichen Mittagsgerichte, ermittelte akribisch, mit welchem Gericht und welcher Aktion ich Gewinne machte, setzte wöchentliche Umsatzziele und prüfte deren Erreichbarkeit, achtete auf Kostenersparnis bei gleichbleibend hoher Qualität und gab alles, um meine Aroma Station jedem Gast als einen attraktiven und heimeligen Ort zu präsentieren. In regionalen Gastroführern, wöchentlichen Stadtteilzeitungen und Internetrezensionen wurde sie regelmäßig als »Oase der Ruhe«, »Kleinod«, »bezaubernder Laden« beschrieben, man lobte die gemütliche Terrasse, die ideenreichen Speisen, die freundliche Atmosphäre. So sollte es bleiben (oder noch besser werden).

Besonders freute mich das Feedback zu meinen Gerichten und den Rezepten, die ich in unregelmäßigen Abständen veröffentlichte. Meine Möhre reiste nach wie vor um die Welt, sowohl in Form meines Mittagstischs als auch in meinen Caterings. Mittlerweile hatte ich eine Vielzahl französischer Köstlichkeiten im Repertoire und die amerikanische Küche mithilfe von diversen Blogs erobert. Insgeheim leistete ich Abbitte, hatte ich sie doch früher ausschließlich mit Burger und Steak gleichgesetzt. Im Sommer des Jahres 2017 probierte ich mich zudem mit wachsender Begeisterung durch die vegetarische Küche Israels.

Was mich allerdings schier in den Wahnsinn trieb, war die Tatsache, dass ich mit meinen Fotos, Ankündigungen, Rezepten und Wochenkarten zwar bei Facebook immer mehr Likes sammelte (und das ohne bezahlte Werbung!) und auch meine Blogbeiträge den Lesern anscheinend gefielen (ich hatte ohne jeglichen Einsatz eines Werbebudgets über 2.000 treue Abonnenten, die meine Aktionen verfolgten und Rezepte nachkochten), doch blieb meine reale Kundenfrequenz auch weiterhin überschaubar. Wo waren sie denn, diese über 2.170 Facebook-Anhänger der Aroma Station? Würden die alle einmal bei mir einkaufen oder ein Catering ordern, wäre ich meine Sorgen los und müsste mich weder ständig neu erfinden noch mir Gedanken über einen Verkauf machen.

Auch meine Wochen-Erfolgslisten ließen kein System hinsichtlich Kundenwunsch und Geschmacksorientierung erkennen, egal wie überschwänglich das Lob für meine jeweiligen Speisen auch ausfiel. War der New York-Cheesecake, dessen Zubereitung sich aufgrund der diversen Zwischenschritte und Kühlzeiten über zwei Tage erstreckte, in der einen Woche binnen kürzester Zeit ausverkauft, so erfreute er ein paar Wochen später den Gaumen meines Mannes, da diesmal kein Mensch Kuchen kaufen wollte. Und stellte ich fest, dass der Dienstag offensichtlich die meisten Mittagsgäste anzog, so konnte ich davon ausgehen, dass sich dieses Kundenverhalten ohne ersichtlichen Grund nach dreiwöchiger Regelmäßigkeit wieder wandelte und ich dienstags meinen Mittagstisch selbst verspeisen durfte. Okay, ich hatte damit die Zeit fürs Abendessenkochen gespart, aber unter ökonomischen Gesichtspunkten betrachtet, musste ich die übriggebliebenen Portionen als Fehlschlag einstufen. Es gab schlicht und ergreifend kein System, nach dem ich mich richten konnte.

Carlo bestätigte mir das mit einem Schulterzucken. »Ah. È la vita. Gastronomie ist so. Heute so und morgen anders.«

Ich musste wohl damit leben. Weitere Kosteneinsparungen waren nicht möglich, jetzt konnten nur noch Umsatzsteigerungen helfen. Dummerweise dümpelten ausgerechnet die Kochevents mehr schlecht als recht vor sich hin. Nur maximal jede zweite Veranstaltung ließ sich realisieren, für die übrigen war die Teilnehmerzahl entweder zu gering oder es gab erst gar keine Anmeldungen. Die Veranstaltungen, die stattfanden, begeisterten sowohl die anwesenden Hobbyköche als auch mich. Wir kochten Menüs für Verliebte, bereiteten Energiebällchen und Müsliriegel als gesunde Snackalternative für Schreibtischtäter, die auf ihren Kalorienhaushalt achten wollten und gestalteten ein wundervolles schwedisches Mittsommerbuffet. Die Angebote, von denen ich gedacht hatte, sie würden auf jeden Fall eine Fangemeinde finden, wie zum Beispiel die Herstellung von Schokolade oder das Mischen von Kräutersalzen und aromatischen Gewürzen, wurden von meinen Kunden unbegreiflicherweise komplett ignoriert.

Dafür verzeichnete ich endlich bei den Caterings und Anfragen nach meinen Räumen für private Veranstaltungen einen leichten Anstieg. Bis Jahresmitte erkannte ich hier einen eindeutigen Trend nach oben. Zwischen März und Juni gingen monatlich mindestens zwei Catering-Bestellungen für durchschnittlich je zwanzig Personen ein. Um Personalkosten zu sparen, erledigte ich diese Buffets komplett alleine und legte hierfür auch Nacht-

oder Wochenendschichten ein. Würde sich dieser Trend stabilisieren, könnte ich aufatmen. Fänden dann noch die Kochevents regelmäßig statt, wäre ich in der Lage, wieder pünktlich anstatt verspätet (oder gar nicht) meine Miete zu zahlen. Ich sah Licht am Ende des Tunnels.

AUGENWEIDE & GAUMENSCHMAUS

Um zusätzliche Anreize zu bieten und neue Kunden zu gewinnen, organisierte ich weitere Veranstaltungen.

Im Rahmen der Schillertage stellte ich meine Räume Studenten der Popakademie (kostenlos) zur Verfügung, die mit ihrer »Weltmusik« an einem Bandparcours des Nationaltheaters teilnahmen, und für Ende Juni plante ich mit Caroline, einer Mannheimer Modedesignerin, die ich auf der Genussmesse im vorigen November kennengelernt und mit der ich seither etliche Kaffeeplaudereien verbracht hatte, ein zweitägiges Fashionevent. Unter dem Motto »Augenweide & Gaumenschmaus« wollten wir Carolines aktuelle Sommerkollektion präsentieren und dazu kleine Köstlichkeiten aus meiner Küche servieren. Natürlich sollte auch Isabella mit ihren Kaffeespezialitäten vertreten sein. Und um die vermutlich fast ausschließlich weiblichen Besucher auch zum Kauf kleinerer und größerer Geschenke zu animieren, gestalteten wir Präsentationstische mit den Arbeiten weiterer kreativer Designerinnen und Handwerkerinnen der Region. Beate, die Glaskünstlerin, stellte mundgeblasene Vasen und Teelichter zur Verfügung, Margret, von Haus aus Ingenieurin und in ihrer Freizeit Gestalterin unglaublich schöner Schmuck- und Papierarbeiten, stattete mich mit witzigen Schmuckkreationen, handgefertigten Briefkarten, winzigen und mit Naschereien gefüllten Geschenkboxen, aufwendig gestalteten Organizern und kunstvoll gebundenen Notizbüchern, die ich am liebsten alle selbst gekauft hätte, aus. Von Monika erhielt ich handgewebte Schals in teils mutigem und teils dezentem Farb- und Mustermix aus luftig-leichtem Leinen- und Baumwollgemisch, ihre Partnerin Sabrina stellte Stadtfotografien, die sie auf Holzkacheln gezogen hatte aus und Bettina, die für ihre extravaganten Entwürfe bereits

den bayerischen Staatspreis für Design erhalten hatte, schickte ihre italienischen Mützen, versehen mit duftigen Seidenblumen, sowie erlesenen Kopfschmuck, verziert mit Federn, Spitze und spinnenwebzartem Drahtgeflecht. Damit wir nicht nur auf zufällig vorbeischlendernde Kunden angewiesen waren, verteilten wir im Vorfeld Flyer, die Carolines Ehemann, von Haus aus Grafikdesigner, für uns gestaltet hatte. Ich kündigte die Veranstaltung via Facebook und auf meiner Webseite mit einem (hoffentlich) Wünsche weckenden Blogbeitrag an, während Caroline ihre Stammkundinnen anschrieb.

Pünktlich zum Veranstaltungsbeginn zog köstlicher Duft frisch gerösteter Kaffeebohnen und feinem Backwerk durch die Räume. Das Schaufenster war einladend dekoriert, Tische und Regale warteten prall gefüllt mit exklusiver Mode und traumhaft schönen Accessoires für jeden Geschmack und Geldbeutel auf staunend-begehrliche Blicke und wir gespannt auf die Reaktionen unserer Gäste.

Unsere umfangreiche Vorarbeit ging auf, an beiden Tagen bewirteten wir zahlreiche modebewusste Damen, packten Päckchen und Taschen, banden Bändchen und Schleifchen, machten Small Talk und verkauften. Caroline vereinbarte Termine fürs Maßnehmen und Anprobieren, füllte ihr Auftragsbuch, kümmerte sich um die Konversation und empfahl etliche meiner Produkte, die zu meiner großen Freude auch auf rege Zustimmung stießen. Isabella kam mit der Kaffeezubereitung zeitweise kaum nach, und die Tische mit den Accessoires leerten sich im gleichen rasanten Tempo wie die Kuchen- und Keksteller.

Am Ende des zweiten Tages waren wir hundemüde und rundum zufrieden, ignorierten die schmerzenden Füße und besänftigten die heiser geplauderten Stimmbänder mit wohltuenden Halsbonbons. Meine Verkaufsprovisionen dieser beiden Tage stopften das aktuelle Defizit zur nächsten Monatsmiete. Voller Begeisterung planten wir Folgeveranstaltungen im September und November. Darauf ein Glas Prosecco, hurra!

EINE SCHWALBE MACHT
NOCH KEINEN SOMMER

Sommer, Sonne, alljährliches Hitzegemaule der max-20°C-Anhänger und Ferienvorfreude sämtlicher Schulkinder. Temperaturabstinente Mitmenschen genossen eine kühle Limonade, natürlich hausgemacht, unter der Markise vor dem Laden, Schweißtropfengeplagte eilten mit Vorliebe zielstrebig in Richtung meiner sonnenfreien, grünen und blühenden Terrassenoase mit Blick auf den Innenhof, wo es sich auch bei heißestem Sommerwetter, unterhalten von fröhlichem Vogelgezwitscher, gut aushalten ließ. Üppige Hyazinthen-Töpfe fühlten sich dort sichtlich wohl und zeigten sich im schönsten Rosé. Ein Bambus gaukelte raschelnd zarte Lüftchen vor und die pralle Gartenminze verschenkte großzügig ihren frischen Duft. Drinnen blieb es stets angenehm kühl, ein unschätzbarer Vorteil des alten Gemäuers, das sich nie wirklich aufheizte und einen das winterliche Bibbern in ebendiesen Räumen sofort vergessen ließ. An den sich der 35°C-Grenze nähernden Tage Mitte Juli verirrte sich jedoch kaum jemand, der nicht unbedingt vor die Tür musste, auf die glühenden Straßen, die zwischen 11 Uhr und 18 Uhr kaum ein Fleckchen Schatten boten. An diesen stillen Tagen verzog ich mich mittags gerne selbst auf meine Terrasse, legte die Beine hoch, rechnete und überlegte bei einem selbst gemachten Lemon-Tonic-Cooler, dem Limonadenfavoriten meiner Gäste. War der Sommer im wahrsten Sinne des Wortes nun bei mir angekommen oder sah ich nur ein einzelnes Schwälbchen am Himmel?

Es gab einige ausgesprochen positive Signale. Die Reaktionen auf meine Caterings waren durchweg hervorragend. Mittlerweile orderte auch eine Metzgerei aus der Nachbarschaft gelegentlich vegane Spezialitäten für ihre eigenen Caterings. Beim ersten Mal fiel ich vor Schreck fast in Ohnmacht, da mich je vier Kilogramm Rote-Bete-Meerrettich-Aufstrich, Bohnen-Tofu-Aufstrich mit Majoran und scharfe Currylinsen an den Rand meiner Kapazitäten brachten und ich bis nachts um 1 Uhr in der Küche stand. Auch an geeigneten Transportgefäßen mangelte es zunächst. Glücklicherweise stellte mir die Chefin wiederbefüllbare Kunststoffeimer mit Deckel zur Verfügung, nachdem sie erkannt hatte, dass ich ihr anscheinend meine sämtli-

chen Tupper-Salatschüsseln mit den georderten Aufstrichen sandte. Nach und nach entwickelte ich Routine und meisterte diese Großportionenzubereitung ohne Panik- oder Zitterknieattacken.

Das Fashionevent im Vormonat war ein voller Erfolg und landete ebenfalls auf meiner Positivliste. Auch die Infoabende zu Ernährungsthemen, die ich gemeinsam mit einer Ärztin für Ernährungsmedizin gestaltete, stießen auf zunehmendes Interesse meiner Kunden.

Einmal im Monat trafen sich bei mir (überwiegend weibliche) Interessierte, eine bunte Mischung aus Marellas Patienten, Kunden der Aroma Station und zufällig an meiner Veranstaltungstafel vorbeischlendernden Menschen, zu einer lockeren Runde. Jeder Abend stand unter einem eigenen Motto. Mal ging es um die Frage, ob Gluten tatsächlich so ungesund ist, wie in einschlägigen, pseudowissenschaftlichen Publikationen und publikumswirksamen Ratgebern behauptet, ein anderes Mal, was es eigentlich mit der häufig vermuteten Laktoseintoleranz auf sich hatte oder auch, welche industriellen Zusatzstoffe unseren Lebensmitteln zugefügt werden und ob diesen mehr Beachtung geschenkt werden sollte. Ich recherchierte hierfür die relevanten Themen und wühlte mich durch verschiedenste Abhandlungen, bereitete entsprechende Teilnehmerunterlagen vor und servierte an diesen Abenden ein zum Thema passendes kleines Gericht. Marella, die die von mir zusammengetragenen Informationen aus medizinischer Sicht vorab prüfte, berichtete aus ihrer Praxis und beantwortete Fragen. Es wurde rege diskutiert und Tipps ausgetauscht, aber auch viel gelacht und erzählt. Die Teilnahme kostete 15 Euro pro Person. Ausreichend, um die Kosten zu decken und noch ein kleines Taschengeld zusätzlich zu erwirtschaften. Die Recherchen und Ausarbeitungen waren aufwendig, machten mir aber großen Spaß. An den Veranstaltungsabenden arbeiteten Marella und ich Hand in Hand, die »gemeinsamen« Vorbereitungen waren jedoch nervenaufreibend. Marella war bei ihren Patienten sehr beliebt, nahm sie sich doch für jeden Einzelnen viel Zeit und kümmerte sich intensiv um die jeweiligen Anliegen ihrer Sorgenkinder. Allerdings vergaß sie dabei auch ihr volles Wartezimmer, ein stundenlanges Geduldsspiel für jeden Wartenden. Ihr unglückliches Händchen bei der Personalauswahl und die damit einhergehende enorme Fluktuation, ihre strikte Ablehnung sämtlicher elektronischer Kommunikations- und Arbeitsmittel und ihr chaotisches Wesen machten die Praxisorganisation nicht eben leichter und sorgten für Marellas persönliche Dauerüberforderung, die sie jedoch stets bestritt. Und so konnte es auch geschehen, dass sie meine

detaillierten Ausarbeitungen erst kurz vor Veranstaltungsbeginn las (»Huch, das hatte ich völlig vergessen!«) und mich dann unverhofft mit Änderungs- oder Ergänzungswünschen überfiel, die sich kaum noch auf die Schnelle einarbeiten ließen und mich in heillose Aufregung versetzten.

»Diese Informationen zur Zitronensäure kann ich nicht prüfen, davon habe ich keine Ahnung«, meinte sie einmal.

»Aber du wolltest doch unbedingt, dass ich das noch recherchiere.«

»Ja, das hatte ich einmal gesagt. Aber ich weiß zu wenig darüber. Willst du vielleicht etwas anderes stattdessen aufnehmen? Oder wir lassen das ganz weg.«

»Aber Marella, ich habe jetzt alle Unterlagen ausgedruckt und in einer halben Stunde geht es los. Wie soll ich das jetzt noch ändern?«

»Ach ja, stimmt. Hm. Naja, vielleicht lassen wir es einfach drin, gehen aber nicht näher darauf ein.«

Oder ihr sagte das geplante Gericht nicht zu. »Kokos-Lauch-Suppe mit Datteln? Klingt lecker. Aber Lauch geht nicht. Ich habe keinen einzigen Patienten, der Lauch verträgt.«

Das erfuhr ich natürlich erst, nachdem ich sie Ewigkeiten zuvor über das Abendessen informiert, bereits alle Zutaten besorgt und die Lauchstangen geschnippelt hatte. Nicht immer konnte ich dann auf ein anderes Rezept umsteigen, da mir die Zeit für einen spontanen Einkauf zwischendurch nun einmal fehlte und ich diese Abendgerichte aus organisatorischen Gründen auch irgendwie mit den Vorbereitungen für den Mittagstisch kombinieren musste. Für Marella zählte der Spaßfaktor, sie betrachtete die Veranstaltungen als Teil ihrer Freizeit. Mir war ein reibungsloser und daher gründlich vorbereiteter Ablauf wichtig, da ich sie als zusätzliche Einnahmequelle etablieren wollte. Nicht ganz einfach. Aber alles in allem liefen sie richtig gut, diese Infoabende.

Ich verkrümelte mich also an ruhigen Nachmittagen auf meine Terrasse, prüfte das Kassenbuch, wertete meine Erfolgslisten aus und dachte nach. Ich konnte es drehen und wenden, wie ich wollte. Trotz all der positiven Entwicklungen der letzten Wochen reichten die Einnahmen hinten und vorne noch nicht. Immer wieder geriet ich mit der Miete in Rückstand. Die Erträge aus den Caterings und den Infoveranstaltungen halfen zwar, waren aber noch nicht ausreichend. Ich befand mich auf einer ewigen Aufholjagd, die ich mit Blick auf die bevorstehenden Sommerferien und die damit ver-

bundenen alljährlichen Umsatzlöcher eigentlich nicht gewinnen konnte. Der Wegfall Brittas monatlicher Mietbeteiligung ließ sich einfach nicht auffangen. Die Optionen eines Ladenverkaufs hatten sich vorerst ebenfalls in Luft aufgelöst. Von Frau Kleinschmidt hatte ich nie wieder gehört, und Jean-Louis konnte Claire nicht für die Idee einer Übernahme begeistern. Nach längerem Zaudern hatte mir Claire daher mitgeteilt, dass sie diese Pläne vorerst einmal ad acta gelegt hätten.

Bei einem kopfkühlenden und belebenden Lemon-Tonic-Cooler grübelte ich über meine Möglichkeiten nach und betrachtete das einzelne Schwälbchen am Sommerhimmel.

Lemon-Tonic-Cooler (Vegan)

ergibt ca. 500 ml

Zutaten für den Zitronensirup
150 g Zucker
230 ml Wasser
abgeriebene Schale einer unbehandelten Zitrone

Zutaten für die Limonade
300 ml Mineralwasser
100 ml Zitronensaft
200 ml Tonic Water
eine Handvoll frische Minze, gemischt mit etwas Zitronenmelisse

Zubereitung
Den Abrieb der Zitrone mit Zucker und Wasser in einen Topf geben. Unter Rühren aufkochen, bis sich der Zucker vollständig aufgelöst hat. Abkühlen lassen und im Anschluss in ein verschließbares Gefäß füllen und kühl stellen.

Fertigstellung
Einige Eiswürfel, frische Minze und Zitronenmelisse ins Glas geben, etwas Zitronensirup dazugießen und mit Mineralwasser, frischem Zitronensaft und Tonic Water auffüllen. Strohhalm hinein und die kühle Erfrischung genießen.

DIE ABSURDE KRISENBERATUNG

Mit dem ersten Ferientag Ende Juli schlossen auch in der Nachbarschaft etliche Geschäfte. Man gönnte sich den schwer verdienten Betriebssommerurlaub. Ich hatte entschieden, erst im September eine Pause einzulegen, da dieser Monat erfahrungsgemäß der schwächste des ganzen Jahres war. Außerdem konnte ich von dem einen oder anderen Mittagsgast profitieren, der mich sonst nie aufsuchte, nun aber mangels Alternative mit knurrendem Magen hereinschneien könnte. Zwar würden mir die Steakfreunde nicht dauerhaft treu bleiben, aber sicherlich dem Sommerumsatzminus guttun. So bereitete ich frühmorgens unermüdlich meine Mittagsgerichte vor und servierte unter anderem römische Supplí (mit Mozzarella gefüllte und dann frittierte Reis-Kroketten) zu Antipastigemüse, pikante Blätterteigtaschen aus der Jerusalem-Küche an Tomatensalsa und Rucola, französische Tarte aux tomates zum Wildkräutersalat, fruchtig-nussigen Brokkoli-Salat mit Mandeln und Cranberries aus der New York-Küche, zarte Schmorgurke auf Polenta mit vielen frischen Kräutern sowie mildwürzige Erbsen-Basilikum-Suppe mit einem Cashew-Zitronen-Creme-Topping und Croûtons. Die Panini, die schon im letzten Jahr schwächelten, aß ich diesmal fast alle selbst. Nachdem weder die mediterrane Variante mit Schafskäse, Peperoni, Tomate und Kräutern der Provence, noch die aus meinem amerikanischen Lieblingsküchenblog mit karamellisierten roten Zwiebeln und kräftigem Emmentaler, und auch nicht die im Cuba-Style mit frisch zubereiteter Sofrito-Soße nach original kubanischem Rezept Anklang fanden, nahm ich sie endgültig aus dem Programm. Kein Mensch will sich tagelang von übriggebliebenen Panini ernähren, auch ich nicht. Irgendwann kann man sie einfach nicht mehr sehen.

Am besten lief mein Lemon-Tonic-Cooler, da kam ich mit dem Zitronenschalenabreiben kaum nach. Gut, dass Zitronenmelisse und Minze auf dem Küchenbalkon wie Unkraut wucherten und so jederzeit für sommerliches Aroma meiner Limonade sorgen konnten.

Es war heiß und wie erwartet – sehr ruhig. Für mein Regal kochte ich wieder aromatische Chutneys, liebliche Marmeladen (Fruchtaufstriche!) und eine scharfe Aprikosen-Fruchtsoße mit frisch gemahlenen Senfkörnern, die ich in kleine Weckgläser abfüllte und mit Bastbändern schön verzierte –

schließlich musste ich die Zeit nutzen und mich schon einmal für die hoffentlich rege Weihnachtsgeschenkesuche wappnen.

War ich nicht gerade mit Marmeladekochen oder Backen beschäftigt, durchforstete ich das Internet nach Tipps und Beratungsangeboten für schwächelnde und krisengeschüttelte Unternehmen.

Ich wühlte mich durch Themen wie Crowd- und Seedfunding, entdeckte Business Angels und Krisenbewältigungsstrategien für junge Unternehmen, Runde Tische zur Abwendung von Insolvenzen und Turn-Around-Beratungen. Irgendwann stieß ich auf geförderte Maßnahmen des Bundesamtes für Wirtschaft und Ausfuhrkontrolle, sogenannte »BAFA-Beratungen«, die über verschiedene Gründerinitiativen angeboten wurden. Ich fackelte nicht lange und meldete mich bei einem dieser Expertennetzwerke.

Binnen einer Stunde wurde mir per E-Mail ein erfahrener Berater genannt, der sich mit mir unverzüglich in Verbindung setzen würde. Nachdem der aber auch nach zwei Tagen noch keinen Kontakt zu mir gesucht hatte, versuchte ich mir einen Überblick über seine vermeintliche Expertise zu verschaffen. Mir standen die Haare zu Berge. Über eine eigene Webseite verfügte er wohl nicht, auch bei den zahlreichen lächelnden Beraterprofilen der sich um Kunden bemühenden Unternehmungsberatungen blieb er ungelistet, und bei keiner meiner Suchanfragen konnte ich irgendwelche Referenzen seiner Beraterfähigkeiten ermitteln. Da ich selbst jahrelang im Beratungskontext tätig gewesen war, schien mir dies zumindest ungewöhnlich. Mein undefinierbares Bauchgefühl wandelte sich in handfestes Misstrauen, als ich stattdessen feststellte, dass sein Name immer wieder im Zusammenhang mit aggressiver Werbung im Telekommunikationsbereich auftauchte. Besonders mysteriös: Seine Handynummer erschien im Impressum eines insolventen Mobilfunkvertriebs, bei dem er anscheinend die Vertriebsleitung innehatte. Dieses Phantom also war der Experte für die Lösung meiner Probleme? Mal ganz davon abgesehen, dass ich generell gewisse Vorbehalte gegenüber Mobilfunk- und Kabelvertragsverkäufern hege, welches Fachwissen sollte er mir denn bei meinem Ladenkonzept bieten? Ich suchte jemanden mit Know-how im gastronomischen Bereich, möglichst auch im Einzelhandel mit Nischenprodukten. Jemand, der durchweg durch negative Bewertungen aufgrund wenig seriöser Vertriebsmethoden in der Telefonbranche auffiel, war mir ausgesprochen suspekt.

Ich kontaktierte das Expertennetzwerk erneut, verwies auf die offensichtlich mangelnde Seriosität des mir vermittelten Beraters, der noch dazu ausgesprochen wenig Interesse an einer Beratung zeigte, hatte er sich nach mittlerweile drei Tagen immer noch nicht gemeldet, und erklärte, ich würde von dem Angebot Abstand nehmen. Im Gegensatz zu dem angeblichen Berater lasen die Koordinatoren des Expertennetzwerks ihre E-Mails anscheinend sofort, denn prompt rief mich ein Mitarbeiter an. Ich erläuterte ihm nochmals meine Bedenken und fragte nach, ob ihm der schlechte Ruf des Beraters nicht bekannt sei. Er gab zu, dass der eine oder andere Hinweis auf die negativen Internetbewertungen im Hause eingegangen und der Berater auch diesbezüglich um Stellungnahme gebeten worden sei.

»Aber die Feedbacks, die wir von den durchgeführten Beratungen erhalten hatten, waren hervorragend!«, fügte er hinzu.

»Und welcher Art waren diese Beratungen?«, fragte ich zurück.

»Die waren immer betriebswirtschaftlichen Inhalts.«

»Sie sprechen von Existenzgründerberatungen. Erstellen von Businessplänen. Habe ich recht?«

Räuspern. »Hm. Ja.«

»Dachte ich mir. Ich möchte auch nicht unterstellen, dass er das nicht kann. Aber das hat absolut nichts mit Krisenberatungen zu tun. Haben Sie hierfür Feedbacks erhalten?«

»Äh. Nein, bisher noch nicht.«

»Ich frage Sie jetzt nicht, wie viele solcher Krisenberatungen er schon durchgeführt hat. Ich kann Ihnen nur sagen, dass ich seine Seriosität infrage stelle und mit ihm nicht über meine Finanz- und Kundensituation sprechen möchte. Und das, was ich über seinen beruflichen Hintergrund herausfinden konnte, lässt mich außerdem daran zweifeln, dass er das Branchen-Knowhow mitbringt, das ich benötige.«

Der Mitarbeiter bat mich um etwas Zeit, man würde für mich einen anderen Berater finden. Und ruckzuck erhielt ich ausführliche Informationen zum BAFA-Beratungsprogramm in einem nahegelegenen Beratungszentrum für Start-Ups inklusive Profil der verantwortlichen Beraterin. Na also, geht doch.

Frau Maus war Finanzexpertin und forderte gleich einmal sämtliche Buchungsvorgänge der letzten drei Jahre bei meiner Steuerberaterin an. Sie wollte zunächst prüfen, ob es irgendwelche Auffälligkeiten gab, zum Beispiel erkennbare Auswirkungen meiner Kostensparmaßnahmen, saison-

bedingte Auf- und Abbewegungen oder besonders hohe Ausgabenposten. Währenddessen führte ich eine Art Aufnahmegespräch mit der IHK und stellte einige Zeit danach den Antrag auf die »Förderung unternehmerischen Know-hows«. Und damit begannen sie zu mahlen, die Mühlen der deutschen Bürokratie.

Sehr geehrte Frau Lassen,

Sie haben am 13.09.2017 einen Antrag zur „Förderung unternehmerischen Know-hows" gestellt und die DIHK Service GmbH als bearbeitende Leitstelle ausgewählt. Vielen Dank hierfür! Im Rahmen der Prüfung Ihres Antrages haben wir folgende Abweichung festgestellt:

Nach Ihren Angaben erfüllt ihr Unternehmen die Kriterien für Unternehmen in Schwierigkeiten gemäß Nr. 20a) oder 20b) der Leitlinie für staatliche Beihilfen zur Rettung und Umstrukturierung nichtfinanzieller Unternehmen in Schwierigkeiten (2014/C249/01) nicht. Danach befindet sich ein Unternehmen in Schwierigkeiten, wenn im Falle von Gesellschaften, in denen zumindest einige Gesellschafter unbeschränkt für die Schulden der Gesellschaft haften, mehr als die Hälfte der in den Geschäftsbüchern ausgewiesenen Eigenmittel infolge aufgelaufener Verluste verlorengegangen ist. Dies gilt auch für Einzelunternehmen. In Ihrem Falle trifft dies nicht zu und eine Förderung als Unternehmen in Schwierigkeiten ist nicht möglich.

Sollte es sich um einen Eingabefehler handeln, teilen Sie uns bitte die berichtigten Kennziffern schriftlich per E-Mail mit. Anderenfalls stornieren Sie bitte den vorliegenden Antrag. Senden Sie uns dazu bitte eine kurze und formlose E-Mail. Entsprechend Ihren Antragsunterlagen haben Sie jedoch auch die Möglichkeit, als Bestandsunternehmen die Förderung einer allgemeinen oder speziellen Beratung zu beantragen. Für Ihre Rückfragen stehen wir Ihnen gern unter Angabe Ihrer Vorgangsnummer zur Verfügung.

Mit freundlichen Grüßen
Herr S.

Sehr geehrter Herr S.,

vielen Dank für Ihre Nachricht. Ich denke nicht, dass es sich um einen Eingabefehler handelt, bitte Sie jedoch nochmals um Prüfung anhand meiner Erläuterungen, für die im Antragsformular kein entsprechender Platz vorgesehen ist.

Ich habe mein Geschäft im Jahr 2013 gegründet und aus Fremdkapital [...] finanziert. Da es sich um ein seit vielen Jahren leerstehendes Ladenlokal handelte, musste zunächst bei der zuständigen Baubehörde ein Antrag auf Nutzungsänderung gestellt und hierzu ein Architekt als einziger Planstellungsberechtigter beauftragt werden. Anschließend mussten – entgegen der ursprünglichen Planung, die lediglich Renovierungen vorsah – umfangreiche Sanierungen vorgenommen werden. [...] Mit diesen Arbeiten und der Investition in Ausstattung und Warenbestand waren am Ende weit über 70 Prozent des Kapitals aufgebraucht. Eine Reserve für die ersten drei Jahre, wie eigentlich beabsichtigt, war so gut wie nicht mehr vorhanden.

Nach Auskunft meiner Steuerberaterin betrug der Anschaffungswert (Betriebsvermögen) Ende 2013 insgesamt 71.900 Euro. [...]. Mein Verlust im Jahr 2015 belief sich über 31.847 Euro. Ich habe meine Ausgaben daraufhin kontinuierlich gesenkt und es geschafft, im Jahr 2016 nur noch einen Verlust von ca. 18.000 Euro zu schreiben. Demgegenüber stehen jedoch nach wie vor zu geringe Umsätze. [...] Ich sehe auch durchaus den einen oder anderen Lichtblick, aber meine bisherigen Bemühungen reichen noch nicht aus, die „Durststrecke" bis zum Erreichen wenigstens einer schwarzen Null durchzuhalten. Ich komme immer wieder in die Situation, dass ich die Miete nur verspätet zahlen kann oder eine Abbuchung von der Bank mangels Deckung zurückgewiesen wird. Bislang habe ich es immer noch mit größter Anstrengung geschafft, meinen Verbindlichkeiten nachzukommen, aber ich benötige Hilfe, um nicht doch noch abzurutschen.

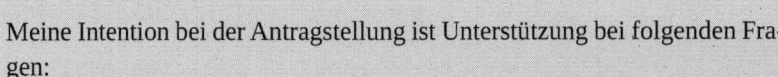

Meine Intention bei der Antragstellung ist Unterstützung bei folgenden Fragen:

- Gibt es ein Netzwerk, mit dem ich mich zusammenschließen kann und mit dem eine Win-win-Situation erzielt werden kann? Ich verfüge beispielsweise über eine vollständig eingerichtete Küche, die vom Wirtschaftskontrolldienst regelmäßig überprüft wird. Vielleicht gibt es andere Einzelunternehmer, die für ihre Aktivitäten auf eine Küche zugreifen möchten, ohne sich dauerhaft eine zu mieten?
- Wer könnte Interesse haben, einen Teil meiner Fläche als Untermieter zu nutzen (eine mobile Kaffeebar beispielsweise oder jemand, der Produkte verkauft, die sich mit meinem Unternehmen ergänzen)? Wie finde ich einen solchen Interessenten?
- Besteht eine Möglichkeit, Investoren / Sponsoren zu interessieren und wenn ja, wie?
- Welche zielgruppengerechten Werbemaßnahmen könnte ich noch ergreifen, die ich selbst durchführen kann, da mir finanzielle Mittel für Agenturen und Kampagnen fehlen?
- Gibt es für mich Möglichkeiten eines Zuverdienstes, um meine Verluste besser tragen zu können?
- Gibt es Auffälligkeiten in meiner Buchhaltung, also Posten, die ich noch besser im Blick haben könnte? Weitere Posten, an denen Kostensenkungen möglich sind?
- Gibt es umsatzsteigernde Maßnahmen unabhängig von der fehlenden Laufkundschaft?

Sehen Sie unter Berücksichtigung dieser Informationen eine Möglichkeit, meinen Antrag zu genehmigen? Ich danke Ihnen sehr für eine neuerliche Prüfung.

Mit freundlichen Grüßen
Karin Lassen

Sehr geehrte Frau Lassen,

da die Förder-Richtlinie sich explizit auf die Definition der EU-Leitlinien bezieht, besitzt diese Methode der Einstufung als Unternehmen in Schwierigkeiten Gesetzeskraft.

Aber vielleicht können wir uns noch annähern:

Es ist der aktuellste Verlust anzugeben. Ist der derzeitige Verlust höher als 18.600 EUR? Wenn nicht: Sind in den nächsten drei Monaten Entwicklungen zu erwarten, welche einen Verlust >18.600 EUR zur Folge haben werden?

Wenn ja, können Sie den aktuellen bzw. den vorausgerechneten Verlust angeben. Wenn nicht, können Sie nur einen Antrag als Bestandsunternehmen stellen und müssten dann einen höheren Eigenanteil (50%) zahlen.

Mit freundlichen Grüßen
Herr S.

Das durfte doch einfach nicht wahr sein. Da kämpfte ich seit Monaten ums Überleben, hatte meinen Dispokredit seit gefühlten 50 Jahren bis ans Limit ausgereizt, erhielt Rückbelastungen meiner Bank über nicht erfolgte Abbuchungen, verzichtete auf jegliche Privatentnahmen, konnte mangels Kapital keine Ware bestellen und jonglierte daher mehr schlecht als recht mit Kommissionsware und den daraus zu ziehenden kleinen Umsatzprovisionen – und erfuhr nun, dass sich mein Unternehmen gar nicht in Schwierigkeiten befand, weil mein in der Buchhaltung ermittelter Verlust hierfür um popelige 600 Euro zu niedrig war.

Rein rechnerisch müsste ich, basierend auf der Verlustentwicklung bis 2016, innerhalb der nächsten 6–7 Monate in die Gewinnzone gelangen. Zwischenzeitlich befand ich mich nicht in finanziellen Schwierigkeiten, wie ich nun lernte, sondern erlebte einen profanen Liquiditätsengpass.

Eine Beratung als Bestandsunternehmen, mit deren Hilfe ich eventuell Wege aus diesem Engpass finden könnte, würde mich jetzt 2.000 Euro kosten. Woher sollte ich die nehmen? Ich wusste nicht einmal, ob ich die nächste Miete zahlen konnte. Es war absurd.

Mit der Beraterin vereinbarte ich eine Unterbrechung. Ich musste überlegen und abwägen. Wie auch in den Jahren zuvor, kamen im September immer weniger Leute vorbei. An manchen Tagen verzeichnete ich nur 4–5 Kunden. Alle Welt war verreist. Ich schloss den Laden für zwei Wochen und legte eine Denk- und Rechenpause ein.

DIE BRANDSCHUTZTÜR

Seit einer Weile klemmte sie schon. Es war immer etwas schwierig, die Tür zum Treppenhaus, eine Brandschutztür aus Metall, zu öffnen. Man musste schon Kraft aufwenden, am besten mit der Schulter drücken. Nach und nach drehte sich dann der Schlüssel schlechter. Ich nahm mir vor, Christian einmal zu bitten nachzuschauen. Vielleicht musste man ein bisschen ölen oder so. Aber natürlich war dieser Gedanke immer in dem Moment verflogen, in dem ich nach Hause radelte.

Das Schicksal nahm seinen Lauf und es kam der Tag, an dem ich die Ladentür abgeschlossen und den Rollladen davor herabgelassen hatte. Alle Lichter aus, Rucksack auf und dann durch die Tür zum Treppenhaus in den Feierabend. Die war abgeschlossen, das machte ich immer so, wenn ich alleine war, vor oder nach Ladenschluss, nachdem ich ja im Oktober des Vorjahres so wüst bestohlen worden war. Aufschließen ging aber nicht. Keine Chance. Ich versuchte den Ersatzschlüssel, der funktionierte auch nicht. Also Rollladen wieder rauf, durch die Ladentür hinaus, Hauseingang aufgeschlossen, durchs Treppenhaus zu besagtem Seiteneingang und von außen die Brandschutztür aufgeschlossen. Klappte. Gott sei Dank. Ladentür und Rollladen wieder zu, raus durchs Treppenhaus, von außen abschließen, nach Hause. Am nächsten Morgen (einem Freitag, den 13.!) etwas misstrauisch die Tür beäugt, aufgeschlossen, hinein, abgeschlossen. Kein Problem. In aller Ruhe konnte ich meine morgendlichen Vorbereitungen treffen, ganz wie immer. Kurz vor 10 Uhr die Türen aufschließen. Ladentür kein Problem, Tür zum Treppenhaus – keine Chance. Auch der am Vortag gewählte Weg außenrum war erfolglos. Die Tür war und blieb verschlossen. Der Schlüssel ließ sich maximal um eine halbe Umdrehung bewegen, dann verweigerte er jegliche Zusammenarbeit. Ich entschied mich gegen einen größeren Kraftaufwand. Der Gedanke, der Schlüssel, der bereits eine verdächtige, leicht gebogene Silhouette andeutete, könne abbrechen, schoss mir mit allen unangenehmen Konsequenzen durch den Kopf. Gut, dass mir der Name des Schlossers gleich einfiel, der die Tür bei meinem Einzug schon einmal gemäß den Brandschutzverordnungen gerichtet hatte. Netter Mann, er sagte mir nach ausführlicher Beschreibung des Problems zu, nachmittags vorbeizukommen.

Tat er auch, um 13.30 Uhr. Aber nur um mir mitzuteilen, dass er weder ein Schloss dabei noch Zeit habe, um den Schaden zu beheben. Das müsste man vielleicht sogar aufbohren, was an einer Brandschutztür aus Metall nicht so einfach ist. Dauert Stunden. Er hatte noch einen Folgetermin und überhaupt eine harte Woche. Ich starrte ihn fassungslos an. Warum hatte er mir das denn nicht gleich vormittags gesagt?

Also habe ich die nächste Firma angerufen. Erklärte, dass diese Tür unbedingt geöffnet werden müsste, sonst könnte ich den Laden nicht einbruchsicher verschließen. An einem Freitagnachmittag erntete ich nur ein müdes »Heute noch? Keine Zeit.«

Noch eine Firma angerufen und etwas mehr auf die Tränendrüse gedrückt: »Wenn die Tür nicht repariert wird, muss ich das ganze Wochenende im Laden verbringen.«

»Können Sie denn nicht vorne raus?«

»Doch, aber dann kann ich den Rollladen nicht herunterlassen. Und die Tür ohne herabgelassenen Laden ist nicht einbruchsicher.«

Der Monteur zeigte Erbarmen und kam. Binnen 20 Minuten war das Schloss ausgetauscht und die Tür noch schnell ein bisschen nachgezogen. Zusätzlich war die Kasse um 165 Euro erleichtert. Trotzdem; Gott sei Dank. Ich hatte schon die Befürchtung, er würde sie wohl öffnen, nicht aber wieder verschließen können. Das wäre dann wohl ein wahrer Freitag, der 13. gewesen …

HOPP ODER TOP

Direkt im Anschluss an meine Zahlenwälz- und Erholungsferien und inmitten meiner noch ergebnislosen Grübelphase erreichte mich zunächst Carolines Nachricht, dass unser demnächst bevorstehendes zweites Fashionevent nicht stattfinden könne. Sie hatte kurzfristig die Gelegenheit erhalten, an einer mehrtägigen Veranstaltung in dem neu eröffneten Edel-Konsumtempel in bester Innenstadtlage teilzunehmen. Mit dabei waren auch fast alle anderen Designerinnen, deren Arbeiten ich als Kommissionsware führte, und die ich während meiner Ferien gerade erst neu sortiert und im Schaufenster publikumswirksam aufgebaut hatte. Ich konnte es ihnen kaum übelnehmen, schließlich bot diese Veranstaltung allen Beteiligten eine große Chance, ihren Bekanntheitsgrad erheblich zu steigern. Also hieß es, kurzfristig alles wieder umdekorieren, meinen Unmut über den erhofften und nun ausbleibenden Septemberumsatzsegen herunterschlucken und schauen, wie ich die Lücken stopfen konnte. Denn vom einen auf den anderen Tag zogen sämtliche Mützen, Schals und Accessoires erst einmal von dannen. Gerne hätte ich gemeinsam mit Isabella einen Kaffee- und Kuchen-Stand beigesteuert, aber zu unserem Leidwesen fiel die Wahl auf andere Anbieter.

Glücklicherweise bot sich just zu diesem Zeitpunkt die Malerin Paola an, den drohenden Leerstand im Schaufenster und auf den Präsentationstischen abzuwenden. Sie stellte mir wunderschöne Aquarelle zur Verfügung. Ab Anfang Oktober 2017 konnte man in der Aroma Station nun auch Kunst bewundern. Da sich Paola besonders dem Thema »Provence« widmete, kombinierte ich es kurzerhand mit Spezialitäten dieser Sehnsucht weckenden Region und brachte ab sofort jede Woche ein anderes passendes Gericht auf den Mittags- oder Kuchentisch. Der Duft von provenzalischem Gemüseeintopf mit Lavendel und tomatenfrischer Pissaladière mit Oliven, sowie der von französischem Apfelkuchen, begrüßte kunstschnuppernde und hungrige Gäste.

Zu Paolas Arbeiten gesellte sich noch Patchwork von Joy, die ich gerade erst durch Zufall kennengelernt hatte. Gemeinsam mit ihrer Freundin hatte sie sich dem Upcycling verschrieben. Die beiden verwerteten alle möglichen Textilien und nähten daraus pfiffige Handtaschen und Shopper für jede Altersklasse, versehen mit witzigen Details. So gab es beispielsweise Taschen, die man von innen nach außen wenden konnte und sich somit im-

mer wieder aufs Neue der farblichen Qual der Wahl stellen durfte. Andere verfügten über eine Vielzahl an Innen- und Außentäschchen, in denen sich so ziemlich alles verstauen ließ. Ein El Dorado für jede Frau mit all ihrem Krimskrams. Sowohl Kunst als auch Taschen passten perfekt zu meinem Konzept, war doch alles in liebevoller Manufakturarbeit gefertigt.

Zwar machte sich der fehlende Kassenschlager »Fashionevent« mahnend bemerkbar, doch erreichten mich zunehmend kleinere Catering-Anfragen. Und diese nicht nur für Privatanlässe; auch durchaus namhafte Unternehmen wollten ihre Gäste mit meinen Fingerfood-Buffets verwöhnen. Der große Wurf war noch nicht dabei, aber Kleinvieh macht bekanntlich auch Mist. Ich musste wohl erneut eine Miete schuldig bleiben, schöpfte aber wieder Hoffnung. Immerhin dauerte es ja auch nicht mehr sehr lange bis November, dann gab es auf jeden Fall eine Neuauflage von »Augenweide & Gaumenschmaus« – Caroline hatte es fest versprochen.

Während ich noch hin und her überlegte, ob ich versuchen sollte, den erforderlichen Betrag für die Krisenberatung aufzutreiben und mit solch professioneller Unterstützung Ideen zur Überwindung meines Liquiditätsengpasses zu entwickeln, tauchte Frau Kleinschmidt aus der Versenkung auf. Sie entschuldigte sich tausendfach für ihr monatelanges Schweigen (Kinder, Krankheit, Urlaub), erklärte mir, sie wolle immer noch einen eigenen Laden und diesen Wunsch am allerliebsten in meinen Räumlichkeiten realisieren. Ob ich an einer Wiederaufnahme unserer Gespräche interessiert sei? Ich war etwas skeptisch, schließlich war sie im Frühjahr nach anfänglicher Begeisterung ohne ein Wort der Erklärung einfach von der Bildfläche verschwunden. Aber ein Gespräch konnte ja nicht schaden, also sagte ich zu. Wie schon vor Monaten wirbelte sie auch diesmal voller Enthusiasmus quer durch Laden und Küche. Der Boden gefiel ihr nach wie vor nicht, aber den könnte sie ja austauschen, so ihre Überlegungen. Konkrete Pläne, was sie mit den Räumen eigentlich anfangen wollte, hatte sie immer noch keine, dafür aber Ideen. Viele Ideen. Sie wollte gerne noch einmal mit einer befreundeten Architektin vorbeikommen.

Ich war einverstanden und meinte: »Am besten kommen Sie montagnachmittags. Da habe ich meine Wochenvorbereitungen erledigt und es sind auch keine Kunden hier. Sagen Sie mir einfach Bescheid, wenn Sie einen entsprechenden Termin mit ihrer Freundin finden.«

Ich wollte auf jeden Fall vermeiden, dass Mittagsgäste oder stöbernde Kunden zum jetzigen Zeitpunkt Gespräche aufschnappten, die sich um einen etwaigen Besitzerwechsel drehten. Diskretion war mir wichtig. Wer wusste schon, wie sich die Dinge entwickelten?

»Ja, das mache ich. Ich rufe Sie an. Ach so, da wäre noch etwas. Sie hatten ja bei unseren ersten Gesprächen eine Ablösesumme erwähnt. Wie sieht das denn jetzt aktuell aus?«

»Daran hat sich nichts geändert.«

»Die gleiche Summe, obwohl mittlerweile einige Zeit vergangen ist?«

»Genau. Inklusive des kompletten Inventars. Und ich bitte um Verständnis, aber an einer Fortsetzung unserer Gespräche bin ich auch nur dann interessiert, wenn Ihrerseits die Bereitschaft besteht, diese Summe auch zu zahlen. Sie ist nicht verhandelbar.«

»Ich müsste mir natürlich ein Finanzierungskonzept überlegen.«

»Verstehe ich. Denken Sie in Ruhe darüber nach, welche Investitionssumme Sie letztlich benötigen. Wenn Sie feststellen, dass Ihre Pläne umsetzbar sind, spreche ich gerne die Vermieterin an. Sie muss ja mit Ihnen als Nachmieterin einverstanden sein.«

Ich wollte mich auch nicht mehr auf endlose Zappeleien einlassen und fügte noch hinzu: »Da ich auch meine Aktivitäten und Budgets planen muss, müsste ein Wechsel – sofern alle Beteiligten mit den Rahmenbedingungen einverstanden sind – zum Jahresende stattfinden.«

»Das könnte ein bisschen knapp werden, fürchte ich.«

»Das ist mir bewusst. Aber ich sehe keinen anderen Weg. Ich habe eine Option für nächstes Jahr und muss mich entscheiden, ob ich diese nutze oder nicht. Nehme ich sie nicht wahr, müsste ich hier wieder etwas investieren. Und wenn ich das mache, bleibe ich auch hier. Dann käme eine Übergabe für mich nicht mehr in Frage.«

»Könnten Sie mir eine Aufstellung all Ihrer bisherigen Investitionen machen, also sowohl der Sanierungen als auch der Einrichtung und Geräte? Meine Steuerberaterin sagte, sie brauche alle Rechnungen.«

Das würde bedeuten, ich müsste sämtliche Anschaffungsbelege der letzten drei Jahre zusammensuchen, also circa zehn Ordner Buchhaltung durchforsten. Das würde Stunden dauern, zudem hatte ich nicht alles vor Ort; die Belege für 2015 und 2016 waren im Steuerbüro und warteten auf den Jahresabschluss.

»Das ist sehr zeitaufwendig. Ich mache das natürlich. Aber nur dann, wenn Sie sich grundsätzlich mit der Höhe der Ablösesumme einverstanden erklären.«

»Verstehe ich. Okay, ich komme am Montagnachmittag mit meiner Freundin, dann sind wir einen Schritt weiter. Den Termin Jahresende behalte ich im Kopf. Versprochen.«

Sie kam tatsächlich in Begleitung der Architektin. Zwar nicht am Nachmittag, wie vereinbart, sondern am Vormittag, mitten zwischen Kuchenteig und Kartoffelschälen, aber sie kam. Die beiden beratschlagten über den Boden (der ja ihrer Ansicht nach unbedingt ausgetauscht werden musste), die Gästetoiletten (die man auf jeden Fall mit mehr Chic ausstatten musste), die Küche (die man so lassen konnte) und das Büro (das man für alles Mögliche nutzen konnte). Die Terrasse fanden sie entzückend, und auch die Beleuchtung war passend. Vielleicht noch eine zusätzliche Heizung und auf jeden Fall eine andere Farbe. Etwas komplizierter schien die Unterbringung einer Umkleidekabine, sollte ein trendiges Sortiment für die modebewusste Damenwelt angeboten werden. Vielleicht ja auch nicht. Aber da die Ideen in Richtung eines Concept Stores gingen, bräuchte sie sie vermutlich doch. Mindestens zwei, eher drei Mitarbeiter schienen von Nöten. Einen Koch (»Da gibt es doch bestimmt einen arbeitsuchenden Inder«) und eine Verkaufshilfe (»mit Erfahrung im Luxussegment«), dazu jemanden in Reserve. Schließlich konnte und wollte sie nicht selbst täglich von morgens bis abends im Laden stehen. Kopfzerbrechen bereitete ihr auch das Familienmanagement. Die beiden Jungs besuchten die 4. und 5. Klasse und mussten nachmittags zu ihren diversen Freizeitbeschäftigungen chauffiert werden, nachdem die Hausaufgaben erledigt waren, die sie beaufsichtigte. Ich überließ die beiden ihren Überlegungen und kümmerte mich währenddessen um die wöchentliche Zutatenliste.

Schließlich meinte Frau Kleinschmidt: »Also, ich möchte das jetzt gerne meinem Mann zeigen, er soll sich auch ein Bild von dem Laden machen. Schließlich muss er die Finanzierung mittragen. Ist es okay, wenn ich morgen noch mal mit ihm vorbeikomme?«

»Kein Problem, am besten bevor ich öffne oder nach Geschäftsschluss.«

»Nach Geschäftsschluss passt besser. Dann bin ich kurz nach 19 Uhr hier.«

Sie hielt erstaunlicherweise auch diesmal Wort und führte ihren Mann durch die Räume. Er schien die Entscheidung ihr zu überlassen, meinte lediglich,

dann müsse sie jetzt endlich ihr Geschäftskonzept ausarbeiten. Das hatte sie nun auch fest vor und wollte sich demnächst wieder melden.

Zwei Tage später besuchte mich Jean-Louis, der Inhaber des benachbarten Restaurants. Zu meiner allergrößten Überraschung teilte er mir mit, dass er mein Angebot nicht vergessen hatte. Zwar konnte er Claire im Frühjahr nicht überzeugen, aber er war nach wie vor interessiert. Ob auch ich noch Interesse hatte? Ja, war denn das die Möglichkeit? Urplötzlich, nachdem ich meine Verkaufspläne schon fast begraben hatte, tauchte der zweite verloren geglaubte Interessent auf. Ganz ohne mein eigenes Zutun. Karma?

Ich erzählte Jean-Louis von Frau Kleinschmidt und machte auch ihm gegenüber deutlich, dass eine Übergabe zum Jahresende erfolgen müsste. Er sagte mir zu, sich umgehend darum zu kümmern, auch die Ablösesumme stellte kein Problem dar. Spätestens in einer Woche würde er mir Bescheid geben. Frau Kleinschmidt teilte ich daraufhin mit, dass noch jemand den Laden gerne übernehmen würde. Sie dankte mir für die Information per E-Mail und wollte sich unverzüglich bei mir melden.

Jetzt hieß es: hopp oder top …

DIE WÜRFEL SIND GEFALLEN

Es dauerte zwar ein paar Tage länger, aber Jean-Louis ließ tatsächlich seinen Worten Taten folgen. Am Mittwoch, dem 25.10.2017, teilte er mir seine Entscheidung mit: Er wollte die Aroma Station übernehmen. Ab Januar und zu meinen Konditionen. Genau so, wie ich es gefordert hatte. Sogar mit Petra hatte er schon gesprochen, sie wäre einverstanden, wenn wir uns einigten. Ich hatte mir dieses Szenario seit Monaten durch den Kopf gehen lassen, es gab keinen Grund mehr für mich zu zögern. Und so besiegelten wir unser Abkommen per Handschlag. Die Details wollten wir in den kommenden Tagen klären. Ich wusste, ich konnte ihm vertrauen, machte mir keine Sorgen, dafür umso mehr Gedanken, wie ich die verbleibenden Wochen gestalten würde.

Ab sofort befand ich mich in einem Wechselbad der Gefühle. Erleichterung über die getroffene Entscheidung, Wehmut wegen dem greifbaren Ende, Ratlosigkeit hinsichtlich der notwendigen Abwicklung, Sorge, wie es mit mir weitergehen sollte. Denn konkrete Vorstellungen und Zukunftsideen hatte ich eigentlich keine. Ich war viel zu sehr damit beschäftigt gewesen, den Laden am Laufen zu halten; einen Plan B gab es nicht. Um dem Chaos in meinem Kopf nicht zu viel Raum zu gewähren, griff ich nach einem probaten Mittel. Sie kennen vielleicht den Spruch »Wie isst man einen Elefanten? – Einen Bissen nach dem anderen.« So würde ich vorgehen. Als großer Fan und permanenter Nutzer von Notizbüchern füllte ich schnell Zeile um Zeile mit Fragen und To-do-Listen. Jetzt nur nichts übersehen, generalstabsmäßig würde ich vorgehen.

Zum 31.12.2017 wollte ich den Laden übergeben. Das Inventar würde zwar bleiben, dennoch gab es bis dahin jede Menge auszuräumen. Küchenutensilien, Büro, Dekomaterial, Restbestände meines Sortiments. Am Freitag, dem 15.12., sollte die Aroma Station das letzte Mal geöffnet werden. Samstags würde ich mit Freunden und Wegbegleitern gebührend Abschied feiern, für Montag, den 18.12., plante ich Inventur und Abholung der Kommissionsware und bis einschließlich Samstag, den 23.12., dann Ausräumen und Umzug.

Ganz gleich, was nun alles auf mich zukäme, oberste Priorität hatte für mich, dass keiner meiner Gäste den Eindruck gewann, die Aroma Station würde nur noch lieblos und mit halber Kraft betrieben werden. Bis zum letzten Tag sollte sich jeder wohlfühlen und mein Angebot seine Attraktivität behalten. Keine Auflösungserscheinungen oder gar Schmuddelecken, kein Ramsch-Verkauf und schon gar kein minderwertiges Essen. Die Ablösesumme würde zwar einen Teil meiner Investitionen, genauer gesagt, den aktuellen Buchwert decken, jedoch bei Weitem nicht ausreichen, um meinen laufenden Kredit abzulösen. Den müsste ich noch einige Jahre bedienen. Grund genug, alles Erdenkliche zu unternehmen, um in den restlichen Wochen möglichst gute Umsätze zu erzielen und mir ein kleines bisschen Luft zu verschaffen. Also wandte ich mich dem Nächstliegenden zu, sichtete meine Vorräte, die ich möglichst aufbrauchen, aber nicht erneut auffüllen wollte, und setzte mich an die Wochen- und Veranstaltungsplanung. Es standen im November noch das Fashionevent, ein sizilianisches und ein

Kürbis-Kochevent auf meiner Liste. Für Dezember war ebenfalls ein Kochevent geplant. Passend zu Weihnachten sollten »Geschenke aus der eigenen Küche« hergestellt werden.

ENDSPURT

Auf das sizilianische Kochevent freute ich mich ganz besonders. Die ersten geplanten Termine im September und Oktober hatten aufgrund fehlender Anmeldungen nicht stattgefunden, doch der 11.11.2017 war bereits fast ausgebucht. Einige Teilnehmer wollten hierfür angesammelte Gutscheine einlösen, andere hatten für den Abend regulär Vorkasse geleistet. Vielleicht konnte ich noch zwei oder drei weitere Anhänger der italienischen Küche gewinnen. Durch den Abend würde uns Donatella führen. Sizilianerin und begeisterte Köchin (sie arbeitete schon seit einer Weile an einem sizilianischen Kochbuch, das ursprünglich im Oktober, nun aber mit etwas Verspätung pünktlich zu unserem gemeinsamen Abend erscheinen sollte). Ich hatte sie im Sommer über Marella kennengelernt. Allzu viel Zeit blieb nicht mehr bis zu unserem Termin. Das Menü hatten wir zwar schon im September besprochen, aber es fehlten noch die Rezepte. Und die brauchte ich dringend. Schließlich musste ich die Teilnehmermappen schreiben und mich um die Einkaufsliste kümmern. Innerlich jubelnd und mit Vorfreude auf das Event erinnerte ich Donatella noch einmal daran und bat sie um Zusendung der fehlenden Infos. Die erhielt ich zwar nicht, dafür aber die Mitteilung, dass sie den Termin bedauerlicherweise nicht einhalten könne. Und das fiel ihr genau eine Woche vor Veranstaltungsbeginn ein. Schlagartig erlosch meine Begeisterung. Zu früh gefreut. Das durfte doch einfach nicht wahr sein. Endlich hatte ich wieder genügend Anmeldungen für ein Kochevent zusammen, die noch dazu bereits bezahlt waren, und dann das.
Mit fliegenden Fingern informierte ich meine Teilnehmer per E-Mail und versuchte, ihnen alternativ das in Kürze folgende Kürbis-Special, mit seinen ausgefallenen Zubereitungstipps und unterschiedlichsten Kürbissorten, sowie den Dezember-Termin »Geschenke aus der eigenen Küche« schmackhaft zu machen. Vergeblich. Keiner hatte Appetit auf Kürbis oder Zeit für selbst zubereitete Weihnachtsgeschenke. Es blieb mir nichts ande-

res übrig, als sämtliche Beiträge zu erstatten. Sogar die Gutschein-Inhaber baten um Auszahlung. Zähneknirschend leistete ich Folge. Da war er dahin, der zusätzliche Umsatz.

Frau Kleinschmidt hatte ich fast schon vergessen. Seit unserem letzten Kontakt Anfang Oktober – sie wollte sich ja »unverzüglich« melden – herrschte Funkstille. Wie schon zuvor, tauchte sie auch diesmal wieder ganz unverhofft aus der Versenkung auf. Ich erhielt eine E-Mail mit der Nachricht, sie sei gerade auf dem Weg nach Berlin, beabsichtige, dort ein paar Impressionen zu sammeln und wolle in der darauffolgenden Woche wieder bei mir vorbeischauen. Ich antwortete ihr, dass ich mit dem anderen Interessenten, von dem ich ihr ja bereits berichtet hatte, zwischenzeitlich handelseinig geworden sei. Wir könnten uns gerne treffen, aber ich ginge davon aus, dass die Übergabe klappte. Sollte sich der Interessent wider Erwarten doch anders entscheiden, würde ich ihr selbstverständlich Bescheid geben. Ich hörte nie wieder von ihr. Alles andere hätte mich auch gewundert.

Die Zeit raste dahin. Das nächste Fashionevent »Augenweide & Gaumenschmaus« sollte am 24. und 25.11. stattfinden. Caroline würde ihre Winterkollektion präsentieren, Isabella Mokkaspezialitäten und ich Kuchen und Gebäck anbieten. Die erste Veranstaltung im Sommer war ja ein großer Erfolg gewesen, und so hofften wir natürlich auf ähnlich klingelnde Kassen. Es sollte nicht sein. Ganze zehn Kuchenstückchen verkaufte ich an den beiden Tagen. Den Rest aßen wir selbst. Auch der übrige Umsatz lag deutlich hinter dem der letzten Veranstaltung zurück. Ärgerlich!

In der kommenden Woche würde der Weihnachtsmarkt eröffnen. Der war bestimmt auch diesmal ein absoluter Publikumsmagnet, dummerweise in meiner unmittelbaren Nachbarschaft. Aus vergangenen Jahren wusste ich, dass er mich vermutlich viele Kunden kosten würde. Entsprechend war ich auch auf die prompt einsetzende Leere vorbereitet. Die Glühwein- und Currywurst-Verlockungen in der Mittagspause waren zu groß. Und auf dem Weg zurück ins Büro, bewaffnet mit einer Tüte gebrannter Mandeln und bepackt mit glitzerndem Christbaumschmuck (der sich vermutlich nach Weihnachten zum übrigen Dekokram im Keller gesellen und bald in Vergessenheit geraten würde), steigerte sich manch einer noch in vorweihnachtlichen Kaufrausch und erledigte den Geschenkekauf für die Lieben

gleich mit. Für Mama und Papa Bambussocken und Lammfellpuschen, für Leon und Mia glitzerndes Spielzeug aus China, für Lara und Chiara Silberschmuck und Afrikatücher, für Tante Martha Wela-Suppen, für Onkel Heinz Schnaps aus dem Schwarzwald und für sich selbst noch ein Tütchen Matetee (echt Bio) samt passendem Trinkgefäß. Wer kann bei Jingle Bells in Dauerschleife schon widerstehen? Nach Büroschluss eilte die arbeitende Bevölkerung schnellen Schrittes in die Innenstadt, die fröhlich glitzernd die Erfüllung sämtlicher noch offener Weihnachtswünsche versprach. Alles auf einem Fleck, das spart natürlich Zeit. Wozu sich durch die kleinen Stadtteilgeschäfte arbeiten, in denen man ja doch nicht sofort alles für jeden findet? Meine Umsatzhoffnungen zum Ende der Aroma Station schwanden rapide. Ich begann in den ruhigen Stunden auszusortieren, gönnte mir mit Luise an einem Abend ebenfalls einen Glühwein, kaufte ein Paar Bambussocken und summte schicksalsergeben mit den übrigen Weihnachtsmarktbesuchern »frö-hö-liche Weihnacht« im Chor.

Allerdings freute ich mich darauf, nun bald Bettina, deren Mützen ich ja seit einigen Monaten in Kommission anbot und die sich regem Kundeninteresse erfreuten, zu treffen. Sie war mit einem eigenen Stand auf dem Weihnachtsmarkt in der Innenstadt vertreten. Dass ausgerechnet diese Mützen einmal der Auslöser für einen albernen Streit sein und das Ende einer Freundschaft einleiten würden, hätte ich mir allerdings auch nicht träumen lassen.

AUFLÖSUNGSERSCHEINUNGEN

Zwar bestellte ich keine neue Ware mehr und versuchte, meine eigenen Bestände abzuverkaufen, doch wollte ich um jeden Preis halbleergeräumte Regale vermeiden. Ein solcher Anblick verschreckt jeden Kunden, erinnert an fliegende Händler mit Billigware und kam für mich nicht infrage. Niemals. Also stopfte ich entstehende Lücken mit der verbliebenen Kommissionsware, packte Weihnachtstüten und Dekoartikel dazwischen und sorgte so für eine unvermindert attraktive Präsentation meiner Räume. Ich war optimistisch, auf diese Weise auch weiterhin ein ansprechendes Ambiente aufrechterhalten zu können. Rund zwei Drittel der Regalflächen waren alleine mit Esras Produkten gefüllt. Am 18.12. würde sie ausräumen, dann wurde auch die übrige Kommissionsware abgeholt.

Doch erstens kommt es anders und zweitens als man denkt. Am Samstag, dem 02.12., meldete sich Caroline kurz vor Ladenöffnung via Facebook-Messenger.

»Hallo, ich komm nachher kurz vorbei, ich brauch noch Kaffee … und ich nehm noch die Mützen von Bettina mit.«

Wie bitte? Sie wollte die Mützen abholen? Meinen momentan einzigen Verkaufsschlager? Ich war verwirrt und ahnte Ärger. Schließlich erzählte ich jeder Kundin, dass sie ganz bestimmt noch bis 15.12. über eine ausreichende Mützenauswahl verfügen könne. Gerade am Vortag konnte sich eine meiner Stammkundinnen nicht recht entscheiden und hatte sich für die kommende Woche angekündigt. Zwei Mützen hatte sie vorsichtshalber reserviert. Außerdem hatte ich Caroline nach ihrer spontanen Septemberaktion ausdrücklich darum gebeten, mir künftig frühzeitig Bescheid zu geben, sollte sie Teile der mir zur Verfügung gestellten Kommissionsware benötigen. Schließlich musste ich immer etwas ausklügeln, um fehlende Ware zu ersetzen, beziehungsweise um entstehende Freiflächen umzunutzen. Und unter »frühzeitig« verstand ich nicht unmittelbar vor Ladenöffnung, sondern wenigstens einen Abend vorher. Was war daran falsch?

»Wieso nimmst du denn jetzt die Mützen mit? Das hatten wir doch gar nicht ausgemacht? Ich wollte Bettina den Restbestand Ende nächster Woche vorbeibringen. Eine Kundin gestern interessierte sich noch für eine andere, wollte aber erst einmal bei ihrer Freundin nachfragen. Warum könnt ihr mir

das eigentlich nicht einmal vorher sagen? Ich erzähle den Kunden, die Ware ist noch bis zum 15.12. da, und den nächsten Tag räumst du hier ab.«
»Du, Bettina hat mich gebeten, sie ihr mitzubringen, weil ihr Farben fehlen … und ich räum gar nichts ab.«
Na großartig. Das hätte Bettina mir ja wohl selbst sagen können.
»Es ist ihre Ware. Es wäre aber fair, wenn man mir vorher Bescheid sagt. Ich habe schließlich noch geöffnet und versuche, so etwas wie einen letzten Umsatz zu Weihnachten zu machen. Ich richte dir alles«, antwortete ich.
»Macht das bitte unter euch aus … ist mir echt zu viel!«
Ja, prima. Nur hatte sich Bettina nun einmal nicht bei mir gemeldet, sondern anscheinend in einem Telefonat Caroline beauftragt, die sich ihrerseits mit der Abholung einverstanden erklärt hatte. Und jetzt war ihr das zu viel? Ich packte schimpfend alles in Windeseile zusammen, räumte den leergefegten Präsentationstisch, den ich nicht mehr anderweitig gestalten konnte, beiseite und antwortete ihr kurz darauf, dass sie die Mützen nun abholen könne.
»Sorry, aber du hast mir gerade eben mitgeteilt, dass du die Ware holst. Du weißt, dass Bettina sie benötigt. Ich erfahre soeben zum ersten Mal davon. Und zwar von dir. Ist jetzt egal, ich habe alles gerichtet.«

Ich wartete umsonst. Nachdem Caroline auch zwanzig Minuten nach Ladenschluss weder aufgetaucht noch telefonisch erreichbar war oder sich auf irgendeinem Wege meldete, rief ich Bettina an. Die entschuldigte sich tausendmal für die missglückte Kommunikation, erklärte mir, dass sie die Mützen gar nicht so dringend benötigte und hoffte, dass sie keine Missstimmung verursacht hatte. Ihr Hoffen war ebenso vergebens wie mein Warten. Die Mützen ließ ich ihr am Dienstag vorbeibringen, von Caroline hörte ich auch weiterhin nichts. Sie war beleidigt.

Kaum waren die Mützen weg, kündigte sich Paola an. Sie konnte den vereinbarten Räumungstermin nicht einhalten und wollte ihre Bilder bereits in dieser Woche abholen. Ihr Sohn könne ihr beim Transport helfen, erklärte sie kleinlaut, anschließend fehle ihr einfach die Zeit. Ich war zwar wenig begeistert, konnte sie aber verstehen. Okay, dann würde ich zwei weitere Präsentationstische beiseitestellen. Ich brauchte ohnehin demnächst Platz für zusätzliche Sitzgelegenheiten. Schließlich nahte auch mein Abschiedsfest. Die freien Flächen im Schaufenster würde ich mit Weihnachtstüten,

einem Teil von Esras Olivenölflaschen und Joys Patchwork-Arbeiten füllen. Mist. Schon wieder umdekorieren. Eigentlich hatte ich anderes zu tun.

Als nächstes erreichte mich eine Nachricht von Esra. Sie hatte beschlossen, ihren Onlineshop aufzugeben und wollte nun ebenfalls ihre Ware unbedingt noch vor dem vereinbarten Termin abtransportieren. Alle Versuche meinerseits sie davon abzubringen, waren vergebens. Weihnachten stand vor der Tür (ach ja?), sie hatte großen Stress (wann hatte sie den nicht?) und eigentlich überhaupt keine Zeit (wie so ziemlich jeder Mensch, einschließlich mir). Sie bot mir an, das Ausräumen über mehrere Tage auszudehnen und immer nur einen Teil mitzunehmen. Das wiederum hätte für mich ein tägliches Löcherstopfen bedeutet, was erstens mangels verfügbaren Warenbestands bereits nach kürzester Zeit unmöglich geworden wäre und mir zweitens als eine völlig absurde Beschäftigungsform erschien. Eine Mischung aus Wut und Enttäuschung wallte in mir hoch. Ja, ich gab die Aroma Station auf. Aber deswegen konnte man sich doch trotzdem an getroffene Vereinbarungen halten. Erst Caroline, dann Paola und jetzt Esra. Wie war das noch gleich mit Ratten und sinkenden Schiffen? Nein, das war unfair. Trotzdem … meine generalstabsmäßige Planung war dahin, ich fügte mich dem Unvermeidbaren. Nicht zum ersten und vermutlich auch nicht zum letzten Mal machte mir das Leben einen Strich durch meine Rechnung. Entnervt beschloss ich, den Laden früher als geplant zu schließen. Keinesfalls wollte ich zwischen leergefegten Regalen herumsitzen und darauf hoffen, dass sich ein Kunde fand, der sich vereinzelter Marmeladengläser oder einsam herumstehender Gewürzmischungen erbarmte. Also informierte ich nun auch den Rest der Mannschaft über die ungeplante Änderung. Wer wollte, konnte seine Ware schon am 08.12. abholen. An diesem Tag würde ich den Betrieb einstellen.

Es war ein deprimierender Moment, als das kollektive Einpacken begann. Die Inventur hatte ich teilweise schon erledigt, so dass mir fast jeder seine Rechnung gleich mitbringen konnte. Diese zahlte ich direkt aus meinem Kassenbestand, trug die Ausgaben entsprechend in mein Kassenbuch ein und setzte einen »erledigt«-Haken nach dem anderen.
Caroline, die sich seit unserem denkwürdigen, virtuellen Mützen-Schriftwechsel jedem meiner Gesprächsversuche verweigerte – sie nahm weder meine Anrufe entgegen noch beantwortete sie Nachrichten, die ich auf dem

Anrufbeantworter hinterließ – und stattdessen weiterhin beleidigt auf ihrer Rolle der unverstandenen und ungerecht behandelten Prinzessin beharrte, rauschte nur kurz herein, packte in Windeseile ihre diversen Utensilien zusammen, rauschte mehr oder weniger wortlos wieder hinaus, ließ mich kopfschüttelnd sprachlos zurück und schickte mir ihre Rechnung per Post. Esra kam wie üblich um zwei Stunden, die ich Däumchen drehend und auf und ab wandernd verbrachte, zu spät. Nachdem auch ihre Sachen in Boxen und Kartons verstaut waren, leisteten tatsächlich nur noch vereinzelte Marmeladengläser und eine Handvoll Gewürzmischungen einigen Senfdöschen und Gourmetsoßen Gesellschaft. Ich packte alles an einen Platz, um mir den durchlöcherten Anblick meiner sonst so schönen Regale zu ersparen. Ja, so ging es.

ABSCHIED

Natürlich hatte sich die bevorstehende Schließung längst in der Nachbarschaft herumgesprochen. Es wurden wilde Spekulationen über den Nachfolger angestellt, Gerüchte über angeblich horrende Ablösesummen verbreitet, vermeintliche Kenntnis betreffend einer Insolvenz mittels Flüsterpost weitergetragen, eine wohl schwere Erkrankung mit langwieriger Rekonvaleszenz sensationslüstern bedauert. Nichts davon entsprach der Wahrheit. Es würde kein Schnellimbiss einziehen, die im Raum schwirrende Ablösesumme hätte ich nicht einmal zu erträumen gewagt, von einer Insolvenz war ich weit entfernt, und ich erfreute mich bester Gesundheit. Ich hatte lediglich entschieden, keine weiteren Investitionen, um meinen Liquiditätsengpass zu überwinden, zu tätigen, nicht darauf zu vertrauen, dass die rein rechnerisch zu erwartende Gewinnzone tatsächlich erreichbar war, nicht mehr vergebens auf eine dauerhafte Zusammenarbeit mit ebenso idealistischen Mitstreitern zu hoffen, kein wöchentliches Arbeitspensum von 60 Stunden und mehr zu absolvieren und daher die Gunst der Stunde genutzt und ein an mich herangetragenes Angebot, an das ich schon fast nicht mehr geglaubt hatte, anzunehmen. Meinen Vorsätzen war ich bis zuletzt treu geblieben, hatte auf Qualität, Attraktivität und Originalität gesetzt. Mein Leitgedanke der Möhre auf Weltreise begleitete mich bis zum letzten Augenblick. Zwar

hatte ich den Mittagstisch in der ersten Dezemberwoche eingestellt, doch blieb ich auch mit meinen letzten Caterings und Weihnachtsessen konsequent bei meinem Herzensthema und servierte französisch, libanesisch, karibisch, indisch und palästinensisch inspirierte Köstlichkeiten mit heimischem Gemüse, das ich mit geheimnisvollen Gewürzen kombinierte. Den Ramschverkauf hatte es nicht gegeben, stattdessen packte ich die restlichen Bestände in Weihnachtspäckchen und verteilte sie an mir nahestehende Menschen und treue Stammkunden, die derlei Aufmerksamkeiten zu schätzen wussten.

Viele meiner Kunden bedauerten meinen Weggang aufrichtig. Etliche, die ich in den vergangenen Jahren eigentlich nur zwei- oder dreimal gesehen hatte, äußerten Bestürzung, war dies doch ein so schöner Laden, der ihnen nun so sehr fehlen würde. Etwas zynisch dachte ich mir, dass gerade die, die am lautesten jammerten, kaum zum Erhalt dieses doch angeblich so dringend benötigten Stadtteil-Kleinods beigetragen hatten, lächelte freundlich, nickte aufmunternd und wünschte ihnen für die Zukunft alles Gute. Unzählige Male musste ich die mit besorgtem Unterton untermalte Frage »Was werden Sie denn jetzt machen?« beantworten. Die ging mir, muss ich gestehen, ziemlich schnell auf die Nerven. Zumeist wurde sie mir von wildfremden Personen gestellt, mit denen mich nichts verband und die sich in den vergangenen Jahren nicht im Geringsten für mich oder mein Wohlergehen interessiert hatten. Und so blieben auch meine Antworten eher unverbindlich. Ich sah keinen Grund, meine Zukunftspläne ausführlich darzulegen; die betrafen schließlich nur noch mich selbst.

Am 16.12.2017, meinem Geburtstag, feierte ich mit Freunden und Wegbegleitern ein fröhliches Abschiedsfest. Es wurde gekocht und geschmaust, gelacht und erzählt, während Christian abwechselnd für einfühlsame musikalische Begleitung sorgte oder die gute Stimmung mit furiosen Gitarrensoli auf immer neue Höhepunkte trieb. Bis weit nach Mitternacht schwelgten wir in Erinnerungen, tauschten Anekdoten aus, verabredeten gemeinsame Unternehmungen und hatten jede Menge Spaß. Es war ein rundum schöner Abend und ein krönender Abschluss, ganz, wie ich es mir erhofft hatte. Daheim durchlebte ich diese wunderbaren Stunden beim Auspacken der Geschenke und Durchblättern der liebevollen Glückwunschkarten aufs Neue. Ich las Worte wie »Ich wünsche Dir ein schönes neues Lebensjahr, viel Zeit für Dich, liebe Leute in Deiner Nähe, helle warme Tage, gute Ideen … und

komm bald vorbei« oder »Ich bin sicher, dass Du alle kommenden Herausforderungen rockst! Wenn das jemand schafft, dann Du!« oder »Viel Glück
beim Aufbruch in neue berufliche Herausforderungen und Abenteuer. Unser
Geschenk an Dich soll lauten: Wir sind für Dich da!« Ich konnte mich wirklich glücklich schätzen, auf solch gute Freunde zählen zu können.

Als ich den Laden in der Woche darauf wieder betrat, die zum Auseinan-
derfalten bereitstehenden Umzugskartons in der Ecke, die fast komplett
leeren Regale und die Krümelreste und Gläserabdrücke vom Partyabend
betrachtete, wusste ich, dass ich alles richtig gemacht hatte. Ich hatte drei-
einhalb Jahre mit all ihren Höhen und Tiefen erlebt, hatte Ideen entwickelt
und umgesetzt, Zustimmung und Neid erfahren, wurde bestohlen und be-
schenkt, hatte meiner Kreativität allen Raum gegeben, jeden Tag aufs Neue
etwas gelernt. Und ich bereute keine einzige Sekunde, auch wenn ich noch
etlichen Verpflichtungen über einen langen Zeitraum hinweg nachkommen
musste. Alles im Leben hat seine Zeit. Gut so. Ich krempelte die Ärmel hoch
und begutachtete die Faltanleitungen der Umzugskartons. Der Transporter
war für den 27.12. bestellt. Ich musste mich zusammenreißen, um nicht jedes einzelne der rund drei Meter umfassenden Kochbücher, die unzähligen
Rezeptzeitschriften aus deutschen, amerikanischen und französischen Ver-
lagen, sowie meine fünf Din A4-Ordner mit eigenen Rezeptentwürfen noch
einmal »schnell« durchzublättern. Im Radio trällerte Helene Fischer gerade
wieder atemlos vor sich hin, als mir das Rezept für die vegane Dönersoße
in die Hände fiel. Ich erinnerte mich kichernd an das Burger-Drama, als
die in der Mikrowelle qualmenden Brötchen den Rauchmelder zum Dau-
erpfeifen brachten und die frisch zubereitete Soße Wände und Boden statt
Brötchen zierte und samt den orangefarbenen Scherben der zertrümmerten
Rührschüssel ein farbenfrohes Chaos hinterließ, in dessen Mitte die perplex
schauende Luise Fluchtgedanken hegte. Schade, dass ich damals kein Foto
gemacht hatte. Aber egal, die Erinnerung blieb unauslöschlich in meinem
Gedächtnis verankert.
Oder hier, das Rezept für die Seitanspieße! Das quietschende Kaugeräusch
auf den vertrockneten Mini-Seitan-Bröckchen, deren trauriger Anblick auch
durch die zusammengeschrumpften Paprika- und Zwiebelscheibchen nicht
fröhlicher wurde, nachdem wir sie in unserer anfänglichen Unwissenheit
stundenlang im Ofen warm gehalten hatten. Ein weiterer Lachanfall schüt-
telte mich, als mir die unzähligen Versuche der komplett weizen-, ei- und

milchfreien Falafel-Formerei in den Sinn kamen. Ein Dauerabenteuer. Halten sie zusammen oder lösen sie sich beim Braten in bröseliges Wohlgefallen auf? Lange hatte es gedauert, bis wir die richtige Mischung gefunden hatten. Einmal ist doch sogar Ronja mit einer Teigportion ins orientalische Café in der Nähe gerast, wo Selim sich der Falafelmasse erbarmte, sie fachmännisch prüfte und den letzten und entscheidenden Handgriff anlegte. Retter des damaligen Mittagstisches! Ich musste mich unbedingt einmal wieder bei ihm blicken lassen. Der Ordner wanderte in den Karton, ich griff zu den nächsten Büchern. Was war das? Ach du liebe Zeit, die Korinthenküchlein. Ein (angeblich) super einfaches und schnelles Rezept für kleine Küchlein, die aus einem einfachen Teig hergestellt werden. Zusammenrühren, ausrollen, ausstechen, in einer Pfanne braten. Nur, dass sich der Teig nie ausrollen ließ, so dass ich aus dem klebrigen Haufen Bällchen formte, die ich dann mit der Hand platt drückte, bevor sie in die Pfanne wanderten – wo sie sich umgehend in zahllose kleinere Teilchen verwandelten und sofort verbrannten. Nach dem dritten Versuch hatte ich aufgegeben und das klägliche Resultat meiner verzweifelten Bemühungen in der Tonne entsorgt. Ich hatte nie herausgefunden, wo eigentlich der Fehler lag. Vielleicht sollte ich die Dinger daheim noch einmal ausprobieren. Also schnell eine Notiz schreiben und an das Buch heften. Wo waren denn eigentlich meine Notizblöcke …?

Gut, dass Brigitte in diesem Moment zu Hilfe eilte. Meine langjährige Freundin und versierte Umzugshelferin, mit der ich schon etliche Kisten gepackt und mit deren Hilfe ich vom Homeoffice ins Büro und vom Büro in den Laden umgezogen bin. Nun also wieder zurück ins Homeoffice.

»Dachte ich mir schon, dass du, anstatt zu packen, in den Büchern blätterst. Was hast du da gerade? Gib her, das kommt jetzt in die Kiste. Ich habe zwei Stunden Zeit.«

»Willst du noch einen Kaffee?«

»Ja, wenn wir hier fertig sind. Los jetzt.«

DAS LEBEN GEHT WEITER

Auf den nervtötenden Rattenschwanz hätte ich in der Tat gut verzichten können. Zwei Stunden Wartezeit beim Gewerbeamt, um die Gewerbeänderung anzumelden. Erfolgloses Nachfragen bei Petra, ob ihr vom Energieversorger bereits eine Rückmeldung wegen meiner Stromabmeldung vorlag – mir war lediglich eine weitere Stromrechnung zugegangen. Kommentarlos, klar. Schleppende Bearbeitung meiner Versicherung, die natürlich meine nun überflüssige Betriebshaftpflichtversicherung nicht ohne Weiteres kündigen wollte. Totale Ignoranz des Betreibers meines EC-Karten-Gerätes, das ich zurückgeben und den Vertrag beenden wollte. Wahrscheinlich müsste ich mit dem Apparat in der Hand dort auftauchen, ihn auf einen Schreibtisch knallen und dann persönlich nachhaken, wann sie denn auf meine Nachfrage bezüglich eines möglichen Vertragsendes zu reagieren gedachten. Nichts konnte ich als erledigt ablegen. Rein gar nichts.

Der Knüller jedoch war die Telekom. Wochenlang schoben die Damen und Herren die mit meinem Nachfolger abgeschlossene Übernahmevereinbarung des Telefonanschlusses von einem Sachbearbeiter zum nächsten. Dann schickten sie mir die nächste Monatsrechnung zu, die ich nicht zu zahlen beabsichtigte. Schließlich war ja mit Jean-Louis vereinbart, dass er ab sofort den Anschluss übernehmen würde. Hierzu hatte ich im Telekom-Laden extra das Prozedere erfragt, ein mehrseitiges Formular ausgefüllt, das Jean-Louis mit unterschreiben musste, einen separaten Vertrag mit ihm ausgearbeitet und beigefügt, alles vom Mitarbeiter des Telekom-Ladens abzeichnen und abstempeln lassen und dann nach Bonn geschickt. Mit wachsendem Ärger bemühte ich eine Hotline nach der anderen, wurde von Mainz nach Chemnitz und von Chemnitz nach Bonn geleitet, bis ich nach insgesamt circa anderthalb Stunden Wartezeit und immer wieder neuerlicher Schilderung des Sachverhalts erfuhr, dass besagte Übernahmevereinbarung zwar seit mittlerweile vier Wochen vorlag, aber in dieser Form nicht akzeptiert wurde. Ich hatte ein falsches Formular geschickt. Seit Januar bearbeitete man nur noch die neuen Formulare, die aber in den Telekom-Läden nicht vorlagen, da man sich dort nur um Privatkunden-, nicht aber um Geschäftskundenanliegen, wie in meinem Falle, kümmerte. Dass mir der Mitarbeiter dies nicht mitgeteilt hatte, lag daran, dass im Telekom-Laden grundsätzlich jeder Kunde willkommen war. Wie bitte? In diesem Moment verlor ich

endgültig Geduld und Nerven und schnauzte die Sachbearbeiterin an, ob sie eigentlich noch ganz bei Trost sei. Ordnungsgemäß hatte ich sämtliche Informationen besorgt, war dem terminknappen Jean-Louis tagelang hinterher geeilt, um seine Unterschrift zu beschaffen, hatte unzählige Felder und Kästchen eines mir ausgehändigten Formulars mit Angaben und Kreuzchen befüllt, und nun stellte sich heraus, dass der Telekom-Mitarbeiter entweder nicht wusste, was er tat oder mir in Telekom-Willkommens-Manier einfach unnötige Arbeit aufgebrummt hatte, die man an zentraler Bearbeitungsstelle dann ebenso einfach zur Seite gelegt hatte?

Dieser Ausbruch nützte natürlich absolut nichts. Die Dame erklärte mir ungerührt, sie würde mir gerne das neue Formular zusenden, ich müsste dann das gesamte Prozedere noch einmal wiederholen (und auch Jean-Louis' Kundennummer, die selbst herauszusuchen, was zwar mittels der vorliegenden Adress- und Kontodaten grundsätzlich möglich war, jedoch nicht zu ihren Pflichten gehörte, sowie seinen Gewerbeschein besorgen). Eine Übernahme sei ohnehin reine Kulanz mir gegenüber und im Geschäftskundenbereich absolut unüblich. Alternativ könnte ich natürlich meinen Anschluss kündigen, der Vertrag lief dann im Oktober 2019 aus. Und selbstverständlich müsste ich bis Eingang und Bestätigung einer dann hoffentlich korrekt ausgefüllten Übernahmevereinbarung die laufenden Rechnungen zahlen. Vertrag ist Vertrag. Also rannte ich abermals los, bekniete Jean-Louis um eine erneute Unterschrift, Gewerbeschein und Telekom-Kundennummer. Vier Wochen später konnte ich das neue Formular (das sich übrigens in keiner Weise von seinem Vorgänger unterschied) erneut einreichen – nur um anschließend die Mitteilung zu erhalten, dass eine Übernahme des verwendeten Routers nicht möglich sei, da es sich hier um ein veraltetes Gerät handelte. Ich wurde gefragt, ob ich bereit wäre, hierfür eine Ablösesumme in Höhe von 9 Euro zu leisten, andernfalls könne die geplante Vertragsübergabe nicht erfolgen. Bevor dem Telekom-Verein noch weitere Hinderungsgründe in den Sinn kamen, erklärte ich mich einverstanden und schwor mir, beim nächsten Vertrag zunächst sämtliche anderen Anbieter in Erwägung zu ziehen.

Abgesehen von diesen Bumerang-Geschehnissen, die abzuschütteln nicht ganz leicht war, fühlte ich mich jedoch mit jedem Tag besser und zuversichtlicher. Ich hatte wieder einen Beratungsauftrag angenommen, brütete mit einer Coaching-Kollegin einige Konzepte aus, tüftelte an pressetaugli-

chen Texten für einen befreundeten Fotografen und widmete mich eigenen Projektideen, die nach und nach Gestalt annahmen.

Und in der neuesten Ausgabe 2018 einer vegetarischen Zeitschrift mit beachtlicher Auflage, die alle zwei Monate nahezu alle Zeitschriftenständer an Edeka- und Rewe-Kassen ziert, erfuhr die Aroma Station noch ihre letzte große Würdigung und Anerkennung. Platz 1 unter den Top-Ten-Adressen in Mannheim.
Yesssssssssss!!!

veggie! TOP TEN

AROMA STATION

„EINE MÖHRE AUF WELTREISE"

Dieser Titel ist auch Programm der „Aroma Station". Dahinter verbirgt sich der Gedanke, dass heimische Zutaten in Verbindung mit verschiedenen Kräutern und Gewürzen aus fernen Ländern die Welt auf den Teller holen können. Für ihren vegetarischen Mittagstisch verwendet Inhaberin Karin Lassen somit vorwiegend regionale Zutaten, eigens geröstete Gewürzmischungen, selbst gezogene Kräuter und hochwertige Produkte kleiner Manufakturen.
www.aromastation.de

TOP TEN
BESSER ESSEN & SHOPPEN IN
MANNHEIM

„Das hat die Welt noch nicht gesehen", singen die Söhne Mannheims. Wir geben der Band recht und machen hier Lust auf die Hotspots der coolen Unistadt

Slowly Veggie, Ausgabe 1/2018